融合时代的文化思考

范周 等 著

知识产权出版社
全国百佳图书出版单位

图书在版编目（CIP）数据

言之有范：融合时代的文化思考 / 范周等著. —北京：
知识产权出版社，2018.3
　ISBN 978-7-5130-5396-9

Ⅰ. ①言…　Ⅱ. ①范…　Ⅲ. ①文化产业—产业发展—
研究—中国　Ⅳ. ①G124

中国版本图书馆CIP数据核字（2018）第006584号

内容提要

　　产业融合是全球经济增长和现代产业发展的重要趋势，是世界新技术革命和国际产业结构升级的深刻反映。当前我国产业融合的现象不断涌现、趋势不断增强，以共享经济、数字经济为代表的全新经济形态的浪潮席卷而来。科技驱动产业变革、文化引领繁荣发展，文化产业的融合发展时代悄然而至。

责任编辑：卢媛媛　　　　　　　　　责任出版：刘译文

言之有范：融合时代的文化思考
YANZHIYOUFAN: RONGHE SHIDAI DE WENHUA SIKAO
范周等　著

出版发行：知识产权出版社 有限责任公司	网　　址：http://www.ipph.cn
电　话：010-82004826	http://www.laichushu.com
社　址：北京市海淀区气象路50号院	邮　编：100081
责编电话：010-82000860转8597	责编邮箱：luyuanyuan@cnipr.com
发行电话：010-82000860转8101	发行传真：010-82000893
印　刷：三河市国英印务有限公司	经　销：各大网上书店、新华书店及相关专业书店
开　本：720mm×1000mm　1/16	印　张：17.5
版　次：2018年3月第1版	印　次：2018年3月第1次印刷
字　数：295千字	定　价：46.00元

ISBN 978-7-5130-5396-9

　　这一卷收录的是"十三五"开局后半年的文化政策及文化热点问题的解读，内容与这个时期的特点紧密相关。"十三五"的开局时期，《国家"十三五"时期文化发展改革规划纲要》《文化部"十三五"时期文化发展改革规划》等整体指导性政策陆续出台，《关于推动数字文化产业创新发展的指导意见》《文化部"十三五"时期文化科技创新规划》《"十三五"时期全国古籍保护工作规划》相继发布，此外，文化消费、文物活起来也是这个时期的热点问题。

　　在政策密集出台的大背景下，我们所关注的热点也与之紧密相连。一是对文化发展宏观趋势的预判，比如对"十三五"时期整体发展形势的预测、对2017年两会中总理在答记者问时涉及的文化问题的思考。二是对文化融合发展的深度探究，包括《中共中央国务院关于深入推进农业供给侧结构性改革加快培育农业农村发展新动能的若干意见》（2017年中央一号文件）中对农业和文化融合发展的指示精神；人们对于"互联网+""金融+"的发展由2016年初的形成初步认识到2016年下半年和2017年的付诸实施，以及全民"双创"如何与之相对应的系列问题。三是对这个时期传统文化的发展问题的思考，包括传统村落保护再生、老字号发展、旧厂房改造等。概而述之，第五卷中收集的内容，恰恰是把"十三五"时期文化建设的诸多敏感问题、热点问题逐一揭示出来，当然揭示问题时的分析和描述还较为浅显，只能说是开始关注但深度有待挖掘。

文化产业发展在这个时期所折射出的诸多问题，在2017年整体发展中逐渐显现并给我们带来了更为深刻的思考。我一直在想，文化产业的转型是基于互联网技术为核心的现代科技的发展才得以驶入快车道，在对传统文化产业的认知中，总是把它与传统产业进一步维护、传承、提升紧密结合。以影视产业为例，过去一直在票房和收视率上下功夫，但是在这个时期人们已经将消费主体和重心转移到互联网上，因此出现了网剧的热播、网综的热捧，网络上的诸多现象都在此时期发生了重大转变。甚至在我们以为传统广播产业衰落已成定势的时候，以喜马拉雅为代表的在线移动音频异军突起。这个时期的发展将以80后、90后、00后为代表互联网原住民的消费习惯展现得淋漓尽致。

正是缘于此，共享经济的诸多方面体现在文化消费、互联网信息消费的形态上已经发生了革命性的变化，但很多人对此不以为然。在这里不能不提到，传统出版、纸质报刊面对着阅读、收看习惯的骤变迎来了自己的冬天，也正是在此时期，以CCTV为代表的传统电视产业也开始真正思考自己路在何方。但是，在此过程中，一些大型纸质媒体的两微一端异常活跃，这种活跃体现在他们能够在较短时间内适应用户媒体消费习惯的转变，赢得了大量以青年人为代表的网络消费粉丝的青睐。所以这个时期的变革在悄然当中涌动着、在悄然当中改变着。如今回过头来看，时间跨度刚好一年，我们可能会看得更为清楚。

基于此，"言之有范"团队要反思的问题在以下几个方面要更加聚焦：第一，要清晰知道文化产业的发展尤其进入到市场体系后不以我们的意志为转移，由此看到很多政策还较为滞后、不接地气，我始终不理解在此背景下为什么我们还要死死守住送戏下乡、农村书屋、读书看报听广播等传统渠道，毫不否认这些形式对整个文化消费市场尚有一定作用，当然这是由于我国经济发展不平衡造成的，但是科技对趋势的引领要引起我们的关注。随着网民和手机用户的数量逐年攀升，他们的消费形态已经和现行政策存在巨大差异，因此我们不能让"好心办不成好事"、文化惠民无法精准化的事情频繁发生。第二，我们要思考，面对着日新月异的变化，"互联网+"体现在文化消费上是最为突出和活跃的，影视产业发展的巨变、互联网广播产业的异军突起和直播产业的异常活跃都给我们很多启示。在这样的大历史背景下，我们的观念如果不能跟上时代的转变，将会导致提出的引导政策、管理体系、监控监察手段远远滞后于现实，而这样体系的保障作用就很难达到预期目标。第三，对理论的思考不能墨守成规，中国的发展现实不能不加思考地照搬套用西方理论。坦率地说，中国在很多领域的发展已经走在世界前面，应该结合中国的实际走出中国的特色道路，我们的理论研究会直接影响到人才培养以及我们在此方面对社会终身教育的再认识。

因此我们要关注前沿、思考前沿、破解前沿、赢得前沿并驾驭前沿。文化产业的迅猛发展是国家经济社会发展的晴雨表，也是真正意义上文化与科技融合、"互联网+""文化+"的革命。这场革命刚刚开始，静候这场革命以迅雷不及掩耳之势在十三五时期全面展开，我们期待着、我们迎接着，我们用自己的思考为这个时代做好记录。

以上感慨是为序。

2018年1月27日

顶层设计的发展风向

政策强音的文化活力

融合时代的产业联姻

文化前沿的全新态势

传统文化的时代记忆

热点事件的文化思考

顶层设计的
发展风向

　　文化产业是朝阳产业，推动文化产业的发展需要在把握文化工作全局的基础上进行顶层设计。党的十八大以来，文化部按照习近平总书记关于文化产业工作的重要指示，从立法规划、数字文化产业、特色文化产业、文化金融和融合发展等方面着手，从全面建成小康社会的立意出发，开创文化产业发展的全新局面。

学术男神齐聚首，共话发展未来时

2017年1月7日-8日，第十四届中国文化产业新年论坛在北京大学召开。论坛以"文创+时代：审美驱动与产业创新"为主题，与会学者聚焦时代命题，探讨在文化与各产业高度融合的今天，如何通过文化资源的全域开发、转变发展方式、实现产业升级，并探索产业全球化的新趋势、新机遇与新挑战。论坛专设四场主题对话会以及专题发表会，10位文化产业学术专家齐聚一堂，回望2016年，前瞻业界发展新动向，共同倡议成立"文化产业管理专业委员会"。

2017年1月8日，"2017中国文化产业新年论坛"暨"智库对话2017：年度回顾与展望"在北京大学燕南园举办。10位文化产业学术男神齐聚一堂，回望2016年文化产业发展来时路，前瞻2017年文化产业发展新动向。

李向民，南京艺术学院副院长、紫金文创研究院院长

第一，目前我们正面临着文化领域的产业革命。以往持续多年的传统文化业态多呈现断崖式、跳崖式衰落，而一些新兴业态正在成长壮大；第二，过去的业态创新依靠科技创新带动，如今业态变化则依托融合创新、平台创新等方式；第三，文化产业的变革正在不断推动文化部门管理方式的变革。政府要创新思维模式，使管理方式符合互联网时期新状况；第四，文化产业

和传统产业的进一步融合是大势所趋。文化创意和其他产业的融合，是带动消费和促进实体经济转型回暖的重要方式，2017年文化产业与传统产业领域的融合大有可为。

范周，中国传媒大学经管学部部长、文化发展研究院院长

随着人们对数字娱乐内容需求的快速增加，网络文化产业逐渐在我国发展成为一种强势产业，并保持着高速发展的势头。国家"十三五"规划首次将"数字创意产业"纳入其中，而作为数字创意产业重要组成部分的网络文化产业，将获得重大政策利好。**2016年中国文化产业发展呈现出五大亮点**：第一，"互联网+"催生文化产业新业态；第二，**网络文化产业**释放"双创"新动能；第三，网络文艺蓬勃发展；第四，网络直播从"元年"走向"井喷年"；第五，网络文化产业对传统媒体形成倒逼之势。**2017年文化产业发展的三大趋势是**：第一，文化科技融合更加明显，新兴业态不断拓展；第二，产业结构优化升级，文化立法更进一步；第三，国际文化贸易重量更重质。

李凤亮，南方科技大学党委副书记、深圳大学文化产业研究院院长

第一，文化产业的增长模式较过去而言有很大变化。新业态、新模式引发的文创增加值将会大幅增加，数字创意产业等战略性新兴产业正异军突起；**第二**，四大新兴业态持续发力。跨界融合型、科技引领型、版权衍生型、沉浸体验型业态会进一步高端化发展；**第三**，国家重大战略对文化产业驱动功能日益显著；**第四**，文化产业的文化承载功能日益受到地方政府的重视；**第五**，文化创新创业生态优化、意识强化。需求、人才、投资、政策合力驱动，政产学研用推动协

微评

★ 网络文化产业是文化产业的新领域和重要组成部分，在各国政治、经济、文化和人们的生活领域正发挥着越来越重要的作用。其在西方主要发达国家甚至已经成为国民经济发展的支柱性产业，在我国也已经成为国家文化产业发展战略的重要一环。

★ 2017年，"体验为王"的理念成为行业主流，其"魅力"不仅仅是源源不断的人流，更是引领产品消费向趣味消费、品质消费方向迈进。赢商网独家策划"趣创商业新主场"系列报道，探求体验商业创新思维，提供"以变应变"经典案例，打造趣创商业新主场！

同创新；**最后**，纵观文化产业近20年的发展，学科意识正进一步强化。我们应不断强化文化产业学科属性归属，强调文化产业的跨学科性。

向勇，北京大学文化产业研究院副院长

历经十几年发展，文化产业专业建设相对有定论，但学科建设问题还未解决。**如今国家把文化产业提升到战略高度，我们应伴随着第三次学术转型建立自己的学术自信。**从学术层面来说，是否能提出文化产业命题、提高学术阐述能力至关重要。创意者是文化产业专业的培养对象，要不断强化其学术实践能力，为行业培养高端应用型人才，提高文化产业学科归属感和学术能力。

傅才武，武汉大学国家文化发展研究院院长

首先，文化创意产业最重要的是人才，对文化产业领域的人才进行专门研究至关重要，没有人才，如何形成文化产业的影响力？**其次**，"十三五"时期，在文化产业发展领域，既要看到业态创新模式的发展，也要看到文化产业的区间分布布局和结构性变化。文化产业与区域经济发展之间的关系协调正逐步提上议事日程，带状发展、模块化发展将成为趋势，新的战略布局正在形成阶段，**战略结构的变化、文化与经济对接是区域发展的重大问题**，也是学者应该有所作为的领域。

李炎，云南大学文化发展研究院院长

文化产业正逐步上升为国家战略，学科建设和人才培养的完善至关重要。**从理论角度来讲，**我们要在文化产业研究领域形成自己的话语体系，在学科理念体系中要有相对完整

微评

★ 文化创意产业主要包括广播影视、动漫、音像、传媒、视觉艺术、表演艺术、工艺与设计、雕塑、环境艺术、广告装潢、服装设计、软件和计算机服务等方面。中国近几年文化艺术市场蓬勃、在公共展演场地加大建设（如国家大剧院、798艺术区）等，除在既有制造业的优势下寻找出路外，也开始重视文化创意产业的发展。

的基本体系、逻辑体系，积累经验、静心思考，形成权威性成果。**从智库角度来讲**，未来中国的文化产业如何处理好内容生产与人民群众日益增长的精神需求的差距，**数字经济**如何与内容对接，是"十三五"时期的重大问题。在此背景下，传统工艺如何与创意设计结合、与科学技术网络创意进行对接、合作，值得我们进一步思考。

魏鹏举，中央财经大学文化与传媒学院院长

2016年，文化产业经历了失速的结构性调整，但从某种意义上来讲，和信息消费密切结合的行业还是比较乐观的。**从产业角度看**，文化产业的关联性增强，"文化+"的价值逐步得到认可。**从扶贫角度看**，文化产业的地区差距缩小。国家发改委批复的特色小镇超过70%都依托于特色文化。**从文化投资角度看**，中国资本的海外并购热，也引发了一些反弹，文化资本扩张的速度让人浮想联翩。

2017年结构性调整还将继续，数字创意产业在概念上会形成风口，但有可能弊大于利。文化产业根本上是内容为王，内容创新对中国文化产业是最大的挑战。在学科建设方面，要推动文化产业学科建制，加强积淀，培养跨媒介、跨学科的人才。

单世联，上海交通大学媒体与设计学院党委书记

第一，融合、"文化+"反映的是文化发展的过程，融合要保持文化的本性。不能因为融合约束文化发展。"互联网+"或其他国家战略的实施最重要的是释放文化活力，要综合考虑文化艺术、文化产业的蓬勃发展与人民群众的文化需求。**第二，文化产业的学科建设问题。**没有独立学科就不能吸引人才、做出好的科研成果，没有优秀人才和科研成果

微评

★ 数字经济的发展给包括竞争战略、组织结构和文化在内的管理实践带来了巨大的冲击。随着先进的网络技术被应用于实践，我们原来关于时间和空间的观念受到了真正的挑战。

★ 这种跨媒体传播能够让媒体在竞争的同时找到了同舟共济的良好形式，带来"双赢"或"多赢"，这一股不可阻挡的历史潮流。但是能够达到真正的深度融合互动都有待探讨。目前，国内实得比较好的如《第一财经》，它是由报纸、电视、网络等多种媒体共同构成的。

也不能成为好的学科。文化产业的学科建设，要有清晰的形象、稳定的教师队伍、建立统编教材和典范教材。

尹鸿，清华大学新闻与传播学院影视传播研究中心主任

2016文化产业有三个主要特点：**一是调整年**，体现在传统媒体等传统文化行业。从产值来看，文化产业增速基本放缓，传统的传媒领域甚至是负增长。市场空间越来越小，所有的融合都是划了边界的融合。**二是创新年**，互联网的出现带来了文化产业的巨大变革，VR等技术创新、直播等形态创新此消彼长。**三是扩展年**，创意和相关产业的融合及各个行业的融合态势明显。

如果之前是把文化变成产业的话，现在则是要把产业变成文化。这个文化产业转型的最重要的标志为我们的发展提供了广阔空间。2017年，这个趋势将更加明显，与区域经济、品牌经济、技术的不断融合使得所有的消费都将带有创意的引导。**创意引导消费、创意引导工业、创意引导品牌将会成为趋势。**但从文化领域来讲，垂直化会成为趋势，体验、分享文化将会大量出现。

祁述裕，国家行政学院社会和文化教研部主任

第一，传统媒体的急剧衰落，对文化产业的连锁效应将会持续形成。**第二**，政策垄断的壁垒和市场垄断的壁垒并存。未来市场垄断会对文化产业产生很大的影响，应引起警惕。**第三**，文化内容匮乏的问题越来越突出。如今文化产业业态越来越丰富，但优质内容生产能力欠缺。**第四**，区域经济状况对文化产业的影响越来越深刻。**第五**，国家经济政策和文化产业政策"两张皮"问题会越来越突出。文化产业政策和经济政策如何接轨值得思考。**第六**，文化法治化进程逐步加快。十八大以来，文化立法的重要性逐步强化，但要防止仅仅把现有政策法治化。

（本文内容根据现场录音整理，按发言顺序排序）

【延伸阅读】《"十三五"国家战略性新兴产业发展规划》

2016年12月的一个规划，让文化产业界又有了开拓空间——数字创意产业与新一代信息技术、高端制造、生物、绿色低碳等产业一起，被纳入《"十三五"国家战略性新兴产业发展规划》中，计划到2020年，数字创意产业等相关行业的产值规模达到10万亿元级。《"十三五"国家战略性新兴产业发展规划》对数字创意产业进行了"顶层设计"，2017年必然在"创新数字文化创意技术和装备""丰富数字文化创意内容和形式""提升创新设计水平""推进相关产业融合发展"等四个方面推进整体布局，明确发展路径。"数字创意产业纳入战略性新兴产业发展规划，既是文化产业发展的重大利好，更是文化产业融入国民经济的一个里程碑。"文化部文化产业司负责人指出，这体现了国家规划的战略性和前瞻性，是国家规划层面引领和促进文化产业发展的一个重要突破，标志着文化产业在国民经济中的重要地位进一步凸显和提高。

（资料来源：《光明日报》http://news.gmw.cn/2017-01/07/content_23422368.htm）

双效统一——文化领域供给侧改革的准绳①

范周

文化作为一种柔性资源注入经济领域，不仅可以实现自身的结构升级还可以创造新的生产力，驱动经济发展的整体跃升，助力经济领域推进供给侧结构性改革。

文化产品经济效益和社会效益的"双效统一"是文化领域供给侧改革的准绳，也是优秀文艺作品创作和文化企业经营中必须遵守的内在规律。"双效统一"既是保证文化领域健康、有序发展的基石，也是激发文化市场活力、繁荣文化生态的前提，需要依靠政府引导和市场主体的双向合力。

文化领域与经济领域供给侧改革的区别

文化领域供给侧改革与经济领域供给侧改革相比，有着自身独特的特点。

第一，文化领域供给侧改革坚持社会价值功能与文化经

微评

★ 尽管我国文化产业发展较快，但从我国城乡居民文化需求快速增长的趋势来看，文化领域的有效供给还不适应需求，供给短缺的矛盾还比较突出。与发达市场经济国家相比，我国文化产业发展还有比较大的差距。

① 本文系国家社科基金特别委托项目"文化领域供给侧问题研究"（16@ZH006）阶段性成果

济功能并进，且以社会效益实现为基本前提。文化不同于经济的地方在于，文化产品除了具有商品经济属性，还兼具意识形态属性和公共产品属性，在社会发展中还具有道德价值规范的特殊性。所以，文化领域供给侧结构性改革必须坚持把社会价值功能放在文化发展的首位，将社会效益摆在更加突出的位置。

第二，文化领域供给侧改革坚持尊重需求与引导需求并行，且以文化价值的实现为基本要求。在商品经济条件下，产业供给和需求之间是相互联系、相互制约的关系，是生产和消费之间的关系在市场上的直接反映。但在文化领域，生产与需求之间的关系协调，首先应考虑文化价值的特殊性及对群众文化需求的引导。这种特殊性要求文化产品供给不能单纯以供求关系为尺度去衡量，而是要以社会主义核心价值观为引领，为全体人民提供昂扬向上、多姿多彩、怡养情怀的"精神食粮"。

第三，文化领域供给侧改革坚持文化保护与有序开发并重且以实现民族优秀文化传承为前置条件。不同于经济领域，文化的发展一直面临存量资源保护与阶段性开发的问题。以文物为例，受当前文化旅游开发利益的驱使，一些地方在文物保护与经济开发上一直存在巨大的矛盾，保护措施、监管手段和经济创收之间的关系难以调和。而以牺牲文物换经济利益无疑是"杀鸡取卵"，坚持文化传承和保护优先是文化开发的基本条件，也是不容妥协的前置条件。

归结起来，经济领域的供给侧结构性改革突出"硬实力"，攻坚点在于打破长期形成的规模扩张型、投资拉动型、业态复制型、经营粗放型的发展弊端，实现产能和资源的再配置以及稳增长目标下的结构优化。文化作为一种柔性资源注入经济领域，不仅可以实现自身的结构升级还可以创

微评

★ 中华优秀传统文化积淀着中华民族最深沉的精神追求，代表着中华民族独特的精神标识，是中华民族生生不息、发展壮大的丰厚滋养，是中国特色社会主义植根的文化沃土，是当代中国发展的突出优势。

★ 目前我们已经进入一个如何满足人民群众日益增长的"多样化"的文化消费需求的阶段。当下的文化市场已经从总体"短缺"转向"短缺"与"过剩"并存，将迎来大规模洗牌和兼并重组浪潮。

★ 党的十八届三中全会提出了推进国家治理体系和治理能力现代化的目标，这里的治理体系是由经济、政治、文化、社会、生态文明建设在内的各领域体制、机制和法律法规构成的综合体系。不同于传统管理的主体单一、自上而下和强制性，现代治理具备多主体、多中心、多元共治的特点。

造新的生产力，驱动经济发展的整体跃升，助力经济领域推进供给侧结构性改革。

当前文化领域供给侧改革的主要问题及其成因

当前文化领域有相当多行业呈现出"**过剩**"与"**短缺**"并存的矛盾现象，"过剩"指的是文化产品产量过多，没有被市场完全消费；"短缺"指的是精品力作产出过少，没能满足市场需求。例如从供给内容看，**社会效益重视不够**。一段时期以来，由于较多强调文化产品的市场属性，文化产品生产中出现了电影唯票房、电视剧唯收视率、出版物唯码洋的导向，在一些领域中甚至出现为了获取观众、听众以及消费者的注意力，一些不健康、不文明或有悖于社会主义道德价值的内容流入社会的现象。从供给主体看，**多元化供给力量还未形成**。目前，国有文化企业和文化事业单位受制于体制机制等因素，生产潜力尚未充分释放；民营文化企业以追求经济利益为方向，对"双效统一"重视不足；文化类社会组织、群众文艺团体实力有限，其蕴藏的巨大创新创意潜力还有待进一步激发。从供给能级看，**文化精品国际竞争力不够**。与美国、英国、日本和韩国等文化强国相比，我国当前具有世界级影响力的文艺精品太少，反映在全球文化贸易份额中，则是我国文化产品占比不到4%。这与我国经济总量和文化资源丰富度是十分不相称的，同时也难以有效传播和弘扬中国理念与中国价值。

究其原因，文化领域供给端的主要问题表现在三个方面。

一是文化治理能力有待提升。当前，我国文化发展环境已经发生巨大变化：文化消费升级，人们期待更加多元化、个性化和品质化的文化产品；科技改变生活，越来越多的国人通过互联网络和移动终端进行文化消费；人们参与文化生产的意愿和积极性正在增强，多元力量正在成长。在这种背景下，客观上要求我们的文化定位从宣传说教向引导沟通转变，从权威控制、行政管理向多中心治理、"以法治文"转变，需要用全球化、数字化和互联网的思维来审视和推进文化生产。但当前文化治理方式还有很强的"计划"色彩，明显滞后于文化精品生产的客观需求。

二是文化发展的模式有待优化。过去一段时间，在市场需求和政策的推动下，我国文化产业获得了爆发式增长，但整体还处于粗放状态，文化全要素生产率并不高。

三是文化发展生态有待完善。文化精品的生产离不开优质的发展环境，但目前而言还不健全，包括文化精品生产的扶持机制、考核评估机制、评奖激励机制、宣传推广机制、人才培养机制、政府购买服务机制等；还没有激活社会多元力量，形成文化精品生产的责任共同体和文化发展生态体系。

实现"双效统一"的主要对策

坚守文化发展红线和文化民生底线是文化发展的基本要求。以保障基本文化权益、改善文化民生基本需求为重点的社会政策，是文化正义的基本要求。发挥社会政策的托底作用是实现经济社会与文化发展同步的必然选择。这是因为文化产业不只是一般意义上的文化形态和经济形态，同时还是一种特殊的文化制度形态。文化领域供给侧结构性改革应立足于"从实际出发"，既要充分考虑到文化产业的"文化属性"和"社会效益"，又要特别重视文化产业发展的"商品属性"和"经济效益"；既要体察我国供给侧结构性改革的整体实践，也要注重从经济领域产业结构调整过程中汲取经验和教训。

第一，要把握文化发展趋势，通过长期持久的供给侧改革营造稳定的文化经济环境。近几年，文化产业的增速从高位逐渐下降，在此背景下，文化发展也应当逐步转换动力机制，政府需做好顶层设计的重要工作，进一步转变职能，简政放权，引导文化产业朝着创新驱动、深度融合、提质增效、转型升级的方向发展。

第二，要加强政策引导，构建政策支柱。要进一步完善文化产业的顶层设计，深化文化体制改革，促进文化资源合理流动，国家相关部委要通过政策出台的方式做好文化产业的引导性工作，在把握基本思想和核心价值的基础上，提供切实有效的制度保障。同时，要注意避免由于细则不明确、落实不到位而导致扶持性政策流于形式，防止不良企业利用政策利好扭曲政府意图，妨害文化产业健康发展。

第三，政府应适度干预，防范风险，坚持底线原则，引导价值取向。由于文化产业具有明显的精神引领、文化感染、思想传递以及娱乐休闲等功能，因此文化产品和文化服务的生产，应以社会主义核心价值观为导向，鼓励运用丰富多元的文化创意形式传播主流价值和正能量，提供优质文化产品供给。同时，应坚守底线原则，对涉嫌违法乱纪、突破文化道德底线的，必须予以及时制止。对收视造假、票房黑幕、明星超高片酬等导致行业畸形发展的乱象，应予以适度干预。鼓励文化产业创新发展投融资模式，政府降低社会资本进入文化领域门槛，同时对可能存在违规操作或引发金融风险的行为，应采取必要的、科学的、适度的监管手段进行法律规范和预警防范。

第四，要实现基础保障，提供优质基本公共文化服务。保障公民依法享有基本、平等、优质的公共文化服务权益，是文化强国建设的重要内容之一。尽快颁布**《公共文化服务保障法》**，建立健全公共文化服务保障机制，鼓励并支持社会力量参与公共文化服务建设，允许其获取合理的投资收益。对于必要但难以营利的公共文化服务建设，需由政府托底承担。

微评

★ 《公共文化服务保障法》于2017年3月1日正式实施，它首次以法律的形式明确了各级人民政府是承担公共文化服务的责任主体。为宣传、贯彻此法，文化部将举行《公共文化服务保障法》座谈会、召开学习宣传贯彻《公共文化服务保障法》的视频会议等。

总而言之，在经济改革中，构建社会主义市场经济，要发挥市场在资源配置中的决定性作用；在文化发展中，则要发挥市场在文化资源配置中的积极作用，要考虑到文化产品和服务具有双重属性，特别是具有意识形态属性。市场在这个领域中可以发挥积极的作用，但与经济领域不同，政府还要保证对市场的调控能力，要将社会效益放在首位，实现社会效益和经济效益相统一，这是对文化发展的一个特殊要求，也是文化领域之所以成为经济领域供给侧改革中一个相对独立板块的主要原因。

（文章发表于《中国社会科学报》2017年2月9日第1143期）

2017年文化产业发展趋势

范周

回顾整个2016年，中国文化产业发生了很多变化。在"十三五"规划的开局之年，数字创意产业首次被纳入发展规划，人工智能、VR、AR等新科技不断扩展，供给侧改革继续深化，《公共文化服务保障法》的出台促进了政策法律体系的进一步完善，"文化+"融入相关产业，提升经济发展质量，促进经济转型升级……2017年悄然而至。新的一年，文化产业将出现怎样的态势，又会朝着什么方向发展？

2017年文化产业大趋势

截至2016年10月份，前三个季度的文化产业增加值达到5.5万亿，从目前的发展态势来看，突破6.5万亿的可能性很大，如果以每年7%的增长速度来看，2017年文化产业增长额的绝对值大概可以达到9万亿~10万亿的量级。2017年文化产业发展的新特点，具体表现在以下几个方面。

文化科技融合更加明显　新兴业态不断拓展
2017年的文化产业会继续朝着"文化+科技"的方向发展，并且这种趋势会更加突出。文化产业新业态层出不穷，VR、AR技术、虚拟增强技术、人工智能已经开始在各个领域"开花结果"，并且与文化之间的交互融合将更加深入，这种新趋势、新业态、新技术和新特点会在新的一年更加明显。

除此之外，**特色小镇将在新的一年大放异彩**。2016年7月1日，住建部、国家发改委、财政部联合下发《关于开展特色小镇培育工作的通知》，要求到2020年培育1000个左右具有休闲旅游、商贸物流、现代制造、教育科技、传统文化、美丽宜居等特色的小镇。"特色小镇"概念备受瞩目，它将成为推进地方经济转型升级的重要引擎，成为促进创新创业、培育新产业的重要途径，成为扩大有效投资的重要抓手，成为推进城乡统筹发展的创新实践和传承展示地区独特文化的有效载体。

产业结构优化升级　文化立法更进一步

首先，融合发展仍然是新一年里的关键词。打破行政分割，努力形成文化产业和相关产业融合的开放促进体系，有计划、有针对性地实施"**文化+**"工程，加速文化产业与金融、旅游、教育、体育、信息、建筑、农业、服装、餐饮以及其他服务业乃至相关的制造业的融合，从而衍生新业态，拉长产业链，促进相关产业创新发展。其次，文化立法会更近一步。2016年年底出台的《公共文化服务保障法》给我们吃了一颗定心丸，新的一年大家最为期待的大概应为《文化产业促进法》。除了现有的文化产业相关政策法规，2017年，更多的专业性、指向性强的文件会相继出台，对于文化产业立法的进程加快起到推动作用。

微评

★ 特色小镇发源于浙江，2014年在杭州云栖小镇首次被提及，后2016年住建部等三部委力推，这种在块状经济和县域经济基础上发展而来的创新经济模式，是供给侧改革的浙江实践。特色小镇是在新的历史时期、新的发展阶段的创新探索和成功实践。

★ "文化+"，是以文化为主体或核心元素的一种跨业态的融合，它代表的是一种新的文化经济形态，即充分发挥文化的作用，将文化创新创意成果深度融合于经济社会各领域，形成以文化为内生驱动力的产业发展新模式与新形态。"文化+"的实质，是要实现内容、市场、资本和技术等关键要素在文化产业发展中的聚集、互动、融合和创新。

国际文化贸易重量更重质

国际文化贸易发展会进一步加大出口的力度，文化产品在质和量上都要做大量提升。2016年青春版昆曲《牡丹亭》、豫剧《程婴救孤》、越剧《寇流兰与杜丽娘》等，在美、英等国剧院演出，在将中国戏曲的曼妙与华美展现在世人面前的同时，也把中国传统文化中忠诚、守信等理念传播出去。这种包含中国精神的优质故事要进一步走向国际，将中国文化推向全球。

微评

2017年文化产业发展三问

2017年网络直播的发展态势是怎样的？

2016年被誉为"中国网络直播元年"，这一年网络直播呈现爆发式的增长，资本市场的态度也从最初的怀疑观望变成执着狂热。2017年网络直播的发展不仅不会放缓和冷却，反而会继续呈现增长态势，但是趋于理性。这也与许多行业领袖意见相似。相关数据显示，2020年网络直播市场规模将达到600亿，有研究甚至认为2020年网络直播及周边行业将撬动千亿级资金。

首先，网络直播更加规范化。许多哗众取宠、依靠三俗来吸引眼球的内容会被大规模的淘汰。这一点来自于政府执法力度的增强和消费者的理性选择。2016年9月，国家新闻出版广电总局下发**《关于加强网络视听节目直播服务管理有关问题的通知》**，要求网络视听节目直播机构持《信息网络传播视听节目许可证》上岗。这一规定被称为"史上最严直播监管令"，这种严格的法规管控在新的一年不会减少。映客CEO奉佑生认为政府监管力度的加强不但不会唱衰网络直播，反而会使这个行业规范有序地进行，而不致陷入一个

★ 从优酷土豆等视频网站上传个人小视频的直播1.0时代，再到类似YY直播、六间房等网页端的"秀场"直播2.0时代，如今的直播平台已经进入了"随走、随看、随播"的3.0移动视频直播时代。

★ 《通知》指出，开展网络视听节目直播服务应具有相应资质。不符合相关条件的机构及个人，包括开设互联网直播间以个人网络演艺形式开展直播业务但不持有《信息网络传播视听节目许可证》
（接下页）

没有底线没有规范的恶性竞争之中。

其次，"直播+"进一步细化，向垂直领域延伸。除了传统的游戏直播，"直播+电商""直播+体育""直播+在线教育"等形式将变得越来越多且趋于成熟，尤其是益智类直播内容会逐渐增多，并使得直播能够真正成为人们生活中不可或缺的一部分。随着人们理性的回归和对知识传播形式要求的提升，大量的益智、教育内容会通过直播来进行，甚至传统文化、宗教文化也能够通过直播来传播。

在当前的经济形势下，如何促进文化消费

我国文化产业经过十多年的快速发展，带动文化消费市场多元化、个性化趋势，文化消费不断增加。但是尽管消费者有旺盛的文化消费需求，但文化消费规模并未出现爆发式增长。统计显示，我国文化消费潜在市场规模约为4.7万亿元，而实际文化消费规模仅超过1万亿元，存在着3.7万亿元的文化消费缺口。在人均GDP同等水平下，我国文化消费规模也仅为发达国家的1/3左右。这既说明我国居民潜在的文化消费需求并未得到有效满足，也说明我国文化消费拥有巨大发展空间。

如何有效地促进消费是文化产业一直在积极进行的一件事，就此而言，供给侧结构性改革势在必行。以图书出版为例，现在每年出版的图书超过30万册，但精品图书很少。电视剧也不例外，2015年全年产出的电视剧达到了16540部，但是真正播出的只有8000集，大量的产品成为"**僵尸片**"。所以新的一年要继续深化文化产业供给侧改革，做内容过硬的文化产品，在加大供应数量的同时，提升产品质量，促进有效消费。就像人民日报在《中国电影，要有容得下"一星"的肚量》一文中指出，"说到底，真正

微评

（接上页）的机构，均不得通过互联网开展相关活动、事件的视音频直播服务，也不得利用网络直播平台（直播间）开办新闻、综艺、体育、访谈、评论等各类视听节目，不得开办视听节目直播频道。未经批准，任何机构和个人不得在互联网上使用"电视台""广播电台""电台""TV"等广播电视专有名称开展业务。

★ 广播影视供给侧结构还存在明显短板。当前所面临的观众流失、广告流失、人才流失和影响力流失等不容回避的严峻挑战，说明广电现有的供给结构在应对快速变化和不断升级的消费需求方面失灵了，远没有达到供给侧结构对于需求变化应有的适应性和灵活性要求。

拿出立得住、传得开、留得下的作品，可能是重要得多得多的问题。"

同时，目前的文化消费存在一种"消费矛盾"或者说消费的"不对称"现象。有文化消费热情的年轻人没有消费能力，而有钱有闲的中、老年人缺乏消费热情，这是抑制文化消费一个很重要的原因。其实，目前中国的老年人是一个巨大的消费蓝海，而年轻人的消费热情则代表着一种消费趋势，所以如何有效地促进消费，就要针对不同的消费人群，深入探究他们的消费习惯与消费意愿，实施多元化、个性化的文化消费模式。日本有专门为老年人拍摄的老年电影，欧美也有电影分级制度，以供不同的人群去观赏，所以，**我们要积极探索文化产品开发的新模式，培育不同消费者的文化消费意愿，给文化消费找到一个合理的出口。**

微评

★ 数据调研机构艾媒咨询发布的《2015中国"互联网+"传统文化发展专题报道》显示，71.2%的中国网民会通过网络了解传统文化，网络已经成为网民了解传统文化的首要渠道。目前网上关于传统文化的软件，涉及传统文学、传统节日、传统戏曲、中国建筑、传统医学、民间工艺等诸多领域，提供的服务包含资讯、游戏、电商交易、教育、医疗等多种类型。

文化产业发展如何从传统文化中汲取营养？

中华文明博大精深，是一个挖掘不尽的宝藏，如何利用传统文化资源，助力文化产业的发展，让传统文化在今天焕发青春，是我们一直都在探索的事情。

首先，顺应时代和社会发展，合理改造传统文化。比如传统的华阴老腔与流行音乐的结合，让西北老腔重新焕发活力；青春版《牡丹亭》对老剧种进行青春传承，把五十五折唱本改成二十九折，使古典精神在现代舞台上大放异彩。许多传统文化并不是没有市场，而是它们不能很好地适应现代社会的生活节奏和人们的消费习惯，需要我们在二次开发和利用中去进行活化和创新。

其次，利用科学技术的发展对传统文化进行阐释与创新。"互联网+传统文化"是一个很好的出口，中国唱片总公司正在开发的"听戏APP"以及目前中国正流行的实景演出，都是将传统题材和当下技术相结合，再出新、再演绎。但是始终不离文化的底蕴，始终不变的是时刻把握消费者的心理和变化。这些都是有益的尝试，它让传统文化更时尚，让科学技术更温情。

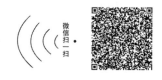

两会闭幕，总理答记者问的文化思考与展望

范周

2017年3月15日，为期10天的两会正式闭幕。3月15日上午，十二届全国人大五次会议在人民大会堂举行记者会，李克强总理在金色大厅会见中外记者并回答记者提问。记者会持续长达2个多小时，李克强总理共回答了18个记者提出的问题，问题涉及经济增长、就业、房屋产权、中美关系等方方面面，其中对文化产业的发展也做出了具体的部署。结合总理答记者问以及两会期间的重点议题，有哪些文化热点"上榜"，文化发展的未来趋势又将怎样？

总理答记者问的文化解读

"双创" 催生新业态，共享经济新发展

在全球化和"互联网+"的时代，推动"放管服"改革，也促进了"大众创业、万众创新"的实行。2016年我国新增的企业经营主体中，有50%以上的企业主体是文化创意企业，可见在"双创"大势之中文化企业的发展速度之快

微评

★ 世界知识产权组织公布的2017年全球创新指数排名中，中国从2013年的第35位提升至第22位，居中等收入经济体之首。中国早期创业活动指数为12.84%，高于美、德、英、日等发达国家；2016年，中国获得的风险资本投资额约占全球总额的1/4。

令人又惊又喜。**"双创"**不仅带动了文化创意企业如雨后春笋般快速发展，同时也创新了生产模式，激活了许多新业态，例如共享经济等，让人耳目一新。

共享经济为传统产业带来新动能，"双创"推动产业、消费升级，使经济结构优化取得新进展，通过加快新旧动能转换促进经济向好势头，更重要的是带动了5000多万人的城镇新增就业。目前，ofo共享单车已成为全球最大的共享单车平台，拥有超过100万辆单车，注册用户数超过2000万，在全球近40个城市，累计提供出行服务超过4亿人次。这不仅为2016年两会提出的"蓝天保卫战"行动提供了实现的依托，同时也成为全民体育健康产业发展的一个突破口。同样，一辆小小的单车，也成为带动传统制造业转型升级的重要机遇，而存在于人们心中的"单车情节"，则更使文化产业与共享经济的融合发展有了更多的可能性。

深化贸易自由化，助力文化"走出去"

在谈及对外开放以及外交关系中，李克强总理也着重强调：**"维护经济全球化，支持自由贸易。"**将中国的开放大门越开越大，未来将要打造开放的高地、投资的热土以及世界共享发展机遇，切实维护全球贸易的自由化。

不断增强对外开放的水平与质量，既能够增强中国的国际话语权，更重要的是搭建起有利于中华优秀传统文化"走出去"的崭新平台，从而在推动国民坚定文化自信的同时，也向世界**讲好"中国故事"**，向世界发出"中国声音"。在这一过程中，需要我们"脑洞大开"，不断促进优秀文化资源创造性转化，鼓励对艺术品、文物、非物质文化遗产等文化资源进行传承与弘扬，支持中华文化"走出去"。2016年，我国全年文化产品进出口总额885.2亿美元，其中出口786.6亿美元，

微评

★ 共享经济，一般是指以获得一定报酬为主要目的的，基于陌生人且存在物品使用权暂时转移的一种新的经济模式。其本质是整合线下的闲散物品、劳动力、教育医疗资源。有的也说共享经济是人们公平享有社会资源，各自以不同的方式付出和受益，共同获得经济红利。此种共享更多的是通过互联网作为媒介来实现的。

★ 习近平总书记指出，讲中国故事是时代命题，讲好中国故事是时代使命。当中国与故事关联时，中国就不是一般的中国，故事也不是一般的故事。讲好中国故事，不是所谓的马斯洛效应：生存问题、温饱问题实现后，在全面建设小康社会过程中表达自我的行为，而具有更深远的时代内涵与全球意义，是为了建立融通中外的话语体系。

实现顺差688亿美元；文化娱乐和广告服务出口额54.3亿美元，同比增长31.8%；文化体育和娱乐业对外直接投资39.2亿美元，同比增长188.3%。深化全球贸易自由化，文化"引进来"与"走出去"相结合，减少与发达国家的贸易逆差，是未来我国在对外文化交流方面不断突破与发力的内容。

"简政放权"继续深化，文化市场不断完善

"简政放权、放管结合、优化服务"是三位一体的，对那些假冒伪劣、坑蒙拐骗、侵犯知识产权以及涉及食品、药品、环保等群众密切关注的违法违规问题要坚决查处。通过**"互联网+政务服务"**，让群众少跑腿、少烦心、多顺心，要把更多的力量用于扶贫攻坚、棚户区改造、义务教育、基本医疗等诸多民生关注的方面。李克强总理答记者问的回答，让"简政放权"的步伐掷地有声。

通过简政放权深化文化体制机制的改革，切实让文化市场发挥决定性作用，推进现代文化市场经济体系的建设和发展，是文化发展领域简政放权的应有之义。文化行政部门要进一步转变职能，从大量的具体活动中解脱出来，向市场和社会放权。政府部门要逐步实现由"办文化"向"管文化"转变，通过减少行政权力对艺术自身发展、文化产业发展的过多干预，尊重文化发展的客观规律，推行政务公开，优化相关服务，从而促进文化产业结构的优化升级、提质增效。

两会期间文化领域关键词

数字经济

在互联网发展、跨界融合成为时代趋势的背景之下，数字经济已然成为国家经济稳定增长的主要动力和推动产业创

微评

★ 加快推进"互联网＋政务服务"工作，要做到"五个坚持"：一是坚持问题导向，找准平台建设和运行中存在的突出问题，集中力量加以解决。二是坚持高标准，高度重视数据资源的挖掘运用，不断提升平台综合服务功能和数据统计分析能力。三是坚持安全高效，落实网络安全主体责任，做好平台安全防护工作和检测处置手段建设，充分保障用户信息安全。四是坚持用户满意，完善服务配套功能，最大限度地满足用户习惯和操作便捷要求。

新、技术进步的重要力量。**首先，数字经济引领传统产业转型升级的步伐加快，促进新兴业态的出现。其次，数字经济将与居民的日常生活领域发生关联，向着全民化、便利化、平民化发展。**数字创意产业作为国家"十三五"时期的重要国家性新兴战略在未来的发展趋势将不断壮大并带动数字文化消费方式的变革。

全域旅游

大力发展乡村、休闲、全域旅游已被写入《2017年政府工作报告》。推进全域旅游是我国新阶段旅游发展战略的再定位，是一场具有深远意义的变革。**第一，全域优化配置经济社会发展资源，充分发挥旅游带动作用；第二，旅游扶贫是脱贫攻坚的重要抓手，能够推动生态文化旅游产业发展，做到既有"金山银山，又有绿水青山"；第三，充分发挥"旅游+"功能，推进旅游与其他产业深度融合、共建共享。**

中国特色新型智库

在2017年的政府工作报告中，**"建设中国特色新型智库"作为发展文化事业和文化产业的重要工作之一被明确提出。**当前，我国正处于深化改革的攻坚期、经济增长动力转换的过渡期以及经济结构全面优化的"新常态"时期，中国特色新型智库显得尤为重要。

体育产业

统筹群众体育、经济体育、体育产业的发展也是两会提案的重点。如今**"体育+旅游""体育+文化""体育+教育""体育+医疗""体育+互联网"**等跨界探索不断开拓行业广

微评

★ 国家旅游局下发《关于实施"旅游+互联网"行动计划的通知》（征求意见稿），提出了实施"旅游+互联网"行动计划的行动要求，行动要求到2020年，旅游业各领域与互联网达到全面融合，互联网成为我国旅游业创新发展的主要动力和重要支撑；在线旅游投资占全国旅游直接投资的15%，在线旅游消费支出占国民旅游消费支出的20%。

★ 体育产业作为国民经济的一个部门，具有与其他产业相同的共性，即注重市场效益、讲求经济效益，同时又具有不同于其他产业部门的特性。其产品的重要功能还在于提高居民身体素质、发展社会生产、振奋民族精神、实现个人的全面发展和社会文明的全面进步。

度，也为体育产业的相关市场主体提供了多种发展和塑造的可能性。2016年6月，国务院印发了《全民健身计划（2016—2020年）》，将全民健身计划置于国家重要发展战略层面，明确到2020年每周参加1次及以上体育锻炼的人数达到7亿，经常参加体育锻炼的人数达到4.35亿。毫无疑问，这是体育产业未来的蓝海。

公共文化服务

促进基本公共文化服务标准化均等化，发展文化艺术、新闻出版、广播电影电视、档案等事业，繁荣发展哲学社会科学，倡导全民阅读。2017年作为《公共文化服务保障法》的实施年，需要在提升加强公共文化服务水平，打通公共文化服务的"最后一公里"上精准发力。要继续坚持"文化惠民、文化利民、文化为民"原则，积极探索基层公共文化服务治理新模式，创新服务体制机制建设，激活社区细胞。

供给侧结构性改革

推进供给侧结构性改革，是适应我国经济发展新常态的必然要求。需要进一步释放国内需求潜力，推动供给结构和需求结构相适应、消费升级和有效投资相促进、区域城乡发展相协调，增强内需对经济增长的持久拉动作用。在文化领域方面，一方面要增强高质量的文化产品与服务的供给，带动新需求，另一方面通过"良币驱逐劣币"盘活呆滞供给、培育新的经济增长点、淘汰过剩供给。

融合发展

新时期，融合发展是文化建设过程中需要贯彻的重要思维。一方面，要积极顺应文化跨界融合发展趋势，创新思维，主动在文化建设领域内实现事业、产业深度互动与融合。另一方面，文化产业与其他产业的融合发展趋势将进一步加强，文化建设的渗透对新型城镇化、特色小镇、美丽乡村、现代农业、康养产业以及电子竞技等行业的发展将在这一阶段将起到决定性的作用。

未来文化发展趋势展望

更务实：文化发展更注重提质增效

李克强总理答中外记者问，言语之间透露出的是满满的信心。无论是对经济增长速度的看法，还是对贸易逆差的看法，无论是对未来继续简政放权，抑或是中美关系、中俄关系、中日关系等重要问题，中国政府都是充满信心的。这也说明我国结构性改革已经取得了一定的成就。信心来源于成就，但是，在取得成就的同时，更要务实，更要着眼问题，继续前行。**在文化发展方面，国家将不再单单注重量的增长，而是更加注重质的提升。这也是"十三五"期间我国文化发展必须要时刻保持警醒的一大原则。**

更具针对性：重点解决文化发展突出难题

在我国的结构性改革取得一定成就的同时，不可忽视的是下一步继续推进深化改革的诸多问题。基于此，未来文化发展将更具针对性。**一是要加大扶贫攻坚力度，全面建成文化小康，对偏远地区的文化发展着重扶持；二是要大力推进公共文化服务的均等化、便利化、全面化，不断提升公共文化服务水平；三是要全面推进文化立法。**在两会期间，全国人大外事委员会主任委员傅莹也表示，《文化产业促进法》与《公共图书馆法》正在制定中，要尽快补足文化立法这一依法治国的明显短板。

更开放：大力推动国际文化合作交流

面对国际环境新变化和国内发展新要求，要进一步完善

微评

★ 电子竞技(Electronic Sports)就是电子游戏比赛达到"竞技"层面的活动。电子竞技运动就是利用电子设备作为运动器械进行的、人与人之间的智力对抗运动。通过运动，可以锻炼和提高参与者的思维能力、反应能力、心眼四肢协调能力和意志力，培养团队精神。电子竞技也是一种职业，和棋艺等非电子游戏比赛类似，2003年11月18日，国家体育总局正式批准，将电子竞技列为第99个正式体育竞赛项。2011年，国家体育总局将电子竞技改批为第78个正式体育竞赛项。

对外开放战略布局，加快构建开放型经济新体制，推动更深层次、更高水平的对外开放，积极主动扩大对外开放。而已扎实推进的"一带一路"倡议，则必将推动我国国际文化交流合作的水平与开放程度有效提升，成为优化对外文化贸易结构的重大历史性机遇。

关于文化部文化消费试点城市的中期考察思考

范周、熊海峰

国家文化消费试点城市试点工作，由文化部、财政部按照"中央引导、地方为主、社会参与、互利共赢"的原则，确定试点城市。旨在充分发挥典型示范和辐射作用，以点带面，形成若干行之有效、可持续和可复制推广的促进文化消费模式，推动我国文化消费总体规模持续增长，带动旅游、住宿、餐饮、交通、电子商务等相关领域消费，不断增强文化消费拉动经济增长的积极作用。

微评

从文化部2016年7月份宣布试点城市到现在，已经过去近一年时间，各试点城市因地制宜，探索创新，采取多种措施促进文化消费，取得了较好的成效，但也反映出许多具体问题。为了更好地推进**文化消费试点城市**工作，中国传媒大学考察指导组在范周教授的牵头下，按照文化部《扩大文化消费试点工作中期考察指导工作方案》，对部分试点城市进行了中期考察指导。在调研过程中，课题组展开了地毯式调

★ 文化消费是指用文化产品或服务来满足人们精神需求的一种消费，主要包括教育、文化娱乐、体育健身、旅游观光等方面。在知识经济条件下，文化消费被赋予了新的内涵，文化消费呈现出主流化、高科技化、大众化、全球化的特征。

研和专题性座谈，收集了大量数据和案例，也吸收了许多中肯建议和意见，初步形成了对文化消费城市试点工作的思考。

文化消费工作有序推进，申报方案逐步落实

从调研情况来看，各试点城市依据其向文化部报送的《引导城乡居民扩大文化消费试点工作方案》，扎实开展工作，在制度设计、模式创新、内容建设、引导培育和社会参与等方面都取得了较大进展。

第一，制度设计先行，强化组织领导和系统布局。从调研情况来看，各市对文化消费试点工作高度重视，基本都建立了由市长牵头任组长、主管副市长任副组长、相关部门负责人为成员的领导小组，并形成了由领导小组办公室为主导的日常运行协调机制；同时各市积极出台文化消费相关的意见、规划、方案和办法，强化系统布局，推进实施保障。例如北京市出台了**《北京市人民政府关于促进文化消费的意见》**，上海市印发了《上海市促进新消费发展发挥新消费引领作用行动计划（2016—2018年）》，鄂尔多斯市出台了《鄂尔多斯市关于促进文化消费的实施方案》；天津市滨海新区制定了促进文化消费的实施办法，规定每年财政投入不少于1亿元；沈阳市提出了设立1亿元的文化消费专项资金，为试点工作提供保障。

第二，推动模式创新，谋求发挥示范和辐射作用。文化部开展试点工作的核心目标即是要"形成若干行之有效、可持续和可复制推广的促进文化消费模式"。目前来看，各地正因地制宜，积极探索特色的促进文化消费的模式，谋求成为典型样板，引领带动区域发展。例如天津市武清区提出打

微评

★ 《北京市人民政府关于促进文化消费的意见》围绕"市场主导，政府推动""需求引领，创新驱动""融合发展，产业联动""资源共享，辐射带动"四项基本原则，提出了加强文化消费供给、培育文化消费理念、引导文化消费行为、丰富文化消费业态、拓展文化消费空间五个方面的重点任务，并通过一系列有力的扶持政策和保障措施加以支撑。

造"**互联网＋文化**"的普惠文化消费模式，探索东部地区涉农区（县）扩大文化消费的经验；丽江市提出"文化引领——文化与旅游深度融合发展"的试点模式，探索西部地区文化消费拉动经济增长的路径；武汉市提出政策引导型的文化消费模式，探索利用激励政策刺激公众的自主文化消费；哈尔滨市则提出以奖代补的消费补贴模式，借以提升居民的文化消费积极性。

第三，**明确建设内容，不断加大实施和推进力度**。从调研情况来看，各市建设内容主要包括五个方面：**一是**加快大型文化消费设施建设，特别在西部基础设施较为落后的市（区），需求比较突出，例如青海省黄南州即将规划建设文化体育项目110个，在"十三五"期间基本建成文化消费设施网络体系；**二是**加大文化产品和服务的有效供给。例如广州市积极扶持文化精品的创作，全年计划投入5800万元支持粤剧《岭南人家》《南越宫词》等优质剧目创作；**三是**积极构建文化消费活动平台，重点是以打造大型品牌文化活动为载体，促进城市文化消费。例如成都市举办"金沙太阳节"、石家庄市举办"吴桥杂技艺术节"、天津市滨海新区举办"社区文化艺术节"、鄂尔多斯市举办"国际那达慕大会"、南昌市举办"南昌文化消费月"等；**四是**推动文化消费信息平台建设，这也是试点城市探索的重要内容，目前各城市正在积极推进。例如，重庆市建设了全市公共文化物联网，建立了"1个市级总平台+40个区县分平台+960多个基层服务点"，已累计服务群众达305万人次；南京市正在研发和搭建"国家文化消费试点城市（南京）智能综合服务平台"；**五是**完善文化消费环境。例如宁波市以创建"文化市场综合执法规范化示范区"为抓手，规范文化市场秩序，保护知识产权，打击假冒伪劣，引导文化消费需求。

微评

★ 互联网激发文化消费需求，又反过来推动了文化产品供给。互联网打通文化领域产业链，促进文化产业整体业态升级。知识产权保护是文化创意产业发展的灵魂。

第四，加强培育引导，提升市民文化消费的热情。从调研情况来看，各市（区）积极通过丰富多彩的文化惠民活动，不断培育市民文化消费习惯，提高消费热情。例如天津市武清区开展了"乐享武清"文化消费季惠民活动，2016年发行文化惠民卡5000张，2017年将达到10000张；成都市投入1500万元购买社会服务，开展了文化惠民演出，吸引市民近100万人次；宁波实行高雅艺术演出政府补贴制度，累计发放政府补贴6000多万元。同时各市加大文化消费的宣传力度，营造良好的消费氛围。例如贵州遵义市选定了4大类13个消费品种的文化消费产品，通过在电视台及《遵义日报》上对招商项目合作商户进行了公告。武汉市充分利用户外屏幕、文化广场、社区宣传栏等途径，加大对优质文化产品和服务的宣传推介。

第五，鼓励社会参与，增强文化消费的多元动力。四川泸州市积极建立文化消费试点企业预备库，预计两年间将全市60%规模较大的文化企业纳入试点范围；成都市激发社会组织参与"书香成都"建设，上半年全市较大规模实体书店开展阅读活动共130项（场）；鄂尔多斯市单独设立文化类民办非营利组织扶持专项资金每年1000万元，重点用于扶持民办非营利组织实施的项目和民族文化项目；青海黄南州成立了"热贡唐卡协会""热贡文化协会""热贡艺术品鉴定中心"等，通过协会优势，增强文化产品的市场竞争力；洛阳市推动文化智库参与，邀请其作为战略咨询专家，对相关工作给予指导支持。

试点工作面临系列难题，亟待有效解决

从文化部2016年7月宣布试点城市到2017年初，已经过去了半年多时间，各试点城市因地制宜，探索创新，采取多种措施促进文化消费，取得了较好的成效。但在这次的调研和座谈中，也发现了不少问题和难点，需要在下一步的推进中逐步解决。

第一，各市建设积极性较高，但对文化消费的概念内涵、统计标准、发展路径还不太清晰。相对于物质消费，文化消费还是较新的概念，目前无论

是学者还是领导对文化消费还缺少共识，从调研来看，很多城市抓文化消费，还参照抓文化产业的思路，把文化产业发展当作城市文化消费。概念上的模糊导致了统计的难度，文化消费到底应包括哪些产业门类，哪些消费数据应纳入文化消费统计范畴，目前国家和地方还缺少相关统计标准。更为重要的是，认识和统计的问题，也让试点城市在制定进一步的发展路径时陷入窘境，抓工作时亦感觉无从着手。

第二，各市都提出了促进模式，但距离文化部要求的发挥示范和辐射作用还有较大差距。从目前调研的情况来看，虽然各试点城市都有关于文化消费促进模式的表述，但大部分城市阐述模糊，概念宽泛，在实践中难以落地。对文化产业、公共文化服务、非遗保护、融合发展等也都在抓，但整体上缺少聚焦和创新突破，没有形成文化消费的鲜明特征和特色模式。同时，在推进手段上，各试点在促进公共文化服务体系建设上的办法较多，但是在如何推进供给侧结构性改革，如何促进经济转型升级等方面缺少有效手段。

第三，促进机制还有待健全，特别是要不断完善领导、运行、指导、培训、交流等促进机制。从试点层面看，在领导机制上，由于是应申报要求而临时组建的领导小组，缺少考核指标等硬性约束，往往象征意义大于实质内容；在运行机制上，虽然有委办作为成员单位，但文化行政部门统筹协调能力较弱，因而难以有效整合各方资源。从国家层面来看，目前在指导机制上，文化部主要通过年度考察对试点城市进行指导，缺乏长效的指导机制；在培训机制上，虽然目前已经开展了文化消费试点城市数据统计工作方面的全国性培训，但培训内容和体系还有待进一步完善。在交流机制上，目前还没有在全国层面建立起试点城市间相互交流与学习的机制。在资金支持上，许多试点城市文化部门认为，文化部《引导城乡居民扩大文化消费试点工作实施方案》中关于"中央财政通过中央补助地方公共文化服务体系建设专项资金，按照有关规定，对扩大文化消费试点工作统筹予以资金支持"的表述，缺少文化消费资金的具体比例或额度，让相关单位在申请和使用文化消费资金中缺少依据。

第四，文化消费激励政策有待出台，降低文化企业的生产成本和提升市

民的消费能力。在调研过程中与企业家座谈时，许多企业家反映目前文化企业还不能享受与高新技术企业同样的税收优惠，文化企业的所得税率依然为25%，而高新技术企业的所得税为15%，随着增值税的实行，作为轻资产的文化企业，税前允许扣除额少，将变相提升文化企业成本。同时在对市民的走访中，也了解到文化产品价格较高是制约其文化消费的重要原因。因此，文化部有必要从国家层面，加快出台文化消费激励政策，为企业提供更好的发展环境，为居民文化消费降低门槛。

第五，文化供给侧结构性改革亟需推进，更好地满足市民日益增长的精神文化生活需求。从试点城市的文化供给结构来看，目前还存在一系列问题。在产品结构上，低端同质化文化产品过剩，中高端个性化产品相对匮乏；在产业结构上，传统类文化产业比重较大，文化业态还需培育；在要素投入结构上，偏重物力人力，制度、科技、管理等创新要素重视程度不足。这些结构性问题很大程度上制约了文化消费的提升与扩大。新时期各试点城市亟须加大推动文化供给侧结构性改革，增强供给结构对需求变化的适应性和灵活性。

创新文化消费促进思路，提升试点工作成效

根据各试点城市的实践探索，结合国际文化强国的发展经验，未来推动和提升文化消费，应更加注意以下五个方面。

第一，坚持顶层设计与地方创新协同共进。在国家层面，文化部应更加注重顶层设计，制定促进文化消费的基本原则、整体框架和制度体系，推动建立全国性的文化消费统计标准和管理规范，加大对消费试点城市的指导与培训，突出顶层设计在文化消费发展中的宏观管理作用。在试点城市层面，要鼓励其发挥积极性和主动性，实现创新突破。具体而言，一是要抓特点，支持其结合自身特色和优势，打造可复制推广的促进文化消费模式；二是要抓亮点，支持其集中力量重点突破，在某些消费领域里形成全国性的亮点；三是要抓痛点，支持其抓住市民反映最为强烈、需求最为旺盛但还没有满足

的消费痛点，快速形成文化消费的氛围和良好的社会口碑。

第二，推动文化供给侧和需求侧两端发力。文化产品的供需矛盾是制约目前文化消费的绊脚石，要坚持需求引领，供给创新，提高文化供给的质量和效率，形成文化需求升级与文化供给升级协调共进的高效循环。在文化消费侧，首先要进行大规模的消费调研，分析和发现市民文化需求，并依托文化消费信息平台建立大数据库，持续跟踪文化需求变化；其次要通过补贴等形式提升城乡居民文化消费的支付能力，并通过行之有效的措施让其转化为实际的文化支出。在文化供给侧，要瞄准三大主攻方向：一是要提高文化产品供给质量，增强有效供给；二是要淘汰过剩供给，减少低端供给；三是要以"文化+"和"互联网+"为主要融合路径，创新文化供给的产品、渠道和方式，形成新兴文化业态，从而创造文化新市场，引领文化消费新需求。

第三，发挥政府引导和市场主导的互补优势。在推动文化消费试点过程中，要处理好"看得见的手"和"看不见的手"之间的关系，充分发挥好政府和市场的作用，实现社会效益优化和文化资源配置效率升级。在政府引导方面，要把握发展底线，划好发展红线，始终坚持把社会效益放在首位，实现社会效益和经济效益相统一；要营造公平的竞争环境，搭建好文化消费的平台。从市场主导而言，要充分发挥市场在文化资源配置中的积极作用，激发市场主体活力，特别是要注重激发当地文化企业家的热情，着力培育一批本土企业和本土企业家，发挥其在产品创新、资源整合、市场开拓中的示范引领作用，构筑起试点城市推进文化建设和消费的引擎力量。

第四，积极为文化消费插上科技与金融的双翼。移动互联网、大数据、物联网、VR、AR、可穿戴设备、人工智能等新兴技术正改变着人们传统的消费模式，各试点城市要顺应时代新趋势，关注文化消费中的新趋势、新技术以及新业态，加强对新兴主流文化消费群体和文化消费业态的引导，特别是在中西部地区，在文化消费发展中要有前瞻意识。同时，文化消费离不开金融的助力，要通过创新文化消费的金融服务模式，为消费的扩大与提升提供支撑。例如宁波市探索发行了"金融文化卡"，一张卡绑定全城主要文化机构和企业，持卡消费可打折，目前已经签约的文化机构和企业近400家，发卡36万余张，有效激发了广大群众的消费热情。

第五，促进公共文化服务和文化产业有机融合。促进文化消费，公共文化消费是基础、文化产业是提升。公共文化服务的主要目的是满足市民的基本文化消费，保障其基本文化权益；文化产业的核心是满足市民多样化、个性化的文化消费，提供更高品质的文化享受。二者要有机结合，相互促进。特别是对于一些中西部试点城市而言，在积极培育文化产业的同时，要更加注重公共文化服务的发展，只有不断提升市民的文化消费热情，逐渐形成文化消费的习惯，才能为文化产业提供更坚实的基础和更良好的发展氛围。与此同时，也要注意推动文化产业与其他产业的融合，促进相关产业转型升级，拓展文化消费新空间，让市民享受到更多的文化福祉。

【延伸阅读】首批第二次国家文化消费试点城市名单发布

根据《文化部财政部关于开展引导城乡居民扩大文化消费试点工作的通知》要求，文化部办公厅公布了第一批第二次国家文化消费试点城市名单，山西省太原市、江苏省苏州市等19个城市位列其中，加上第一批第一次26个试点城市，截至目前，全国范围内共有45个城市确定为国家文化消费试点城市。第一批第二次国家文化消费试点城市名单包括：河北省廊坊市、山西省太原市、辽宁省盘锦市、吉林省吉林市、黑龙江省牡丹江市、江苏省苏州市、浙江省杭州市、安徽省芜湖市、江西省新余市、山东省济南市、山东省淄博市、河南省郑州市、湖北省宜昌市、湖南省株洲市、广东省惠州市、云南省昆明市、甘肃省张掖市、新疆维吾尔自治区乌鲁木齐市、新疆生产建设兵团第八师石河子市。

（参考来源：腾讯网，http://city.qq.com/a/20170224/025005.htm）

"十三五"专家权威解读中国文化产业发展新势

范周

《瞭望新闻周刊》记者就中国文化产业趋势等问题对国家"十三五"规划专家委员会委员、文化部文化产业专家委员会主任、中国传媒大学经管学部学部长兼文化发展研究院院长范周教授进行了专访，新华网、搜狐网、中国文明网等多家媒体对此进行了转载报道。

把脉文化产业走势很重要

2017年国务院政府工作报告，将发展**公共文化服务**和**文化产业**列为2017年的一项重点工作，并强调坚持用中国梦和社会主义核心价值观凝聚共识、汇聚力量，指出"人民身心健康、乐观向上，国家必将充满生机活力"。这被认为是十八大以来以习近平同志为核心的党中央，提出建设社会主义文化强国战略的又一个具体实施的新部署。

2014年10月，习近平总书记在文艺工作座谈会上讲话说到，"今天，我们比历史上任何时期都更接近中华民族伟大复兴的目标，比历史上任何时期都更有信心、有能力实现这个目标。"他全面阐述了在这个伟大进程中文化艺术和文化艺术工作的地位、作用与重大使命，对新的历史条件下如何做好文化艺术工作提出了全面要求。

2016年11月30日他又在中国文联十大、中国作协九大开幕式上强调，**"文运同国运相牵，文脉同国脉相连"**，再一次深刻论述了坚持中国文化自信等重大问题，指出了文艺工作者的伟大使命。

建设社会主义文化强国、增强国家文化软实力，无疑是中华民族伟大复兴中国梦的重要组成部分。在实现中华民族伟大复兴中国梦的征程上，文化需要肩负起自身应有的大担当，感国运之变化、立时代之潮头、发时代之先声，扬中国精神、凝聚中国力量。

解读政府工作报告相关内容，需要看到过去一年文化产业发展的亮点，还要清醒看到依旧存在的一些问题，以进一步把脉未来发展趋势。

为此，《瞭望新闻周刊》记者专门走访了国家"十三五"规划专家委员会委员、文化部文化产业专家委员会主任、中国传媒大学经管学部学部长兼文化发展研究院院长范周教授。

以人民为中心补齐公共文化建设短板

《瞭望》：文化其实是最贴近百姓的，也是迈向全面小康目标的一大需求。您认为，在这方面我们正在做出的最大努力是什么？

范周：全面建成小康社会，其核心在全面，要求经济社会发展不能有短板，一个都不能少，一个都不能缺，这当然包括文化建设工作的方方面面。十八大以来，以习近平同志为核心的党中央以人民为核心提出的一系列政策恰恰是对文化工作提出的根本性要求。正是在这一根本性原则的指导下，我们的文化发展与建设已经在全面建成小康社会的路上做出了各种努力。而在"十三五"期间，更多的人力、物力、财力也将渐渐投入到文化建设上来。

文化建设讲求的**"三贴近"**原则，其中之一就是贴近群众，这就要求文化建设的方方面面不能与百姓若即若离。无论是公共文化建设，还是文化产业发展，都需将这一点贯彻始终。而在服务最广大、最基层的百姓文化需求方面，公共文化服务义不容辞。在过去一年中，以人民为中心的公共文化服务建设全面推进，是一个最大的亮点。

在我国公共文化服务建设日渐完善的今天，公共文化服务逐渐呈现出以下三个特点，这恰恰是文化贴近百姓所必须做到的，也是正逐渐做到的。

发展环境要进一步优化

公共文化服务保障法出台，公共文化服务有了基础性、全局性、基本性法律；促进公共文化与"科技创新""互联网+"深度融合的政策出台，公共文化服务发展有了更广阔的空间；关于公共文化服务方式和内容的指导性政策在全国遍地开花，公共文化服务供给方式创新且不断规范；文化志愿服务政策出台，让公共文化参与主体更为多元、更有存在感。

资金预算要有效投入，利用率要高，"好钢用在刀刃上"

2016年，中央财政积极支持加快构建现代公共文化服务体系，一般公共预算安排相关资金208.62亿元，用于公益性文化设施免费开放、落实国家基本公共文化服务指导标准和地方基本公共文化服务实施标准、文化人才队伍建设、支持少数民族地区文化事业的发展等多个方面。

基层文化服务要日趋完善，文化惠民既有态度也有力度

公共文化服务最长的"攻坚战"在基层。一年以来，中宣部等部门实施贫困地区百县万村综合文化服务中心示范工程，以文化扶贫助推文化小康，目前已建成综合文化服务中心约5000个。

纵观我国公共文化服务建设的历史进程，2016年当之

微评

★ 三贴近就是指贴近实际、贴近生活、贴近群众。这是十六大以来，以胡锦涛同志为总书记的党中央提出的一项重要要求。遵循这一要求，宣传思想战线把"三贴近"作为改进和加强自身工作的一条重要指导原则。

不愧是公共文化服务建设具有里程碑意义的一年。公共文化服务保障法的出台，是公共文化立法以及我国文化立法领域的一大突破性进展，它为进一步加强公共文化服务保障和管理提供了更加强有力的法律依据，可以说是弥补了我国文化立法领域的空白，也为全面小康之文化全面小康提供了强有力的支撑。

《瞭望》：政府工作报告中提出要"提高基本公共文化服务均等化水平"，您对此怎么理解？构建现代公共文化服务体系需要注意哪些方面问题？

范周：公共文化服务是各级政府面对文化民生的责任担当，主要是为公民提供基本的公共文化产品和服务，保障公民的基本文化权利。政府工作报告明确提出要**"提高基本公共文化服务均等化水平"**，是对以人民为中心的文化建设的再度强化和深化。

这就要求公共文化服务建设要继续坚持以民生需求为导向，加大硬件设施建设，探索推进公共文化服务体制机制、内容载体、方法手段创新，全方位提升公共文化服务效能。当然，均等化不是平均化，我国地域辽阔，差异之大可想而知，各地要充分结合各自实际，挖掘自身文化资源，发挥自身文化优势，探索在地公共文化服务建设的均等化发展模式。

公共文化服务保障法2017年3月1日起正式实施，2017年是该法律的实施元年。因此，各级政府应把公共文化服务建设提到更重要的工作位置上，全面构建现代公共文化服务体系。为此，需要注意解决好三方面的问题。

微评

★ 2015年1月，中共中央办公厅、国务院办公厅印发了《关于加快构建现代公共文化服务体系的意见》。其中指出，要"按照一定标准推动实现基本公共文化服务均等化，促进基本公共文化服务标准化、均等化。"

一是要有实施细则

实施细则是时间表、路线图，这有利于让公共文化服务深入人心，也会让各级政府有一个明晰的"施工图"。在这一过程中，通过加强宣传教育工作推动公共文化服务均等化和社会化参与，是一个重要方面。实施细则的意义，在于各级政府时刻不忘对公共文化权益的保障，让人民群众对公共文化有一种获得感，让文化成果能够"看得见""摸得着"。

二是着力打通公共文化服务的"最后一公里"

我国长期是一个农业大国，如今在幅员辽阔的国土上，仍散布着6亿多农民，如何调动农民参与文化消费的热情、激发农村文化消费市场，无疑是一大短板。忧患与机遇并存，广大的农村文化消费是短板，更是潜力，这是公共文化服务"打通最后一公里"的重点所在。这就要求在构建现代公共文化服务体系的过程中，要千方百计补齐短板、努力挖掘资源、全力把握机遇。在这个过程中，乡贤文化建设能起到重要作用，如何将**乡村贤达人士**、有识之士积聚起来，发挥他们的能量，是培养乡村文化建设主力军、生力军的重要议题。

微评

★ 乡贤文化是中华优秀传统文化的组成部分，乡贤文化是扎根于中国家乡的母土文化。在漫长的中国历史进程中，一些在乡村社会建设、风习教化、乡里公共事务中贡献力量的乡绅，都被称为"乡贤"，由此而形成了乡贤文化。

三是把公共文化服务与社区治理有机结合

目前，社区公共文化基础设施普遍存在利用率较低、效益发挥较差的问题，"没人用、不好用"的情况普遍存在，社区文化站管理运行机制不协调，让一些本是居民尽情享受文化成果的场所变了味。面对我国城市社区发展环境的快速变化，面对"熟人社会"向"生人社会"的巨变，面对社区居民社区存在感、凝聚感的不断消散，如何通过公共文化建设实现对社区文化的有效凝聚成为社区治理的重要方面。这就要求我们的公共文化工作者要转变观念，理顺机制，主动探索，用公共文化服务体制机制的创新，激活社区细胞，让"文化惠民、文化利民、文化为民"的大原则落地，让现代公共文化服务体系找到依托，不再高高在上。

"互联网+"创造文化融合发展新机会

《瞭望》：习近平总书记系列讲话中多次提到互联网和新媒体对文化的影响，此次政府工作报告也多次提到"互联网+"。应当说，互联网对文化传播、文化观乃至价值观的塑造有重大影响，受众的文化消费行为也不断变化。那么，文化产业领域应如何面对和运用好"互联网+"？

范周：必须看到，当今时代是一个互联互通的时代。互联网技术不断升级，大数据、云计算等极大地改变着文化产业的发展生态，只有顺势而为，不断突破，才能实现新环境下文化产业的再次跨越发展。

融合是发展的大趋势，"互联网+"已让不少濒临消亡的事物重获新生，可以说，融合是"互联网+文化产业"发展阶段的重要特征。原本看上去毫无关联的传统文化产业或传统产业，都可以借助"互联网+"形成新的联结，跨界融合势头一浪高过一浪，拓展出许多新兴业态。而这种跨界，恰恰让传统文化、文化遗产等一些中华历史文化瑰宝，找到了新的传承发展思路，有了复兴的大好机会。融合发展带来的文化渗透，将会对新型城镇化、特色小镇、美丽乡村、现代农业、康养产业及电子竞技等发展起到重要作用。

互联网带给文化从业者的启发太多，一方面是技术，另一方面是思维，而技术和观念总是相辅相成的。**可以看到，2016年文化产业领域科技投入和技术运用迈上了一个新台阶。**最近势头正盛的VR、AR、人工智能等新技术，在文化产业领域的应用不断增多，无论是传统文化产业借助互联网新技术的优化升级，还是互联网技术在新兴产业中的发展与创新，文化与科技融合发展的步伐与空间正在不断拓展，这些领域也因文化的介入而赢得了更大的发展空间，两者呈现出相互借力、共生共荣的局面。

与此同时，互联网的开放性、共享性、用户至上等特点，也应当成为我们文化建设过程中的重要内容与原则。也就是说，中国的文化建设不该局限于文化界自身，而应将各领域、各层面结合起来，使之成为全社会自省自觉的共同行动。只有领会互联网精神实质，把握互联网之灵魂，未来的文化产业才能在融合发展的道路上走得更远、更好。

互联网的影响是非常广泛的，除对文化产业发展本身产生的巨变性影响外，互联网对文化消费者的影响也是不容忽视的。在互联网时代，消费者尤其是互联网原住民这一代的文化消费行为、文化消费内容偏好等，均发生了翻天覆地的变化，定制化内容、个性化消费、边界化获得渠道等，均是对文化产业领域提出的全新课题，都需要文化产业各个单体行业结合各自实际、着眼互联网群体消费特征来进行突破。今日头条模式就可视为互联网发展之势下，顺应消费者需求偏好进行个性化定制的一个典型案例。

首次写入报告的"数字经济"对文化产业意义重大

《瞭望》：正像您所讲的，"互联网+"的价值很高。同时，我们还注意到政府工作报告提出"推动'互联网+'深入发展"时，接了一句并列的话"促进数字经济加快成长"，而且"数字经济"是首次写入政府工作报告。怎么理解"数字经济"，它与文化产业是怎样的关系？

范周：通俗来说，**"数字经济"**就是一切与互联网相关的经济。在互联网发展、跨界融合与科技创新成为时代趋势的大背景下，数字经济已然成为国家经济稳定增长的一个主要动力和推动产业创新、技术进步的重要力量，是实现"中国

微评

★ 新一轮科技革命和产业变革正加快推进，全球数字经济蓬勃发展，正成为驱动经济增长的新引擎，数字经济已经成为世界各国竞争的新高地。

制造2025"不断突破的强劲之力。

我国数字经济发展已取得了傲人成绩。根据中国信息化百人会课题组发布的最新报告，**2016年我国数字经济规模达到22.4万亿元人民币（当年价，折合约3.8万亿美元），超过日本（约2.3万亿美元）、英国（约1.43万亿美元），成为世界第二大数字经济体**。中国数字经济总量不断提升，从1996年到2016年，数字经济在我国国民经济中的比重，从最初不足10%到如今超过30%。

不难看出，数字经济在国家建设中的作用越来越重要。与数字经济发展相对应的是我国日益发展壮大的高性能、高科技领域的龙头企业，它们已走出国门，走在世界前列，成为国际领先企业，比如华为、联想、中兴、腾讯、阿里巴巴、百度等。

"数字经济"范畴很大，文化产业是其中的重要内容之一。电影、电视剧、电视节目、动漫、游戏等文化产业的诸多门类，都是数字产品的重要组成部分。**截至2016年6月底，中国网民规模达7.10亿人，中国互联网普及率达到51.7%，手机网民达到了6.56亿人**。各类互联网服务应用均保持了高速增长。互联网和数字技术的发展，极大促进了数字文化产业发展，也不断催生出数字文化产业的新业态新模式。

微信读书掀起了朋友圈的阅读热潮。喜马拉雅FM也成了不少人的旅途必备，这正是互联网和数字技术广泛普及之后，动漫游戏、网络文学、网络音乐、网络视频等数字文化产业，与百姓生活越来越密切，成为目前群众文化消费主产品的体现。走在路上、坐在车上，随处可见的戴着耳机听音乐、看视频、看电子书的人群，就是数字文化产业在互联网时代迅速发展的证明。毫无疑问，这个市场是十分广阔的。

《瞭望》：报告提出"促进"数字经济发展，说明目前在这方面还存在问题，您认为，有哪些问题？是不是还有瓶颈需要突破？

范周：数字经济与人们日常生活的关联必然会更为密切，也一定会朝着

"平民化""全民化"、更加便民更加普惠的方向发展。因此，我国数字经济的发展也必须直面问题，不断突破。

应当承认，我国数字经济起步较晚，尽管我国数字经济占GDP比重快速提升，但仍低于主要发达国家。我国数字经济总量（3.8万亿美元）仅为美国数字经济总量（11万亿美元）的34.5%。除此之外，数字经济占国民经济的比重大致在30%左右，明显低于一些发达国家，如美国达到59.2%、英国达到54.5%、日本为45.9%。

这些事实说明，要想赶超世界发达国家，还必须付出更艰辛的努力。当然，这也正意味着我国的数字经济潜藏着巨大潜力，只要深入挖掘，就会有更大的成长空间。为此，需要人才、资金、政策、社会环境等多方面的协同发力。

一是要加快培养与数字产业相关专业人才。提升人才的技术水平与应用能力，构建多层次、立体化的人才培养体系，满足在数字经济发展过程中，对不同类型、不同层次的人才需求。

二是要加大对数字产业、数字经济的政策与资金支持力度。全面落实税收优惠政策，加大财政奖励补贴政策，形成数字经济发展的良好政策环境，为数字经济的发展不断减负，让其轻装上阵。

三是要营造数字经济发展的良好社会环境。通过宣传、引导等形式，不断培养消费者数字产品的消费意识与消费习惯，例如，付费收看电影电视剧等文化产品的消费习惯等，从而形成数字经济发展的生生动力。

分层设计撬动文化产业供给侧结构性改革

《瞭望》："供给侧"一词在政府工作报告中出现了6次，近两年各领域供给侧结构性改革，都在努力释放出以内需拉动经济可持续增长的态势。那么，在文化产业领域，供给侧结构性改革的主要任务有哪些？

范周：供给侧结构性改革的关键是推动供给的结构性调整。在我国经济进入新常态、面临一系列新的突出矛盾和主要问题的环境下，文化产业的发展不可避免地面临着结构性失衡问题。因此，要以供给侧结构性改革为突破，从文化产品和服务的生产供给端入手，调整文化产业供给结构，实现文化产业合理化和高度化发展，为真正启动内需、打造文化经济发展新动力提供有效路径。

首先要提质，坚持内容为王。通过杜绝低俗供给、减少低端供给、淘汰过剩供给、清理僵尸供给、盘活呆滞供给，培育新的增长点，简而言之，就是"良币驱逐劣币"，这是文化产业供给侧结构性改革的一大要义。

以影视剧为例，目前我国每年电影产量有六七百部、电视剧上万集，但像电影《湄公河行动》、电视连续剧《琅琊榜》这样既有口碑、又有票房和收视率的精品还不多。只有精品才能真正吸引受众消费。随着文化产业的快速发展，也越来越印证一个事实，数量、规模固然重要，但更重要也是真正决定文化产业核心竞争力的是质量。必须努力实现由量到质的转变，推动"工程型""业绩型"文化产品向实用型、民族型、市场型文化产品转变，多生产大众喜闻乐见的有品质的文化产品。

其次要研究当前新的消费市场，引导新的消费习惯。需要看到，多元文化抬头、受众年龄结构变化和数字经济快速发展等，都会影响文化消费市场，文化消费市场一定是多元多样、百花齐放的。未来，"90后""95后"会成文化消费主要群体，但同时绝对不能忘记"40后""50后"和"60后""70后"人群。因此，应当学会因时而变，研究不同消费者群体的消费需求和消费习惯，"对症下药"，实施分层设计之策，有针对性地研究推出适应不同群体消费需求的优质产品，实现全方位、多层次拓宽消费市场。

微评

★ 消费习惯，是指人们对于某类商品或某种品牌长期维持的一种消费需要，它是个人的一种稳定性消费行为，是人们在长期的生活中慢慢积累而成的，反过来它又对人们的购买行为有着重要的影响。

　　最后要紧密结合国家重大战略谋篇布局。"一带一路"倡议以及"京津冀协同发展""长江经济带""四大板块"发展等国家大型发展战略，是文化产业大有可为的重要空间。文化产业的发展要反映并借力国家宏观战略进行创意、投资和研发等等，这是文化产业发展的使命，也是文化产业供给侧改革过程中的重要历史机遇。与文化发展相关的专项规划，正被陆续纳入这些国家大型战略，充分体现了相关职能部门文化意识的觉醒。文化建设与经济建设历来就是相生相成的两个方面，相信今后的国家发展战略，会更有利于中国文化的振兴，而这也是中国文化自信的重要基础。

　　总之，国人在精神层面的需求正日益多样化和复杂化，而文化渴求的旺盛与文化供给的相对贫乏形成的巨大反差，正是在文化产业发展中推进供给侧结构性改革的根本原因。文化产业供给侧改革迫在眉睫，需要有效把握文化发展规律，以实现长期性规划、系统性发展。

让"一带一路"见证现代中国文化崛起

　　《瞭望》："扎实推进'一带一路'建设"是政府工作报告提出的一项重点任务。事实上，自2013年习近平总书记提出建设"新丝绸之路经济带"和21世纪"海上丝绸之路"的构想后，"一带一路"就立即成为全球关注的焦点，从文化方面，"一带一路"的价值主要表现在哪些方面？

　　范周：第一，今天的"一带一路"，彰显的是大国文化情怀。"无数铃声遥过碛，应驮白练到安西"。这是晚唐诗人张籍对古丝绸之路的描绘，后来许多人脑海中的丝绸之路，大体都是这个样子。**丝绸之路不仅仅是一条联通东西方文明的交通要道，它还映照出大唐盛世的繁荣景象，因为只有国力昌盛，才有对外开放的需求和勇气，所以有不少人把丝绸之路看作是中华民族强盛的一个标志。**

　　从过去一年的实践中人们可以看到，我国坚定推行"一带一路"建设，高层之间频繁互动，密集签署了一系列政府间的文化交流合作协定。民间文化交流也遍地开花，通过展演项目、论坛、研讨会、竞赛、智库交流、青年交流、客座艺术家与非遗传承人互访等多形式的交流活动，加强文化互通，促进民间友好，巩固了合作基础，也推动中华文化走出国门，在"丝路"沿线国家大放异彩。

第二，文化是"一带一路"倡议的重要组成和重要力量。习近平总书记指出："一项没有文化支撑的事业难以持续长久。""一带一路"建设的实施亦是如此。"一带一路"建设的重要土壤，就是充满文化活力的民间交往和交流。民心相通在于文化的相互理解和相互尊重，历史、语言、宗教、风俗等社会生活的民间认知和交流，是民心相通最广泛的领域，这正是"一带一路"倡议生根发芽的文化根基所在。

习近平总书记在文艺工作座谈会上的讲话中提到，国际社会想要了解中国，光靠正规的新闻发布、官方介绍是远远不够的，靠外国民众来中国亲身感受也很有限，而文化交流就是最好的方式，能够提供独特的视角，吸引人、感染人、打动人。比如京剧、民乐、书法、国画等都是我国文化瑰宝，都是外国人了解中国的重要途径，这就是"民心相通"。

第三，"一带一路"是文化走出去的重要机遇。对美的追求与热爱，是全世界人民的共识，我们一定要向世界宣介好我国的优秀文化艺术。"一带一路"为实现这样的目标开辟了重要路径。怀抱观古今，"一带一路"顺应了和平、发展、合作、共赢的时代潮流，承载着丝绸之路沿线各国发展繁荣的梦想，也会见证现代中国文化的崛起。

《瞭望》：政府工作报告在"积极主动扩大对外开放"一节中专门提到，要"加强教育、文化、旅游等领域交流合作"。您认为，怎样做才能把这些变成中国文化走出去的机遇？

范周：这个要求进一步拓展了我国文化走出去的空间和思路。可以肯定，2017年我国将继续坚定不移地实行文化"走出去"战略，扩大国际文化交流，提高中华文化的国际影响力。在这一过程中，既要从观念上有所完善，也要在操作中有所突破。

一方面，要坚持把"走出去"与"引进来"相结合。在这个问题上，不能光喊口号，而要走脑入心、长期规划，找落地，找抓手。"引进来"的，要能为我所用，注意吸收借鉴国外优秀文明成果和文化发展经验；"走出去"的，不仅要讲好故事，还要讲好文化，传递中国精神是核心所在。

另一方面，好的理念需要强有力的传播，应当花更大的功夫，从操作层面有效提高对外传播水平。互联网时代，尤其要善于运用网络新媒体，构建网络空间命运共同体，加大中华文化的线上、线下传播力度，借助多方力量与合作机构，展示、宣介、阐释中华文化的独特魅力。

而在这个方面，可以说是"路漫漫其修远兮"，仍有不少工作要做，"补短板"迫在眉睫。比如，专业译制人才不足的问题。应当注意吸引国内外优秀的翻译人才和宣介人才，以便最大限度地减少中国文化在"走出去"的过程中，因语言阻碍、传播障碍导致的瓶颈乃至误会，全方位提高传播效能，唯此，足以影响中国文化传播的层次水平、广度与深度。

"文化是民族的血脉，是人民的精神家园。文化自信是更基本、更深层、更持久的力量。"中华文化独一无二的理念、智慧、气度、神韵，增添了中国人民和中华民族内心深处的自信和自豪。文化自信，事关国运兴衰。文化产业、公共文化的发展，必须要肩负起时代赋予的历史使命，不忘本来、吸收外来、面向未来，让中华优秀文化基因以鲜明的中国特色、中国风格、中国气派流传于世。

（文章来源：《瞭望新闻周刊》）

政策强音的
文化活力

2016 年是"十三五"的开局之年，为推动文化产业成为国民经济支柱性产业，加速文化产业转型升级，国家政策持续密集出台，先后在文化立法、体制改革以及公共文化等多个领域取得了重大成就和突破性进展。相继推出不少具有重要意义的政策和法规性文件，对我国文化产业整体政策体系的完善、产业深化乃至产业协同发展都打下了坚实的基础。

深度解读《文化部"十三五"时期文化产业发展规划》

范周

自党的十八大以来把文化建设作为"五位一体"建设中的关键一环，其重要性不言而喻。2017年国务院政府工作报告，将发展公共文化服务和文化产业列为2017年的一项重点工作，并强调坚持用中国梦和社会主义核心价值观凝聚共识、汇聚力量，指出"人民身心健康、乐观向上，国家必将充满生机活力"。这被认为是，十八大以来以习近平同志为核心的党中央，提出建设社会主义文化强国战略的又一个具体实施的新部署。建设社会主义文化强国、增强国家文化软实力，无疑是中华民族伟大复兴中国梦的重要组成部分。在实现中华民族伟大复兴中国梦的征程上，文化需要肩负起自身应有的大担当，感国运之变化、立时代之潮头、发时代之先声，扬中国精神、凝聚中国力量。

4月19日，文化部2017年全国文化产业工作会议在江苏省苏州市召开，会议正式发布了《文化部"十三五"时期文化产业发展规划》（以下简称《规划》）。《规划》明确了"十三五"时期文化产业发展的总体要求、主要任务、重点行业和保障措施，并以8个专栏列出22项重大工程和项目，是指导"十三五"时期文化系统文化产业工作的总体规划。本文从编制背景、亮点特点等多方面对《规划》进行了深度解读，相信"2020年文化产业成为国民经济支柱性产业"目标的实现指日可待。

立足文化产业发展新阶段

经济发展步入新常态

经济发展必然会有新旧动能迭代更替的过程，当传统动能由强变弱时，需要新动能异军突起和传统动能转型，形成新的"双引擎"，才能推动经济持续增长、跃上新台阶。**"三期叠加"**的新常态呼唤经济回归理性发展，而由信息技术革命带动、以高新技术产业为龙头的"新经济"必然会带来产业发展的全新变革。**此次《规划》的出台正是在经济发展步入新常态的背景下对"十三五"时期文化产业发展的蓝图初绘。**毋庸置疑，呼啸而来的信息技术革命正在颠覆和重构文化产业，推动文化产业结构性调整，催生文化产业新兴业态。网络直播、电子竞技等新兴业态的迅猛发展势如破竹，新技术、新产业、新业态加快成长，文化产业发展空间广阔。

重大战略深入实施

首先，区域发展战略继续深入实施，对于培育形成新的增长极和增长带而言意义深远。从2014年京津冀协同发展战略提出到2015年《推动共建丝绸之路经济带和21世纪海上丝绸之路的愿景与行动》发布，从2016年9月《长江经济带发展规划纲要》正式印发到2017年4月具备"千年大计、国家大事"高度的雄安新区设立，区域发展不再是简单割裂的资源共享。打破界限、联动发展，让我们重新审视新形势

微评

★ "三期叠加"是以习近平为总书记的党中央为适应新常态对经济形势作出的重要判断。具体指增长速度换档期、结构调整阵痛期、前期刺激政策消化期三个阶段。"三期叠加"是对我国当前和今后一段时间经济发展阶段性特征准确而形象的描述，三者相结合勾勒出了我国经济社会发展的主要特征和挑战，为我们科学认识新常态、积极适应新常态提供了必要的背景依据。

下区域文化发展新格局。**其次，战略性新兴产业不断推动产业转型升级，为经济发展注入活力。**2016年12月，数字创意产业纳入《"十三五"国家战略性新兴产业发展规划》，文化引领、技术先进、链条完整的数字创意产业以及相关行业产值规模在2020年将达到8万亿元。**文化产业发展如何与重大战略深入实施相结合，是《规划》编制的又一出发点。**

进入推动文化产业成为国民经济支柱产业的决定性阶段

十七届五中全会提出了"推动文化产业成为国民经济支柱性产业"的建议，自此，文化产业上升到社会发展和国民经济的战略地位。《文化部"十二五"时期文化产业倍增计划》中提出了"推动文化产业成为国民经济支柱性产业"的目标要求，此次《规划》则明确提出，"到2020年，实现文化产业成为国民经济支柱性产业的战略目标。"从"推动"到"实现"这一表述的转变印证了**"文化产业成为国民经济支柱性产业"的目标将在"十三五"期间实现从"进行时"到"完成时"的转变**，文化产业在稳增长、促改革、调结构、惠民生等方面的积极贡献将进一步凸显。

明确文化产业发展新要求

双效统一是前提

文化产业的特殊属性决定了"坚持把社会效益放在首位、社会效益和经济效益相统一"是其发展的重要原则，这是文化产业不同于其他产业发展的价值导向，是提高人民群众生活品质和获得感的必然要求。《规划》在文化市场主体培育专栏中也特别强调国家级文化产业示范园区和文化企业**的社会效益**，并将其作为综合考核评价指标体系的重要一

微评

★ 近年来，我国文化产业迅速发展，发展环境不断优化，产业成果不断涌现。正如总书记在文艺工作座谈会上所说："一部好的作品，应该是把社会效益放在首位，同时也应该是社会效益和经济效益相统一的作品。"无论文化产业的形式与内容如何创新，如何惊艳，其背后总有一条不变的底线，即"双效统一"。

环。此外，《规划》保障体系中，突出强调了**"把行之有效的文化经济政策法定化，健全促进社会效益和经济效益有机统一的制度规范"**。把双效统一用制度规范进一步完善，可见其对于文化产业发展方方面面的重要性。

供给侧结构性改革是主线

2015 年 11 月以来，随着供给侧结构性改革在各领域如火如荼地开展，文化领域也着力于提高供给质量、推进结构调整，供给侧结构性改革成为"十三五"时期文化产业发展的主线。从《文化部"十二五"时期文化产业倍增计划》提出**"以结构调整为主线，提升产业规模和整体素质"**到此次《规划》提出**"以推进供给侧结构性改革为主线，不断解放和发展文化生产力，满足多样化文化消费需求"**，互联网掀起的消费革命呼唤文化产业要适应消费需求、消费心理和消费模式的新时期转变，供给侧结构性改革势在必行。

融合发展是趋势

如今，文化产业的边界日趋模糊，"文化+""互联网+"不断丰富文化产业的内涵和外延，我们很难用一个固定的边框去界定其范围。《规划》明确提出，要**"推动文化产业与制造、建筑、设计、信息、旅游、农业、体育和健康等相关产业融合发展"**，文化产业的跨界联姻、文化要素的跨界互动、文化与科技的深度融合为文化增添了产业动力，让产业注入了文化因子。在此过程中，文化产业与公共文化服务要融合发展，两条腿走路互相支撑；文化产业不同门类要融合发展，促进资源要素流通；文化产业与相关产业要融合发展，为国民经济转型升级注入活力。

微评

★ 文化产业应当主动适应供给侧改革的要求，需要树立新的发展理念，转变发展方式，提高发展质量和效益。简单地说，就是要把实现到 2020 年文化产业成为国民经济支柱性产业的目标，作为文化产业发展的主线，调整为把提质增效作为"十三五"文化产业发展的主线。

把脉文化产业走向新势头

科技创新驱动，产业结构调整

创新是引领发展的不竭动力。当前，面对我国经济实力和综合国力迅速增强，但资源、环境和人口压力却越来越大的现状，必须将发展由全要素驱动转向创新驱动、科技驱动。党的十八大提出实施创新驱动发展战略，强调科技创新是提高社会生产力和综合国力的战略支撑。以科技创新驱动产业结构优化调整，已经成为当前转变经济增长方式的关键。

为此，《规划》强调，**"推进'文化+'和'互联网+'战略，促进互联网等高新科技在文化创作、生产、传播以及消费等各环节的应用"。**此外，《规划》还新增了文化装备制造业作为重点行业大力发展。这就意味着在互联网应用日益密集，大数据、云计算、人工智能等技术广泛应用的今天，传统产业要升级，新兴业态也要产生。2016年12月，国务院印发《"十三五"国家战略性新兴产业发展规划》，提出"要把战略性新兴产业摆在经济社会发展更加突出的位置。"**一方面，**要秉承创新理念，调整国民经济结构，发挥文化产业对国民经济转型升级的支撑和带动作用；**另一方面，**也要推动文化科技深度融合，调整文化产业结构，使传统文化产业转型升级、特色文化产业提升内涵、新兴文化产业蓬勃发展。

立足"重大战略"，优化发展布局

伴随"一带一路"建设、长江经济带建设和京津冀协同发展三大战略的深入实施，文化产业也进入到优化布局的关键环节。在"十二五"时期提出东中西部协调发展的基础上，《规划》进一步深化区域协同：**"以区域发展总体战略为**

微评

★ 信息化背景下的综合国力竞争，比的是数字竞争力，是核心技术、产业体系和产业生态的竞争。近年来，物联网技术正在逐步渗透进生活的方方面面，以BAT为代表的互联网企业开始以搭建平台的形式进军物联网领域。"十三五"时期是实施国家大数据战略的关键时期，亟须加快数据资源开放共享，发展大数据新应用新业态。

基础，以三大战略为引领，引导各地根据资源禀赋和功能定位，走特色化、差异化发展之路。"文化产业区域布局不是"全国摊大饼"，而是根据各地资源禀赋的差异区别对待。在这一过程中，既要注重因地制宜，发挥各地的资源和产业优势；又要注重统筹城乡，使文化产业成为新型城镇化建设的黏合剂；还要注重扶贫攻坚，使文化产业成为"老少边穷"地区发展的"助推器"。

"一带一路"建设，要使不同民族文化"交而通"，让各国都能搭乘中国发展的"顺风车"，实现共同繁荣。**在这一过程中，最重要的就是文化共鸣。**经济上的互利是暂时的，文化认同却是功在万代，利在千秋的大事。**京津冀协同发展首先是要缓解大城市的"虹吸效应"，**对于中小城市来说，被吸纳大于被辐射，城市间发展差距日益增大。因此在优化文化产业布局上，要克服这个问题。2017年4月1日公布"雄安新区"，目的就是要转移部分产业，疏解非首都功能，**缓解区域协同发展的"二八效应"。**这将成为区域协同发展的新范本。因此，优化文化产业布局必须紧紧围绕国家战略，有的放矢、因地制宜，在宏观上完善顶层设计，在实际操作上把握区域协同的内在机理。

完善体系建设，释放市场活力

针对"十三五"时期的文化发展，2016年国家"十三五"规划提出建设"一个工程"和"四大体系"。**为此，《规划》也指出要完善现代文化产业体系，并将现代文化市场体系建设单独作为一节着重谋篇。**"完善现代文化市场体系，进一步完善文化产品和要素市场建设，建立健全文化市场监管体系。"要使文化产业健康发展，就必须建立起与之相适应的市场运作体系，完善市场主体、市场体系与市场机制建设。

微评

★ 随着京津冀一体化上升为国家战略，三地协同发展迎来新的历史机遇。文化产业作为京津冀地区共同扶持和发展的战略性产业，在调整产业结构、促进产业升级等方面发挥着举足轻重的作用。京津冀地缘相接，文脉相承，三地资源禀赋深厚，地方特色鲜明，相通性和差异性并存，在文化产业方面有着广泛合作空间。

在市场主体建设方面，一方面要培育骨干文化企业，发挥骨干文化企业的引领和示范作用，打造文化产业"航母"；另一方面要大力支持中小微文化企业，增添文化市场活力，同时推进文化产业园区建设。**在市场体系和市场机制建设方面，**一方面，分别加强产品、服务和要素市场建设，使各部分都能够"合理搭配，物尽其用"；另一方面，打通生产和销售市场，使文化产品的生产要素、生产过程和产品销售形成科学合理的内在发展机制，避免文化产业体系"肠梗阻"现象的发生。**此外，在释放市场活力方面，**《规划》还特别指出要"进一步拓宽社会资本投资的领域和范围，激发社会投资活力，健全多层次、多元化、多渠道的文化产业投融资体系。"**积极探索社会资本与文化市场结合的新方式。**

扩大有效供给，引导文化消费

推进文化领域供给侧结构性改革，要着力于扩大有效供给。《规划》强调"扩大文化产品和服务的有效供给，满足人民群众日益增长、不断升级和个性化的精神文化需求。"**供给主体的结构问题是关键问题，要实施文化精品战略，以"文化+""互联网+"丰富文化产品和服务形式，拓宽文化产业业态。**2016年上半年，我国网络文化市场整体营业收入超过1000亿，尤其是网络直播表演市场，同比增长209.3%。因此在供给方面，要适应网络文化消费需求的变化，增加网络及相关产品的有效供给。除此之外，在要素方面，还需要创新人才供给、提升科技供给、优化资本供给、加强长期规划供给和增加面向全球的资源供给。

在引导文化消费方面，《规划》强调"适应和引领个性化、多样化的文化消费发展趋势，建立扩大和引导文化消费的长效机制。"**一方面，改善文化消费条件，加强文化基础设施建设。**强化公共文化建设对文化产业发展的反哺和支撑作用，鼓励社会资本进入文化产业，参与文化消费项目的拓展和创新；**另一方面，释放文化消费需求，建立文化消费长效机制。**通过文化品牌活动等一系列项目的大力开展，营造健康向上、充满活力的文化消费氛围。为此，《规划》提出实施"促进文化消费计划"，在试点评估的基础上，对建立起文化消费的长效机制做出有益探索。

　　振兴传统文化，增强文化自信

　　传统文化作为中国数千年来沉淀下的文化精华，不仅是中华民族文化自信的源泉，也是实现中华民族伟大复兴的精神支柱。自2017年以来，《关于实施中华优秀传统文化传承发展工程的意见》和《中国传统工艺振兴计划》的相继出台，见证了"十三五"期间，我国对传统文化的重视发展程度稳步提升。《规划》从多重角度致力于传统文化发展：**"推动优秀传统文化资源数字化进程；系统梳理传统文化资源，推动文化资源活起来，以中华美学精神引领创意设计；支持制作适合互联网和移动互联网传播的精品佳作，促进优秀传统文化和当代文化精品网络传播。鼓励各地搭建平台，将传统工艺品的设计、生产与文化创意产品开发、文化旅游等有机结合。"**

　　在互联网时代背景下，《规划》在文化领域的供给侧改革层面更强调用数字化的现代手段弘扬传统文化，鼓励传统文化与网络文化的跨界融合，通过网络传播手段扩大传统文化的影响力，从而增强群众的文化自信。同时，《规划》更**以开放的视野注重传统文化的市场化运作**，鼓励建立完整的产业链，扩大传统文化的有效供给，使传统文化渗入到寻常百姓家。

完善文化产业发展新保障

　　加强法治：让文化有法可依

　　文化立法是文化产业稳定发展的重要保证。从《文化部"十二五"文化产业倍增计划》的**"完善政策法规体系"**发展到《规划》中的**"推进法治建设"**，文化产业发展的法治

微评

★　十九大的召开，进一步明确了新形势下文化法治建设的方向目标、重点任务和基本遵循，为文化系统依法行政、依法治文指明了方向。未来推动法治建设将是全党全社会工作的重中之重，我们要立足文化改革发展的全局和长远进行统筹谋划，充分认识加强文化法治建设的重要意义，抓住机遇，乘势而上，把握好文化法治建设的着力点，大力推动文化法治建设，为文化改革发展提供有力的法治保障。

环境更加清晰规范。2016年，《电影产业促进法》等法律的相继出台为产业发展提供了有力保障，"十三五"期间也将陆续制定颁布《文化产业促进法》《文化市场综合行政执法管理条例》《互联网上网服务营业场所管理条例》等法律条例。

随着这些法律的出台，文化产业发展环境必将得以优化改善，文化产业的发展有了法律的"保护伞"，也必将在阳光下茁壮成长。**然而法律的制定只是文化法治建设的开始，互联网时代的文化监管问题不容忽视。**《规划》指出"建立健全重大决策合法性审查和公平竞争审查工作制度。加强互联网文化管理法规制度建设。深化文化市场综合行政执法改革，全面落实行政执法责任制。"文化立法应与时代接轨，不断解决新形势下文化发展难题，为文化产业发展保驾护航。

优化标准：让统计有迹可循

文化产业统计是把握文化产业发展整体态势的重要依据，但目前我国文化产业的统计仍然存在着文化产业统计不健全、文化产业指标体系不完善、文化产业统计数据不系统等不适合文化产业发展等问题。《规划》指出要**"加强统计应用"，优化文化产业数据的统计标准和分类标准，使文化产业统计更为精准可靠，为未来文化产业的发展提供有力的数据支撑。**

自2012年文化产业分类发展到今天，以互联网技术为代表的现代科技不断催生新兴业态，原有的分类标准已然不能适应当下文化产业发展现状，文化产业分类标准的更新迫在眉睫。此外，文化产业行业标准缺失也阻碍了各行业健康有序发展。因此，《规划》指出**"加快文化行业标准和国家标准的制定修订，积极参与国际标准制定。增强文化行业标准化意识，提升标准化应用水平，构建文化行业标准规范体系。"**

释放红利：让发展更有动力

相较于《"十二五"时期文化产业倍增计划》，《规划》的保障措施更具针对性和实用性。在政府、经济、土地、人才等方面都释放了红利来支持文化产业的发展，真正使政策红利用到文化产业发展的刀刃上。

第一，在"双创"的背景下，政府层面除了提供相应的税收优惠政策外，更将加大对文化产业创新创业项目的支持力度；**第二**，在经济层面争取文化产业的专项基金，通过经济手段增强文化产业的发展动力；**第三**，在土地方面指出对文化用地采取相应的优惠支持福利；**第四**，此次《规划》着重指出要"强化人才支撑，以高端内容创作、创意设计、经营管理、投资运营、数字文化、文化金融等人才为重点，为文化产业发展提供有力支持。"《规划》对文化产业发展的优惠之大、福利之多，为"十三五"时期文化产业的发展提供了全面保障。

创新治理：让运行更有效率

完善的文化管理治理体制能够大大增强文化产业的运行效率。**与"十二五"时期的"规范文化市场和文化体制改革"不同的是，此次《规划》中更加注重"文化产业的管理治理"。**《规划》指出，要"深化文化行政部门职能转变，加强事中事后监管；健全国有文化资产管理体制机制；加强博物馆等文化文物单位运行体制机制改革创新；推进文化产业领域行业组织建设。"

由此可见，**第一**，市场在资源配置中仍起决定性作用，政府将不断放宽文化企业发展的市场性；**第二**，在文化文物单位支持市场化运作，强调保护为主、开发为辅；**第三**，行业组织的影响作用在未来将不断扩大，通过行业组织规范优化文化企业，用行业组织规范引导行业健康发展将更加普遍。

"十三五"时期的开局之年已经过去，2017年，我国文化产业的发展思路更加清晰、发展前景更为广阔。从"十二五"到"十三五"，文化发展经历了从大步向前到理性回归的过程，文化领域的供给侧结构性改革是"十三五"时期的重要任务，创新发展、融合发展、协调发展仍是新时期文化发展的主要趋势。在《规划》的引领下，历史与未来、传统与现代、区域间的界限将渐趋模糊，文化将在大融合的背景下描绘出更为精彩的蓝图。

【延伸阅读】"十三五"时期文化产业发展要落实九项重点任务

一是完善文化产业政策法规体系。加快制定出台文化产业促进法，抓紧编制出台文化部"十三五"时期文化产业发展规划。

二是推动文化产业结构优化升级。围绕"互联网+"，加快发展动漫游戏、移动多媒体等新兴文化产业，大力培育基于高新技术应用的新型文化业态。

三是优化区域文化产业发展布局。要以实施"一带一路"、京津冀协同发展、长江经济带等三大区域发展战略为契机，实施差异化的区域文化产业发展战略，引导各地走特色化、差异化的文化产业发展道路。

四是发展壮大文化市场主体。把文化产业发展与"大众创业、万众创新"紧密结合，加强文化企业孵化器、众创空间、公共服务平台建设，支持"专、精、特、新"小微文化企业发展。

五是扩大和引导文化消费。扎实推进文化产业领域的供给侧结构性改革，努力实现更高层次的供需平衡。

六是鼓励和引导社会资本进入文化领域。加快完善文化产业投融资体系建设，为文化产业创新发展持续提供资金支持。

七是加快对外文化贸易发展。从改善发展环境、强化公共服务、提升规模效益这三方面入手，不断夯实对外文化贸易持续快速发展的基础。

八是优化文化市场环境。着力完善多层次的产品市场和要素市场，加快构建统一开放、竞争有序、诚信守法、监管有力的现代文化市场体系。

九是强化人才培养和扶持。以高端创意设计、经营管理人才为重点，加强对文化产业人才的培养和扶持。

（资料来源：《文化部署"十三五"文化产业发展九大重点任务》，http://news.xinhuanet.com/politics/2016-06-29/c_1119134249.htm）

从三个方面解读数字文化产业发展新思路

范周

近期以来，相关文件密集出台，数字文化产业迎来前所未有的政策红利期。2016年11月29日，国务院发布的《"十三五"国家战略性新兴产业发展规划》中首次纳入数字创意产业，并部署到2020年，数字创意产业产值规模将达8万亿元，而数字创意产业在文化领域的具体体现，正是数字文化产业。2017年政府工作报告中，总理首次提出大力发展数字经济，为数字创意产业的发展壮大提供强有力的支持，对数字创意产业的政策从财税金融、科技创新、人才培养等方面进行梳理集成，力求形成政策合力，共同推动数字文化产业创新发展。有数据显示，2015年，中国数字创意产业已集聚了36948家企业，同比增长13.8%；从业人员384万，同比增长13.1%；产业规模达5939.85亿元，同比增长22.9%。中国数字创意产业已经进入高速发展期，成为中国经济发展的主要动力之一，未来几年内，将持续为转变经济发展方式、促进消费增长、引领社会风尚提供有力支撑和有效供给。

2017年4月19日，文化部文化产业司发布《文化部关于推动**数字文化产业创新发展的指导意见**》（以下简称《意见》），《意见》首次明确了数字文化产业的发展内涵与核心内容，从发展方向、重点领域、生态体系、政策保

微评

★ 数字文化产业以文化创意内容为核心，依托数字技术进行创作、生产、传播和服务，涵盖动漫、游戏、网络文化、数字文化装备、数字艺术展示等多个重点领域，已成为我国文化产业发展的重点领域和数字经济的重要组成部分，并促进了新动能、新消费的培育。

★ 互联网正在接管人们的生活。现在不少人愿意在网络上花钱去看书、看电影、看电视剧，就如同20年前人们去商店买磁带、CD一样，文化消费形态正在一茬茬接力嬗变。

障措施等方面对数字文化产业发展做出总体规划。本文从政策背景、重点及亮点三个方面着手，对《意见》进行了全方位、深层次解读。

政策背景

数字经济的文化落地

当前，数字经济已然成为国家经济稳定增长的新动力，推动产业创新、技术进步的重要力量。据《中国互联网+数字经济指数（2017）》统计，2016年，全国数字经济总量已占全国 GDP 总量的 30.61%，成为国民经济的重要组成部分。**一方面，数字经济通过一系列战略新兴产业引领创新融合发展。**《"十三五"国家战略性新兴产业发展规划》将数字创意产业作为战略新兴产业重点发展，成为数字经济的产业中观表达。**另一方面，数字经济与居民的日常生活紧密相连，向着全民化、便利化、平民化发展。**网络直播、虚拟旅游、移动听书等数字文化消费形态尽显数字化、网络化、个性化特征，成为数字经济与文化发展的新阵地。在此背景下，推动数字文化产业的创新、融合发展，既是贯彻落实国家战略的题中之意，也是践行发展新理念的适时之举。

《意见》正是在此背景下颁布的，并首次明确了数字文化产业的发展内涵与核心内容，即"以文化创意内容为核心，依托数字技术进行创作、生产、传播和服务，呈现技术更迭快，生产数字化，传播网络化，消费个性化等特点，有利于培育新供给，促进新消费"，有利于适时为产业、社会指明发展方向。

文化经济的转型升级

"十三五"时期是我国全面建成小康社会的决胜阶段，也是推动文化产业成为国民经济支柱性产业的决定性阶段。文化产业自身面临发展结构优化升级、联动发展体系建立、高层次供需动态平衡、全面提升质量效益等迫切需求。据国家统计局数据显示，2016年以"互联网+"为主要形式的文化信息传输服务业营业收入5752亿元、增长30.3%。**数字文化产业通过数字技术实现文化信息内容保真提质，依托网络拓展流通传播疆域，以技术应用、商业模式、知识迭代、智力创新实现市场与产业价值，为文化产业发展创造新的增长极。**因此，发展数字文化产业，是实现"十三五"时期文化产业发展目标的必由之路。

《意见》以供给侧结构性改革为主线，发挥数字文化产业调结构、促消费、扩就业的独特作用，提升数字文化产业内涵，创新驱动、开放发展，力争到2020年，形成导向正确、技术先进、消费活跃、效益良好的数字文化发展格局，在数字文化产业领域处于国际领先地位。

三大重点

明确发展方向

1. 以供给侧结构性改革为主线，供需两端齐发力

推进供给侧结构性改革，是适应我国经济发展新常态的必然要求，也是文化产业当前面临的首要问题。文化产业在数量规模的快速扩张后，在供给与消费方面出现了很多问题和矛盾。文化供给质量不高、供给与消费之间缺口大，文化消费形势开始发生改变，供需错位与脱节现象严重。**数字文化产业的内核是文化内容和创意服务。**因此要**以文化内容为王**，扩大高质品牌供给；**以数字技术为翼**，盘活呆滞供给，淘汰过剩供给；**创意创新为本**，研究新消费，激发新供给，培育和引导新消费。

《意见》指出，要以"优化数字文化产业供给结构""扩大和引导数字文化消费"为发展方向。**供给侧方面**，提升数字文化产业文化内涵、技术水平

与产品质量。加强原创能力建设，鼓励全民创意创作联动。创作生产优质、多元、个性的数字内容产品，探索基于互联网个性化定制、精准化营销、协作化创新、网络化共享的新型商业模式与文化业态；**需求侧方面**，特别指出要满足现代生活方式需求，把握知识产权环境、用户付费习惯养成、网络支付手段普及的有利机遇，充分挖掘消费潜力与市场价值。创新网络数字文化内容产品的付费模式，将广泛用户基数转化为有效消费需求。

2. 融合发展为引领，激发新气象

融合发展是文化产业发展的重要趋势。数字文化产业本身就是数字信息产业与文化产业融合而成的新业态，是创新融合发展的2.0时代。**数字文化产业的发展更需要在文化产业内部实现数字技术的全面渗透，在产业间激发"文化+"与"互联网+"的融合新气象。**

《意见》指出，要以"促进优秀文化资源数字化""推进数字文化产业与相关产业融合发展"为发展方向。产业内融合以我国丰富的文化资源为基础：通过数字技术创新应用，实现艺术品、文化、非遗等优秀传统文化资源以及区域、民族文化资源的创造性转化与创新性发展。同时促进公共文化资源与数字技术的融合；产业间的融合涉及与制造业、消费品工业、现代服务业等实体经济的融合。强调文化对信息产业、虚拟旅游、社交电商、"粉丝经济"等虚拟经济的内容支撑、创意提升与消费体验提升等作用。以"文化+"理念内涵，融入各个产业创新体系。

引领重点领域

数字文化产业方兴未艾，重点领域的引领作用至关重要。《意见》将"动漫产业、游戏产业、网络文化产业、数

微评

★ 跨界融合成为产业发展的新常态，除了经济全球化和高新技术迅猛发展的外部因素外，文化所具有的强大经济力量，是新常态下"文化+"得以催生的内在动因。

★ 随着互联网和数字技术的广泛普及，动漫游戏、网络文学、网络音乐、网络视频等数字文化产业迅速发展，与百姓生活越来越密切，已经成为目前群众文化消费的主产品。

字文化装备产业、数字艺术展示产业以及部分前沿领域"作为数字文化产业的重点领域部署。总体呈现以下特点。

1.传统产业提质升级

动漫、游戏产业作为传统文化产业中与数字技术联系最为紧密的产业，将成为数字文化产业发展的排头兵。两大产业目前在**内容方面**，均存在优质内容不足、文化内涵单薄、缺乏原创与同质化等问题，在**表现形式与传播方式**方面，均存在形式单一、模式陈旧、技术适配欠佳等问题，需要数字文化技术推动产业转型升级。《意见》借数字文化产业发展契机，为传统文化产业提质升级开出药方。

根据《意见》，动漫产业坚持品牌化战略，技术与传播推进"全产业链""全年龄段"发展，开拓动漫表情、动漫会展等新业态；游戏内容加强价值导向与品牌产品开发，鼓励开发适合多年龄段参加的网络游戏，电子游戏与家庭主机游戏，促进电竞赛事，电竞直播新模式健康有序发展。

2.新兴业态夯实基础

近年来，网络文化、数字文化装备产业、数字艺术展示产业**脱胎于传统产业模式，以新兴技术应用研发为基础、以软件内容创新为引领，夯实数字文化产业的发展基础**。2016年上半年，我国网络文化市场整体营业收入超过1000亿，尤其是网络直播表演市场，同比增长209.3%，未来数字文化产业的发展不可限量。

根据《意见》，网络文化产业要不断丰富内容与形式，提高网络音乐、网络文学的原创能力和文化品位；数字文化装备产业要加强标准、内容和技术装备的协同创新，并列出引领新型文化消费的设备，如可穿戴设备、智能硬件、智能化舞台设备以及文化艺术品展陈、保护、修护设备应用示范等；数字艺术品展示产业则重在创新应用，如推动与公共生活、地区发展、文物艺术展示等。

3.前沿领域动态布局

科技更迭日新月异，消费的个性化需求决定了数字文化产业动态开放的本质。以人工智能、无人机、智能制造为代表的技术和装备在新一轮科技革

微评

★ 2016年被称为人工智能的元年。人工智能，尤其是深度学习、图像识别、语音识别等一系列关键技术的质变，结合大数据、云计算等技术水平的进一步提升，开始对各行各业产生深远的影响，文化产业也不例外。

命中不断丰富着产业发展内容，2016年我国人工智能产业规模达到95.6亿元，同比增长37.9%，数字文化产业未来的发展与科技的迭代更新是密不可分的。因此在数字文化产业的发展过程中**必须树立前瞻意识，不断拓展产业边界、开拓产业蓝海**。

4.领域拓展不可局限

值得注意的是，数字文化产业作为开放度高，融合型强，动态发展的产业，其产业范围远远大于《意见》中提出的重点领域。文化大数据产业，人工智能产业以及体育、康养、教育、医疗、新闻传播等领域数字文化应用，并未在《意见》中体现。部分原因是政策制定的部门职权所限。因此在政策落实方面，要积极打破政策划定范围，寻求数字文化产业发展新疆域。

创新生态体系

创新生态体系是一个由相互联系、相互适应、协同整合、共生演化的多重创新要素组成的，具有动态性和网状结构特征的开放性复杂系统，最早是由美国竞争力委员会进行概念的界定。创新生态体系引入生态系统发展规律，系统由创新主体与创新环境构成，具有开放、协调、动态等特征。

数字文化产业以文化创意、技术创新为核心推动产业发展，产业主体在系统内部与外部进行知识、技术、智力、信息传递与交换，完成创新工作，共享创新成果。同时，文化、政策、市场，创新活动资源等环境因素影响各个主体和产业系统的发展，**符合创新生态系统的发展范式**。因此《意见》将建设创新生态体系作为数字文化产业的重要任务。通过"培育数字文化产业市场主体，推动数字文化产业创新创业，引导数字文化产业集聚发展，优化数字文化产业市场环境"构建创新生态体系。

1. 创新主体协同共生

数字文化产业的创新主体包括各类数字文化企业等**核心创新主体**、高校与研究机构为核心的**辅助创新主体**，以及政府、中介机构等**催化创新主体**。

首先，**核心文化主体将文化与科技转化为生产力，是创新生态体系的核心发展动力**。《意见》指出，要培育具有较强核心竞争力的数字文化企业，引导相关龙头企业布局数字文化产业。充分发挥大企业的龙头带动作用，大力扶持中小微企业。全方位促进核心创新主体发展。其次，**辅助创新主体通过与企业的密切合作，将技术创新成果直接转化落地，在相互协作过程中，扮演科技内容创新源泉的角色**。《意见》指出，要强化创新驱动，建设以企业为主体，产学研用联合的数字文化产业创新中心；建设创新与创业结合，孵化与投资结合，线上线下结合的数字文化双创服务平台。再次，**政府作为催化主体，通过财政支出，专项扶持与政策保障，推动数字文化产业发展**。此外中介机构在创新沟通中降低沟通成本，同时连接消费者，催生新的创新主体。《意见》各主体在系统中协同共生，集聚共赢，推动生态系统可持续发展。

2. 创新环境动态开放

创新环境对于创新生态系统的意义重大，正如自然环境影响生物生态系统。**国际交流与文化贸易形成的外部联系构成宏观创新环境，市场资源、文化氛围及政策环境构成系统的内部创新环境**。

《意见》引导数字文化产业集聚发展，将数字文化产业主体置于"国家文化产业示范区"等集群，产业基础雄厚的城市，"京津冀协同发展""长江经济带发展""一带一路"等区域，**布局数字创意产业的宏观环境**。通过参与数字文化产业国际分工，推动产业链全球布局，促进人才、技术、资本的交换互动，激发新的创新因素、营造创新环境，使生态系统实现开放循环。同时，《意见》**着力优化数字文化产业的市场环境**，积极建立司法、行政、技术和标准相结合的数字文化知识产权保护体系，规范版权交易市场，促进信用体系建设。构建数字文化领域标准体系，优化产业发展的文化氛围与微观环境。数字文化产业在发展之初便以创新、系统、动态、可持续的生态理念为纲，这将确保产业的健康推进与蓬勃发展。

四大亮点

以"创新"为内核

第一，产业发展动力新。《意见》多次强调数字技术研发，数字文化消费，原创力量的激活。这正是驱动数字文化产业发展的原动力，促使产业发展形成自下而上、上下联动的推动力。**第二，产业发展层次新。**《意见》注重数字文化产品服务应用、商业模式创新、多业态融合等产业发展高层次，构筑产业高新结构。**第三，产业发展模式新。**数字文化产业创新生态体系以生物学的视角布局产业发展，以共生集聚，自组织良循环的系统发展指导产业发展，探索出新模式。

促"融合"成常态

当前文化科技深度融合已进入2.0时代。二者的融合方式已经不再是技术与内容的简单相加，而是通过供给模式的转变，创新能力的突破，发展动力的整合，多元产业的渗透产生1+1>2的效应。《意见》在推动数字技术与文化创意内容融合过程中，**一方面注重挖掘数字技术的应用特点与应用场景，另一方面注重文化内容的创意营造与消费对接。**例如，《意见》供给侧结构调整部分，强调促进科技文化创新链与产业链有效对接，提高不同内容形式之间的融合程度与转换效率。在发展数字艺术产业中，强调发挥数字艺术高互动性、高应用性、高融合性的特点，拓展艺术展示应用范围和市场范围，并就应用场景和应用效果做了启发性引导。

构"生态"谋发展

《意见》通过顶层设计、政策指导、标准制定、配套保障的方式，实现数字文化产业创新生态体系的人为构建。**但最终目标是在数字文化产业与外界环境相互作用的过程中，实现自我调节、自我适应的生态发展。**数字文化产业创新主体之间实现资源共享流通与高效合作，给社会提供创新成果，实现文化科技资源最优配置；在外部政策、技术及市场环境变化过程中，生态系统将通过自身功能帮助主体降低成果转化、市场应用的风险。各主体间也将基于创新集聚实现规模发展，共同促进地区、领域的繁荣。

铸"保障"促产业

《意见》采用较大的篇幅，通过落实财税金融政策、强化创新服务和人才支持，持续推动"放管服"改革，加强组织领导等措施，为数字创意产业发展保驾护航。**首先，创新发展，要"财"更需"才"。**数字文化产业的发展建立在创新资源与资本的有效配置上。因此，《意见》强调用好各专项扶持资金与基金建设，对符合条件的数字文化企业申报高新技术企业认定，明确享受15%的税收优惠。同时，数字文化产业创新中心、创业中心、重大创新课题项目、智库建设为数字文化产业提供人才保障。**其次，产业推进，要"管"还要懂"放"。**数字文化产业的网络化、虚拟化特征，使发展环境、传播内容、信用体系面临前所未有的挑战。《意见》以"放管服"为主线，探索适合数字文化产业的市场监管方式，建立适应互联网传播和用户创造内容趋势的内容监管机制，建立企业信用监管体系等。同时进一步放宽准入条件，简化审批程序，保障和促进创业创新。**再次，组织领导，协作落地。**通过加强部门协作，为跨行业创新融合发展，消除体制障碍，实现本土落地。

从2016年数字创意产业被列入《"十三五"国家战略性新兴产业发展规划》到如今《文化部关于推动数字文化产业创新发展的指导意见》的出台，科技革命带来的产业变革从未止步。科技驱动进步，创新引领未来，可以预见的是，数字文化产业将是文化产业发展的新蓝海。

【延伸阅读】《文化部关于推动数字文化产业创新发展的指导意见》（节选）

基本原则

坚持导向，提升内涵。坚持以人民为中心的发展思想，坚持社会主义先进文化前进方向，弘扬社会主义核心价值观，把社会效益放在首位，实现社会效益与经济效益相统一，充分发掘优秀文化资源，提高数字文化产业品质内涵，讲好中国故事，弘扬中国精神。

创新驱动，优化供给。坚持自主创新，加强内容原创和技术研发，培育发展新动力，构建产业新体系，推动数字文化产业内容、技术、模式和业态创新，提供有效优质供给，促进文化消费。

开放发展，跨界融合。立足国际国内两个市场，加强国际交流合作，加快与相关产业的多向深度融合，走开放式创新和国际化发展道路，不断提高我国数字文化产业发展的整体实力和国际竞争力。

政策引导，激发活力。针对薄弱环节、制约瓶颈和重点领域，完善政策措施，优化发展环境，改善行业规制，充分发挥各级政府部门规划引导、政策扶持和组织协调作用，激发数字文化产业创新活力与投资活力。

发展目标

数字文化产品和服务供给质量不断提升、供给结构不断优化、供给效率不断提高，数字文化消费更加活跃，成为扩大文化消费的主力军。培育若干社会效益和经济效益突出、具有较强创新能力和核心竞争力的数字文化领军企业，一批各具特色的创新型中小微数字文化企业。动漫、游戏、网络文化、数字文化装备、数字艺术展示等重点领域实力明显增强。数字文化产业生态体系更加完善，产业支撑平台更加成熟，市场秩序更加有序，政策保障体系更加完备。到2020年，形成导向正确、技术先进、消费活跃、效益良好的数字文化产业发展格局，在数字文化产业领域处于国际领先地位。

（资料来源：《文化部关于推动数字文化产业创新发展的指导意见》，http://zwgk.mcprc.gov.cn/auto255/201704/t20170424_493319.html）

坚持人民群众主体地位不会变

不只是试点，博物馆如何迸发生命活力？

关卓伦、王若晞

2016年11月6日，国家文物局网站发布了《关于公布全国博物馆文化创意产品开发试点单位名单的通知》（以下简称《通知》），《通知》公布了全国博物馆文化创意产品开发试点名单，提出要在国家级、部分省级和副省级博物馆中建立符合发展要求、满足人民群众文化消费需求的文化创意产品开发试点。文章紧随政策，尝试探索出一条文创产品开发和博物馆建设的良性发展之路。

政策聚焦："试点"亮点何在？

主体多了：文创产品开发模式更多元

文物的活化和传承是博物馆建设的核心要义，而文创产品是文物活化和传承的重要载体。因此，探索出一条多元化的文创产品开发之路无论对于文物保护还是博物馆建设都至关重要。2016年，"故宫淘宝"系列一经问世就因其巧妙精致的做工、别具一格的设计和贴合实际的实用性吸引了包括

微评

★ 对于正在探索文化创意产品开发的博物馆、美术馆、图书馆等文化文物单位而言，国务院办公厅日前转发的文化部等部门《关于推动文化文物单位文化创意产品开发的若干意见》可谓"强心剂"与"定心丸"。

史学界、文学界、设计界和商业界的极大关注。"建筑是凝固的音乐"，物件也是凝固的文化。"来自故宫的礼物"将中国历史文化保存、活化、传播、传承。

与此同时，纵观我国文物保护机构的文创产品开发，种类较少、创新乏力、后劲不足的问题依然存在。如何探索出更多元的文创产品开发模式？《通知》要求："鼓励具备条件的单位采取合作、授权、独立开发等方式开展文化创意产品开发；重点探索通过知识产权作价入股等方式投资设立企业，从事文化创意产品开发经营"。将产品开发视角从"一家"转向"几家"，从"独立"转向"合作"，从"事业"转向"企业"，既着眼于文创产品本身的多样性，又强调文创产品开发主体构成的多元性。这将有利于激发博物馆文创的活力，整合优势资源，实现创新功能和产业优势的最大化。

绩效高了：收入分配制度更科学

微评

★ 不断提升公众服务水平，能为博物馆带来改观：鼓舞员工士气；提升市场推广潜力；形成新的支持者；形成一批拥护者。法律、政策、规章等制度性设计生成的更多是"物理性"标准，而博物馆还需要有共同的价值观、精神自律等"非物理性"标准，需要进行职业道德建设。

截至2015年年底，全国登记注册的博物馆已达4692家，其中有4013家向社会免费开放，占全国博物馆总数的85.5%。据统计，2013—2015年，三年间中央财政用于"公益性文化设施免费开放"的资金比重占据这三年公共文化服务体系总投入额的26.25%。但与此同时，我国博物馆公共服务效能普遍偏低，这与未建立有效的收入分配制度密切相关。具体表现为博物馆的"藏品"与受众需求不能有效接轨；博物馆服务的民众数量、服务受众的观赏体验质量与"产出"也不呈正比；博物馆的利用率普遍偏低，甚至出现了"免费开放依然门庭冷落"的惨淡局面，即使是旅游旺季，也很难吸引到足够数量的游客，平日愿意去观摩学习的人数更是少之又少。"看不懂，不好看，印象不深""一流展品、二流展览、三流服务"等呼声不断有之。

这与博物馆薄弱的绩效管理体制不无关系。博物馆的"公益"和"事业"属性长期体现为"重投入，轻产出"和"服务效能低"，为了改变这种现状，亟待引进现代企业制度，建立一种面向社会的绩效管理动态考评体系。为此《通知》提出"坚持事企分开的原则，将文化创意产品开发与公益服务分开，原则上以企业为主体参与市场竞争。""要继续投入文化创意产品开发、对符合规定的人员予以绩效奖励等"，制定干部人事管理，收入分配等问题的相关制度激发博物馆创新活力。

积极性涨了：激励机制更有效

文物保护行业和其他任何体现社会生产力的行业一样，都是社会生产关系的总和，都体现着人与生产工具的相对关系。任何一家博物馆的良性运营都离不开来自管理者、创意者和志愿者三方面的付出和贡献。因此在人员激励方面，必须给予足够的重视。而目前在针对我国博物馆管理人员的激励机制方面，大多数博物馆还是以原有的"事业单位行政化"特点为主，薪金相对固定。而创意设计人才则大部分来自企业，与博物馆是契约关系，按照产品质量和市场反馈情况取得相应的酬劳。在志愿者方面，由于本身的"公益"属性，大部分博物馆对志愿者有两方面的态度，一是认为志愿者的工作可有可无，把志愿者的工作视为博物馆人力资源不足的补充；二是仅为志愿者提供物质报酬维持队伍的稳定，忽略了很多志愿者精神和兴趣培育方面的需求，这种做法在一定程度上也不利于志愿者队伍的成长与博物馆工作的可持续进行。

因此在博物馆工作人员的激励机制方面，要配套一种良性、互动、全面、可持续的发展机制。正如《通知》要求："参照激励科技人员创新创业的有关政策完善引导扶持激励机制"。将试点单位绩效工资总量核定与文化创意产品开发业绩挂钩"，充分激发博物馆从业人员的活力，是博物馆创新发展的重中之重。

政策延伸：国外经验还有哪些可以借鉴？

文创产品开发花样多

对博物馆藏品进行文创开发的国外经验有很多。大英博物馆文创产品开发的主要思路是将"明星藏品"进行产业纵深开发。通过以在英国人人熟知的"小黄鸭"元素与博物馆展品结合，间接展示了大英博物馆丰富的文化藏品。还有围绕明星文化资源"罗赛塔石碑"开发出的拼图、笔记本、钱包等系列文创产品同样是其突出代表。

纽约大都会博物馆以"版权认证"的方式制作和研发了大量与馆藏相关的影视、娱乐以及演讲等文创产品，并为青少年设计专用教材。其中比较有特色的是将名画中的珠宝首饰设计开发并联合艺术商店将其投放市场，**将珠宝首饰与艺术馆藏有机结合。**

东京国立博物馆文创开发的主要思路是围绕"馆藏元素"进行生活实用品开发，较有代表性的是其推出的"陶俑袜"，在脚背部分印上陶俑的脸，穿上后让双脚变身为两尊"陶俑"，这种独特的设计和鲜艳的色彩吸引了不少女性和儿童，"陶俑袜"推出后，周边产品"陶俑便当盒""陶俑环保袋"等都相继问世。无论开发模式有何异同，创意的核心功能不可磨灭。

绩效评估体系成先驱

英美两国对于公共文化服务的绩效评估早已有之。在英国，对于公共部门的"绩效评估"最早出现于1968年，经历了由经济、效率到以质量和结果为中心的转变，而后评估办法和指标体系都相继建立，特别是2004年更名的"博物馆认证制度"使评价过程能够做到有法可依。此外，英国政

微评

★ 英国作为"新公共管理"运动的先行者，公共部门的绩效评估最早出现在1968年，经历了由经济、效率为评估中心到以质量、结果为中心的转变。英国绩效评估对应有法律、政策，因而博物馆、图书馆等都有法可依，有评估办法和指标体系。负责文化机构绩效评估的英国文化传媒及体育部1999年发布的"政府资助的博物馆和美术馆"，以及始建于1988年、自2004年起更名的"博物馆认证制度"都在此领域发挥了巨大作用。此外，英国中央政府对地方政府绩效考核体系中的"最有价值绩效指标"和"全面绩效评估"均有对于博物馆、美术馆等公共文化活动的评估指标。

府体系中，在中央政府对地方政府的考评体系中，也有专门针对博物馆等公共文化服务机构的考评指标。

在美国则是**"民众主导"**的绩效考评模式。面向民众，主要利用国家资金或私人基金会进行经济资助，政府税收优惠政策间接资助。成立联合会或行业协会，将机构的绩效与拨款相关联，作为考核公共文化服务能力和效果的重要指标。多元化的绩效考评主体是英美等国绩效评估的主要经验。

工作人员激励方法重精神

对人的激励也是发达国家经验之一。旧金山亚洲艺术博物馆不向志愿者支付报酬或医疗保险，但为志愿者提供多种形式的福利。比如为志愿者提供工作的机会，满足其兴趣爱好；为志愿者开放专门的图书馆或举办讲座，增加其学习机会；在博物馆商店或餐厅消费可享受折扣等。这些激励手段都激发了志愿者的工作热情，提高其工作效率。

丹麦是一个国民幸福指数很高的国家，对于公共服务机构的工作人员和志愿者来说，最重要的不是各种各样的物质或精神福利，而是令他们引以为傲的人与人之间的信任和对社会生活高度的责任感。北欧国家拥有世界最高的绩效报酬总量，公共服务质量却仍然在世界上名列前茅。

政策思考：博物馆建设路在何方？

积极探索文创产品开发的多种模式

一是开发主体的多元化。博物馆要积极牵手文创企业联合进行文创产品开发，通过"版权认证""艺术授权""研发外包"等形式实现由单一主体到多种经营的转变。**二是开发**

微评

★ 无效的激励方式会阻碍博物馆人才的成长。根据美国心理学家赫兹伯格的双因素理论，激发人的动机因素可分为激励因素和保健因素。激励因素属于内在因素，包括成就感、挑战性、工作发展前途、个人晋升机会等方面。激励因素若得到满足，可以持久地调动工作积极性。而保健因素不具有激励作用，属于外在因素，包括单位的工作环境、人际关系、管理制度和薪金地位等个人安全保障等方面。一旦保健因素得不到满足，会产生消极怠工、阻碍工作进程等不利影响。因此，要提倡正确的人才激励机制，提高博物馆作为公众文化服务部门的社会认可度和美誉度。

种类的多样化。要有效提取馆藏文化元素，进行生活用品、艺术藏品、工业产品等多种用途，多种形式的文创衍生品开发。**三是组织构成的创新化。**通过引进科技领域的"知识产权作价入股"，将文创设计者原创成果转让给博物馆等公共文化服务机构，实现创意人和博物馆共享专利权，然后经过评估作价，创意人通过共有专利权实现持有股权。盘活文化IP，激发组织活力，保护知识产权。

建立健全新型收入分配制度

一是建立"面向民众"的绩效评估体系。博物馆筛选馆藏、设计文创产品和进行活动推广都必须始终以人民群众的实际需要为出发点。要"以需定供"，将民众的反馈作为博物馆绩效考核的重点，进行收入分配。要完善相关法律法规，为公共文化服务保驾护航。建立健全从中央到地方，从集中监管到行业自律的监督机制，对于不符合"人民需要"的公共文化服务实现绩效挂钩，做好一次和二次分配。**二是坚持事企分开原则。**引进现代企业制度，改善博物馆管理。根据2016年出台的《博物馆条例》，推行博物馆理事会制度，鼓励社会参与博物馆的建设、管理和监督，并且使之形成制度化。鼓励博物馆将某些经营性领域和职能开放，在保证公益性原则的前提下，按照企业模式进行管理。

完善博物馆人员激励机制

一是对其管理人员进行岗位培训，定期组织培训班，邀请具有丰富行业实践经验和管理经验的人员授课。鼓励博物馆管理人员到企业学习，引进先进管理模式，将其工资报酬与绩效挂钩并进行综合考量。**二是引进高质量、高水平创意人员，**定期组织专业培训，学习先进经验，将其报酬与产品市场反馈挂钩。**三是重视建立博物馆志愿者精神层面的激励机制，**坚持公益性与可持续性原则，将志愿者看作文化传承的重要环节，重视其能力和作用。三者关系密切，不可偏废。

史上最严新规来袭，网络直播怎么播？

关卓伦　王若晞

2016年11月4日，国家互联网信息办公室正式发布《互联网直播服务管理规定》，《规定》的出台对互联网直播服务内容、范围、主体、资质等都提出了明确的要求，同时鼓励多方共治，肃清网络秩序，为广大网民特别是青少年成长营造风清气正的网络空间。

新规出台，有迹可循

加快互联网环境建设、加强互联网行为管理是净化互联网空间、促进互联网信息产业又好又快发展的必然要求和重要举措。近年来，一系列政策的出台为肃清网络空间提供了政策保障。2000年9月出台的《互联网信息服务管理办法》规定"从事新闻、出版以及电子公告的服务项目的互联网信息服务提供者，应当记录提供的信息内容及其发布时间，记录备份应当保存60日并在国家有关机关依法查询时予以提供"。2005年9月出台的《互联网新闻信息服务管理规定》提出"互联网新闻信息服务单位从事互联网新闻信息服务应当遵守宪法、法律和法规，坚持正确的舆论导向"。2012年12月，全国人民代表大会常务委员会通过的《关于加强网络信息保护的决定》要求

"网络服务提供者应当加强对其用户发布的信息的管理"。

2016年年初，随着网络直播的日益繁荣，各直播平台纷纷展开攻势，直播行业已成星火燎原之势，对于网络直播的相关管控也愈发密集。2016年2月，国家版权局发文通知"禁止未经授权的个人和机构以网络直播的形式传播央视2016春晚"；2016年4月，文化部查处了斗鱼、虎牙等19家网络直播平台，随后出台文件，表示今后将对网络直播随机抽查，表演者一旦上黑名单全国禁演；2016年7月，公安部网络安全保卫局召开网络直播平台专项整治工作会议，宣布在全国范围内开展整治工作；2016年8月，国家网络信息办公室在八项要求中强调对网络直播进行安全评估；2016年9月，新闻出版广电总局下发通知，要求直播平台必须持有《信息网络传播视听节目许可证》，加强直播监管。

文化部、新闻出版广电总局、公安部和网信办等纷纷出拳，联合整顿，互联网空间整治，已经不再由一家独揽、成一家之言，多方共治，是互联网空间良性健康发展的必由之路。

直播元年，乱象频发

直播内容良莠不齐

"直播吃饭，打赏千万"，**"直播睡觉，全民发酵"**……网络直播的内容千奇百怪，吃饭、睡觉、唱歌、跳舞、个人脱口秀、电竞游戏、体育、化妆等各类教学直播都是各大热门直播平台的常驻栏目，吸粉千万，关注过亿。2015年国内直播市场规模将近100亿，网络直播平台数量近200家，总用户数超两亿人。进入2016年，直播元年的到来使互联网直播服务更加发展迅猛，用户规模已超过3亿，占网民总

微评

★ "入行门槛低、炒作收益高"是导致网络直播乱象频发的重要原因。不少直播平台注册认证毫无门槛，吸引了大批草根主播。在没有突出才艺、不能产出优质内容的情况下，许多主播依靠拼颜值、拼尺度来博取关注。而一旦炒作成功，得到粉丝追捧，就能获取丰厚的收益。

体的近一半。伴随热闹的眼球经济而来的是激烈的竞争——随着竞争加剧，猎奇心理被激发。直播飙车、直播吃"面包蟹"，直播生吞"芥末"甚至直播猎杀动物……种种无意义、无底线的炒作，打擦边球、暴力、低俗以及色情内容的滋生，严重危害了互联网网络秩序，阻碍了互联网直播行业健康发展。

直播主体缺乏资质

互联网直播主体由互联网直播服务提供者、互联网直播服务使用者和互联网直播发布者构成。由于互联网的共享性、互通性和无边界性，信息传播迅速。特别是现在，新闻信息的传播已经由文字转向了图片和视频，而视频直播因其即时性和现场感，在传播中有很强的冲击力和影响力。互联网直播内容也从车祸事故到灾害现场，从新闻联播到人物访谈，类型多元。新闻类直播一经播出极易引起弹幕轰炸和广泛转发，产生正面或负面的巨大的社会影响。2005年出台的《互联网信息服务管理规定》中规定："新闻信息是指时政类新闻信息，包括有关政治、经济、军事、外交等社会公共事务的报道、评论，以及有关社会突发事件的报道、评论"。因此对于互联网新闻类信息直播服务的提供者、发布者和使用者，采取资质认定是规范互联网空间秩序的必要手段。

直播行业造假泛滥

直播行业造假泛滥，第一是慈善造假，11月7日，有媒体报道称某直播平台上3名主播日前直播山区献爱心，赠送蛋糕、书包、鞋子等给四川凉山农村的村民，这些直播的播放量在数万到上百万之间。其中一名主播后来自己"揭

微评

★ 2016 年 4 月 14 日，文化部公布了第二十五批违法违规互联网文化活动查处名单，斗鱼、虎牙直播、YY、熊猫 TV、战旗 TV、龙珠直播、六间房、9158 等多家网络直播平台因涉嫌提供含有宣扬淫秽、暴力、教唆犯罪、危害社会公德内容的互联网文化产品，被列入查处名单。

★ 对于获得巨额融资甚至已经上市的大型直播平台而言，确保内容合法合规，能够长期运营下去，才符合其根本利益。视频网站 56 网几年前因内容问题被关停过一段时间，错失了发展的机遇期，这是一个鲜明的教训。

黑"，发布短片称另一名主播发完钱就收回来，往孩子的脸上抹泥增强效果等。没有道德底线可言。类似的"假慈善""假公益"等屡见不鲜，目的是增加粉丝关注度，不止消费了被"公益"人民的善良，消费了粉丝的爱心，一旦行为属实，更触犯了法律，应该受到惩罚。第二是平台数据造假，某知名主播在直播游戏"英雄联盟"时，粉丝数量激增，居然超过了13亿。虽然有平台负责人出来解释说"这样有利于增强主播信心，激励其直播欲望"，但若将类似的造价现象听之任之，那么直播行业只能在虚假繁荣的道路上渐行渐远。直播行业呼吁监管，呼吁法律、道德、行业和社会舆论共同保驾护航。

举措聚焦网络直播新规

落实直播主体责任

一是规范直播服务平台。《规定》要求"互联网直播服务提供者应当落实主体责任，配备与服务规模相适应的专业人员，健全信息审核、信息安全管理、值班巡查、应急处置、技术保障等制度。应当建立直播内容审核平台，实施分类管理。"互联网直播需要有直播平台作为依托，直播服务的发布者与平台之间存在着一定的相互依存关系，两者之间很容易形成利益纽带。因此，必须抓住直播平台这个"牛鼻子"，锁定主体范围。

二是**严审直播服务内容**。"互联网直播发布者发布新闻信息，应当真实准确，客观公正。转载新闻内容应当完整准确。用户参与直播互动时，应当遵守法律法规，文明互动，理性表达。"而对于直播内容应坚持"先审查再发布"，坚持依法传播积极向上的网络文化内容，自觉抵制低俗不良文

微评

★ 直至今日，所谓"游戏直播"这一口号早已不再被这些主流的直播网站所提起，愈加激烈的竞争使得最开始的垄断的资源开始变得分裂，早期的那批电竞职业选手早已散落在数家不同的平台之上，而平台对于这些人员的流失也不如以往那么看重，因为几乎每段时间都会有新人主播带来各种各样的直播内容，而这些似乎能更迅速的吸引大多数观众。

化，平台、用户和观众都应明确三方权利义务，遵守法律法规和相关平台共约，共同维护网络文化秩序。

三是加大违法惩处力度。对于违法违禁的直播服务内容，除了对表演者本人采取训诫、罚款、禁播和列入"黑名单"外，还要对相应的服务提供平台实施惩罚。《规定》指出"对于未经许可或者超出许可范围提供互联网信息服务的，由国家和省、自治区、直辖市互联网信息办公室依据《规定》予以处罚"。

明确发布资质要求

一是对互联网新闻信息直播服务提出了"双资质"要求，即"互联网直播服务提供者和互联网直播发布者在提供互联网新闻信息服务时，都应当依法取得互联网新闻信息服务资质，并在许可范围内开展互联网新闻信息服务。"这是本次新规的一大亮点，不仅对直播平台进行了资质要求，对于新闻发布者，也进行了资质限制，这意味着从今以后的新闻直播服务将要被"严控"，演讲、会议或许还可以在直播上随处可见，当某场灾难来临时摧枯拉朽的直播视频或是对于直接搬上直播平台的《新闻联播》慷慨激昂的疯狂吐槽的时代将要一去不复返。二是对互联网非新闻类直播服务内容提出资质要求，《规定》指出"通过网络表演、网络视听节目等提供互联网直播服务的，还应当依法取得法律法规规定的相关资质。"结合2016年9月新闻出版广电总局一纸要求"直播平台必须持有《信息网络传播视听节目许可证》"，加强对直播平台及用户的资格审查，取得直播资质或将成为未来网络直播行业的最大成本。

微评

★ 在我国网络市场期待快速有序发展的过程中，一系列阻碍、影响网络市场健康发展的客观风险也一直存在，完善的信用体制有助于形成良好的信用行为和可靠的信用关系，继而有效避免这些风险，达成便利和发达的交易关系，促进网络市场的成熟与发展。

加强网络环境监管

一是**健全网络信用制度**。《规定》指出，要"建立互联网发布者信用的等级管理体系，提供与信用等级挂钩的管理和服务；对于违反法律法规的互联网直播服务使用者，将其纳入黑名单；加强对评论、弹幕等直播互动环节的实时管理"。将信用制度建设腾挪到互联网中来，是创新体制机制的一大步，将增强对互联网直播行为的约束力度。二是完善个人信息认证。《规定》指出"按照'后台实名，前台自愿'的原则，对互联网直播用户进行基于移动电话号码的真实身份信息认证。对发布者进行身份证件、营业执照等的认证登记"。严格登记，严密监管，严厉保护，对公民个人信息的登记和保护将成为约束互联网直播行业的又一大保障。三是完善社会外部监督。《规定》要求"互联网直播服务提供者应当自觉接受社会监督，健全社会投诉举报渠道。"在发现不良信息或举报不良平台时，举报渠道和办法的便捷性至关重要。严密监管措施，畅通投诉渠道，要第一时间发现并处置违法违规内容。此外，要鼓励相关组织设立行业协会，制定行业公约，加强行业自律，促进互联网直播行业健康发展。顺畅的社会监督机制，是约束互联网直播行业的第三大推手。

2017中央一号文件正式发布：为农业与文化融合送来哪些大礼？

孙巍

2017年2月5日，《中共中央、国务院关于深入推进农业供给侧结构性改革加快培育农业农村发展新动能的若干意见》（以下简称《意见》）正式发布，全文约13000字，共分6个部分33条，包括：优化产品产业结构，着力推进农业提质增效。推行绿色生产方式，增强农业可持续发展能力。壮大新产业新业态，拓展农业产业链、价值链。强化科技创新驱动，引领现代农业加快发展。补齐农业农村短板，夯实农村共享发展基础。加大农村改革力度，激活农业农村内生发展动力。《意见》中多次提及发展乡村休闲旅游产业、推进特色村镇建设和提升农村公共文化服务水平，为农业与文化的深度融合提供了大力支持与保障。

概况梳理：农业与文化融合发展情况

政策支持力度不断提升

2016年针对农业与文化深度融合的政策利好，为融合

微评

★ 将农业与农村的自然资源以及农民的智力资源通过创意转化为推动农业与农村发展的力量，这是欧洲国家发展创意农业的共同出发点。这种将科技和文化要素融入农业生产，进一步拓展农业功能，提升农业附加值的新兴特色农业，于20世纪90年代后期在发达国家率先发展起来，并且成效显著。其中，尤以荷兰、德国、英国等几个欧洲国家表现突出。

发展提供保障。2016年伊始，国家相继发布《关于加大改革创新力度加快农业现代化建设的若干意见》《关于推进农村一二三产业融合发展的指导意见》，**二者都着重推进农业与旅游、教育、文化、康养产业的深度融合，使农业与文化产业的不同业态更好融合。**在2016年3月，国务院《关于进一步加强文物工作的指导意见》提出，**加强历史文化名城、村镇和传统村落整体格局和历史风貌的保护，**为传统农业与传统村落的开发保护提出针对性措施。

休闲农业方兴未艾

新型城镇化的不断推进使休闲产业发展势头迅猛。休闲农业作为从传统农业中衍生出的一种新型产业形态，兼具农业和旅游业的双重属性，具有浓厚的文化内涵。**休闲农业与文化产业的融合发展，是推进农业现代化、提升农村整体发展水平的必由之路，是打造特色文化品牌、推动文化大发展大繁荣的有力抓手，是建设文化强市的重要支撑。**根据农业部的数据统计，2015年我国休闲农业共接待游客人数超过22亿人次，营业收入大于4400亿元。

融合发展需注意三个问题

尽管农业与文化融合发展迅速，但在发展过程中仍需注意以下三个问题。**第一，传统农业文化不断遗失。**旅游业的迅速发展使得传统农业文化在一定程度上遭到损害，包括传统农业民宿逐渐淡化、传统古村落保护缺乏重视和传统农业生产方式不断遗失等。**第二，农村公共文化服务建设力度仍需加强。**加强农村公共文化服务体系建设，是建设美丽乡村、提升农村精神文明建设水平的重要内容。近年来，文化部加快推动城乡文化发展一体化，取得了显著成效。但是，

微评

★ 对农业来说，这是一个最坏的时代：现代农业疯狂发展带来丰厚经济利益的背后，却是中国传统农耕文化的遗失。现代文明的渗透超越，传统农耕已渐行渐远，是时候站出来继承、保护、传承农耕文化，并让其在与现代文明的融合中重换新生。

目前我国农村公共文化服务建设仍有地区分布不均等问题，2016年全国农村贫困人口仍有7017万人。**第三，缺乏农业文化的深度开发。**受制于农村社会经济发展现状及农民自身素质，众多农家乐娱乐模式趋同，千篇一律。脱离农家生产及生活构建的娱乐模式缺乏农家特色，只是简单复制城市消费文化，并未深入挖掘特色文化。

亮点举措：农业供给侧改革是重点

乡村旅游：三产融合造就特色村镇

乡村旅游的发展建设为特色村镇的开发提供了良好的契机与发展动力。发展乡村旅游不仅能够满足城市人逃离城市回归自然的迫切需求，也是帮助贫困人口脱贫致富的有效途径。同时，乡村旅游也能使三产融合更加深入，让农民安居乐业。最终，乡村旅游会成为建设特色村镇的重要着力点，**因此《意见》明确指出要大力发展乡村休闲旅游产业，充分发挥乡村各类物质与非物质资源富集的独特优势，利用"旅游+""生态+"等模式，推进农业、林业与旅游、教育、文化、康养等产业深度融合。**

值得注意的是发展乡村旅游容易导致传统古村落开发过度或保护不足而遭到破坏，**在发展乡村旅游的同时，不能舍本逐末，丢失传统文化与传统建筑。因此《意见》中也着重指出支持传统村落保护，维护少数民族特色村寨整体风貌，有条件的地区实行连片保护和适度开发。**我国地广物博决定了我国传统村落的文化资源十分丰富。同时传统村落作为不可再生资源，加强对传统村落的保护就显得尤为重要。首先要处理好保护与开发之间的关系，坚定不移地以保护为主开发为辅。其次，对传统村落的文化资源进行深入挖掘，支持

微评

★ 打造"一村一品"升级版，发展各具特色的专业村。支持有条件的乡村建设以农民合作社为主要载体、让农民充分参与和受益，集循环农业、创意农业、农事体验于一体的田园综合体，通过农业综合开发、农村综合改革转移支付等渠道开展试点示范。

农业文化遗产保护。

文化惠民：农村公共服务建设重中之重

乡村文化建设是乡村建设的重要内容，而公共文化建设不仅是乡村文化建设在现阶段的主要任务也是文化惠民工程稳定推进的重要举措。将农村公共文化服务体系建设纳入精神文明建设大局，是美丽乡村建设的重要内容。因此《意见》指出加强农村公共文化服务体系建设，提升农村基本公共服务水平。统筹实施重点文化惠民项目，完善基层综合性文化服务设施，在农村地区深入开展送地方戏活动。《意见》从教育、医疗、低保、养老保险等方面对基本公共文化服务提出具体措施，文件提到这些内容对于实现农村基本公共服务的均等化有重大意义。

人本理念：提升农民思想文化素质

提高农民的道德素质和文化水平是社会主义新农村建设的精神动力和思想保证。因此《意见》指出，培育与社会主义核心价值观相契合、与社会主义新农村建设相适应的优良家风、文明乡风和新乡"贤"文化，并强化农村社会治安管理、法律宣传教育服务和信访工作。建设社会主义新农村，在大力发展农村经济的同时还要提高农民的文化素质、建立健全农民的教育培训保障体系，培育农村文明新风尚，用先进文化来影响、陶冶、培养新型农民，引导农民树立正确的世界观、人生观和价值观，培养与新农村建设相适应的新型农民。

发展前景：农业与文化融合趋势如何？

微评

各显特色突出智慧乡村旅游

随着"互联网+"、物联网、人工智能等技术的不断发展，乡村旅游产业在未来也会掀起巨大的变革。智慧旅游可以作为乡村旅游可持续发展的一个形态。所谓智慧乡村旅游就是乡村可以通过互联网技术、信息通信技术实现旅游乡村的餐饮、住宿、采摘和其他旅游项目的在线展现，网上预订、支付、电子认证及统一管理。发展智慧乡村旅游符合国际、国内旅游的发展趋势。从澳大利亚、葡萄牙等国外乡村旅游的成熟经验来看，**"信息化""智能化""现代化"是未来乡村旅游的发展趋势**。在我国，智慧旅游起步晚但发展速度较快，**旅游商品在线营销、乡村旅游电子商务采购、乡村旅游资讯等平台开始成为旅游业的发展主流，有效推动了智慧乡村旅游的应用和发展。**

> ★ 乡村旅游通过互联网思维的运用，依托强大的互联网数据资源优势，能够多方整合信息资源，并对闲置的乡村旅游资源进行不断开发和创新，在充分契合市场需求下满足游客的个性化体验，并通过乡村旅游智慧产品的开发增强乡村旅游特色体验。

注重情景消费打造绿色生活

经济水平的不断提高使人们在物质需求得到满足之后更加追求精神享受，情景消费则让人乐不思蜀。未来农业与文化融合发展的趋势也会更加倾向于休闲农场的情景消费模式，**通过创造大量奇观、氛围、主题等特色，以绿色、健康、环保为目标，打造模式化的休闲农场。并由规模化的休闲农场引发周边出现大量的乡村酒店和民宿，形成了乡村民宿、观光农园、休闲农场、教育农园、休闲牧场、市民农园等自成体系的乡村旅游度假产品**，产业化程度较高，易与国际接轨。相较于大陆，台湾在农业与文化融合发展中则较为成熟，近年来广受关注的粮商品牌——掌声谷粒，是台湾农业利用文创创造的品牌。该品牌在传统产业中加入创意，实现文化再生、创造品牌的品牌经营模式，将农业与文化创意产业完美地结合起来，对大陆的休闲农业、创意农业的发展都具备借鉴意义。

借鉴先进理念打造品牌集聚

纵观国外农业与文化融合发展道路，各有不同。**日本推进"一品一村"运动打造农业品牌。荷兰深入挖掘文化内涵，不断提升产品附加值。法国则是重视生态保护，倾向于增强体验乐趣。因此我国也需要找到适合本国发展的"农业+文化"融合发展之路。首先，在制度层面，需要提升塑造乡村旅游品牌的思想与积极性，支持鼓励农业文化品牌的创立。**法国和日本都十分重视农业文化品牌的建设，无论是法国的乡村旅游产品认证制度还是日本的"一村一品"运动，都为乡村旅游产品品牌形象提供重要支持与保障。**其次，在品牌活动方面，需要打造地方创意农业的标志性产品，开发一些具有乡村特色的旅游活动或时尚节活动。**国外创意农业发展较为成熟，形成的标志性产品比比皆是，如美国的得州码、草莓酥饼、荷兰的花车巡游、法国普罗旺斯薰衣草景观等，这些标志性产品在当地乃至世界都已形成集聚效应，极大地带动了当地乡村旅游与休闲农业的发展，对我国农业与文化的融合有重要借鉴意义。

总的来说，**中国应以品牌化助力产业成长，创造崭新的品牌农业经济发展模式。以农产品品牌为原点，获得现代农业的系统影响力。**我国在农业与文化深入融合过程中也应依托当地的主导产业进行设计包装，打造具有当地特色的创意农业标志性产品，并注重项目的参与性，形成对游客的吸引。

产业园区"大扫除"，未来园区之路在何方？

孙巍

　　文化产业园区是文化产业发展的重要载体。在中国，文化产业园区的发展经历了躁动期—狂热期—冷静期。从最初对文化产业、文化产业园区概念的讨论与纷争，到各地兴起园区热，再到目前的反思冷静期，勾勒出中国文化产业园区发展的轨迹。截至2017年上半年，从行业分布来看，137家国家级园区中，演艺业、艺术品和工艺美术业、文化旅游业占据前三甲，其比例分别为25%、25%和21%。而这三类示范基地的数量，占示范基地总数的71%。从地域分布来看，中国文化创意产业园区主要分布在六大区域，由此形成了中国六大文化创意产业集群：环渤海文化创意产业集群（北京），长三角文化创意产业集群（上海、南京、杭州和苏州），珠三角文化创意产业集群（广州和深圳），滇海文化创意产业集群（昆明、大理和丽江），川陕文化创意产业集群（西安、成都和重庆）以及中部文化创意产业集群（长沙）。然而，如此数量庞大、类型庞杂的文化产业园区在前进道路上依然存在不少问题。2016年11月3日，文化部发布《关于开展文化产业园区清理检查工作的通知》，主要面向各级文化行政部门命名和认定的文化产业园区、集聚类基地，开展专项清理检查工作。

　　2016年11月3日，随着文化部《关于开展文化产业园区清理检查工作的通知》的出台，一场声势浩大的文化产业园区"大扫除"行动就此展开。近年来文化产业的飞速发展使得文化产业园区也遍地开花，但是在繁荣背后也显现出诸多弊端。在分析园区发展瓶颈问题的同时如何把握时代发展命脉，让园区的发展搭上"一带一路"顺风车也是我们应该思考的问题。

园区"大扫除"除什么？

《通知》指出，近年来各地充分发挥各级各类文化产业园区集聚效应和孵化功能，有效提升了我国文化产业发展的整体实力，**但当前文化产业园区发展中仍存在资源要素配置不够优化、产业层次不高、经营管理机制不完善、功能定位雷同、低水平重复建设和土地等资源闲置浪费等问题。**开展文化产业园区清理检查工作，是规范和引导各级各类文化产业园区健康发展，促进文化产业资源要素合理配置、结构优化升级，提升我国文化产业规模化、集约化、专业化水平的重要举措，对于推动我国文化产业持续健康发展具有重要意义。

此前，文化部办公厅已经下发通知，部署进一步完善国家级文化产业示范园区创建工作。文化部文化产业司相关负责人表示，将坚持一手抓规范管理、一手抓繁荣发展，切实提升各级各类文化产业园区发展质量和水平，坚决防止盲目建设、一哄而上、过多过滥，更好发挥各级各类文化产业园区在文化产业发展中的引领示范和辐射带动作用。

"僵尸园区"的问题在哪？

定位雷同，同质化现象严重

据统计，我国文化产业园区的发展在2002年仅有48个，从2012年开始井喷式发展。各地区政府也纷纷受到利益驱使，开始在本地迅速发展文化产业，文化创意产业园区的数量也随之蜂拥而上。2015年，我国国家承认的文化产业园区数量已达 2056 个左右，大体可以分为产业型、混合型、艺术型、休闲娱乐型、地方特色型和混合型，其中仅混合型的产业园区就有 1661 个，也就可以理解为，这些混合型的文化产业园区目前大多数是定位不清或是雷同的。

产业园区数量的飞速增长，使得园区**主导产业不清晰**，许多园区都是有企业没产业；园区内的**主题特色不鲜明**、整体规划大同小异，使许多园区的可复制性强；园区的创意孵化开发等**功能定位不清楚**，使得园区的公共资源利用率低，造成了巨大的资源浪费；这也是此次政府决定对园区进行"大扫除"的重要原因之一。

业态单一，全产业链开发不够

目前，就大陆的文化产业园区来说，尽管许多园区入驻的企业都有一定的规模，形式上可以说形成了集聚效应，但是在更深的层次上并未形成互动效应，企业与企业之间缺少交流，没有形成优势互补、互利共生的全产业链结构，使许多园区的经营业态独立且单一。同时，文化产业园区的产业链并不是简单的上下游关系，而是以市场为导向、创意为核心的价值创造链。但是目前无论是在园区之间还是园区中的企业之间都没有成熟的全产业链。

出租为主，盈利模式固化

从全国的文化产业园区情况来看，10% 是比较成功的，20% 基本维持，70% 是经营状况很不佳的。 造成这个窘境的重要原因之一就是园区的盈利模式过于固化，园区管理者做的仅仅是对园区进行土地经营。园区盈利大部分为租金收入、土地增值和地产等，使得产业园区发展模式越来越偏向于房地产模式，但是仅靠租金并不能维持园区的日常需求。

微评

★ 文化园区建设一哄而上，广告产业园、音乐产业园、新媒体产业园、出版创意产业园、动漫游戏产业园……仅北京、上海、广州、深圳、杭州、南京等 10 个城市，这四五年时间就建了 300 多个文化园。

★ 一些园区建好后，通过招商引资吸引来一些文化企业，但这些企业并无明显的上下游关系，也没有形成文化产业的链条，园区也与一般的写字楼没多大区别，一些园区的收入也只是靠收取的房租来维持运转。

所以经营者不得不提高租金，而租金的不断提升使入驻企业不能负担，只能选择搬离园区，"空壳园区"由此而来。

未来园区路在何方？

"互联网+"时代下的融合发展驱动

如今，"互联网+"已经紧密融入到各个产业当中，所以"互联网+园区"也是园区未来发展的一大趋势。"互联网+"与园区的融合可在各个方面：**第一，线下线上的虚拟平台的搭建**，如企业与园区的虚拟平台，不仅可以提升园区公共服务建设水平，也可以增强园区与企业之间的黏合度，促进全产业链的开发；**第二，"互联网+"驱动下的融资模式的创新**，例如线上众筹平台的搭建，不仅可以解决园区内企业的融资难问题，企业有了资金后也可间接解决空壳园区问题。所以，如何与"互联网+"更加紧密地融合，是未来园区管理者应该思考的问题。

自身主导下的资金内源驱动

未来政府主导的文化产业园区会越来越往自主经营的方向转变，因为政府资金支持只能在短期内解决园区经营问题，但终归是治标不治本。园区要想长久发展只有通过资金的内源驱动，实现自给自足才是王道。所以，园区的经营者应该做的是如何丰富园区的盈利模式。例如，**第一，搭建并维护园区的公共服务平台**，可为企业整合资源，促进本地资源的优化配置和共享；**第二，建立园区文化品牌**，文化品牌不仅能增强园区的影响度和辐射度，更能为园区带来一个巨大的文化 IP，例如美国迪士尼的品牌建立与开发已经非常成熟。

深挖文化内涵下的人文驱动

文化是一个产业园区的灵魂和主导，有了文化注入的园区才是有血有肉有生命力的园区，所以文化的深层开发也成为未来园区发展的一大趋势。然而，目前许多园区管理者认为，园区文化内涵的建设并不能为园区带来经济效益，所以并不重视，这是一种舍本逐末的行为。**文化内涵的挖掘不仅是园区品牌搭建的第一步，而且一个独特的文化风格也能影响更多人，促进"情怀带动购买"。**例如，台湾的松山文创园，不仅以历史文化与生活设计两条线路进行深层外挖掘，还有自己的文创品牌店"松烟小卖所"。让游客进去后就能深刻感受到当地文化特点和带有人文关怀的设计，使客户有更深的代入感和归属感。

科技时代下的互动体验驱动

科技的发达，使得人们的生活方式也发生了巨大的变化。如今，互动性与体验性是各个产业追求的一个重要方面，所以**园区发展的未来趋势也会更加趋于互动性与体验性的开发。**园区的发展不应只停留在单纯的企业入驻和简单的游客浏览上，应在这个之基础之上增强企业与园区之间、园区与游客之间的黏性。例如可以针对园区建立自己的公众号或是APP，定期举办各种主题活动，企业和游客既可以参与活动也可以参与策划设计。

总的来说，科学技术的日新月异，要求园区管理者应该紧跟时代，积极推动产业园区的转型升级。找到一条属于自己园区特有的发展之路，着眼于未来、着眼于长远，才能使园区的发展经久不衰。

微评

★ 文化与科技的紧密融合是张江文化园区的重要特征之一，科技的融入涵盖数字出版、网络游戏、网络视听、互联网教育、文化装备、动漫影视等上下游产业领域。

【延伸阅读】《关于开展文化产业园区清理检查工作的通知》重点摘要

近年来，各地充分发挥各级各类文化产业园区集聚效应和孵化功能，有效提升了我国文化产业发展的整体实力，但当前文化产业园区发展中仍存在资源要素配置不够优化、产业层次不高、经营管理机制不完善、功能定位雷同、低水平重复建设和土地等资源闲置浪费问题。开展文化产业园区清理检查工作，是规范和引导各级各类文化产业园区健康发展，促进文化产业资源要素合理配置、结构优化升级，提升我国文化产业规模化、集约化、专业化水平的重要举措，对于推动我国文化产业持续健康发展具有重要意义。

本次清理检查工作将根据国家级文化产业园区、基地管理办法规定的条件，采取各地开展自查、文化部组织随机抽查相结合的方式，探索采取随机抽取检查对象、随机选派检查人员的"双随机"抽查机制。主要针对存在经营业绩持续下滑、造成不良社会影响、经营方向发生改变、不再发挥示范作用、存在"僵尸园区""空壳园区"现象等问题的国家级文化产业园区、集聚类基地，视情况予以摘牌、警示处理，并向社会公开检查和处理结果。各省级文化行政部门也要组织开展对地方各级文化行政部门命名和认定的文化产业园区、集聚类基地的清理检查工作，对存在问题的园区、集聚类基地进行处理。

各级文化行政部门要坚持标准、严格把关，扎实推进文化产业园区清理检查工作。要进一步严格文化产业园区命名和认定标准，加强对已命名和认定的文化产业园区的动态管理，建立严格的退出机制。要加强对各级各类文化产业园区建设的规范引导，鼓励各地探索建立文化产业园区评价标准体系，对文化产业园区建设发展情况进行全面评估。

（资料来源：中国经济网，http://www.ce.cn）

国家出版总局再放大招，版权保护有法可依不断完善！

孙巍

　　"十三五"时期，我国经济发展进入"新常态"，坚持创新、协调、绿色、开放、共享五大发展理念，实施创新驱动发展战略，加快知识产权强国建设。版权创作、运用、保护、管理和服务的任务更重、作用更大、要求更高，版权工作进入一个新阶段。在新形势下，做好版权工作必须具备更高的政治素质和业务素质。版权工作属于社会化管理工作，从事版权工作要树立面向全社会的新思路、新方法，充分运用市场力量，积极整合社会资源，建立完善的版权社会化服务体系和治理体系。"十二五"时期版权工作取得很大成绩，但当前还存在不少问题和挑战。一是版权保护环境有待进一步优化。我国版权保护目前仍处于矛盾和纠纷高发期，总体特征仍然是保护不足，这就决定了"十三五"时期仍然要将版权保护放在版权工作的突出位置，实行版权严格保护，维护良好的版权保护环境和秩序。二是全社会的版权意识有待进一步提高。"尊重创作、尊重版权"的氛围还没有在全社会普遍形成，需要持续加大版权宣传、培训力度。三是版权法律制度、体制机制以及人才队伍方面等，还不能适应建设创新型国家和版权强国的要求，还需要不断完善法律制度体系，健全体制机制，加强人才队伍建设。

　　2017年2月16日，国家版权局正式印发《版权工作"十三五"规划》

（以下简称《规划》）。规划回顾了"十二五"时期全国版权工作取得的成绩，分析了当前面临的形势，明确了"十三五"版权工作的发展目标和重点任务，对全国版权工作进行了全面部署。

版权保护发展环境

"十二五"期间，我国版权环境整体呈现稳定增长态势。**首先，版权执法监管力度不断加大。**"十二五"期间，全国版权行政处罚案件35280件。**其次，执法著作权登记工作再上新台阶。**2016年，我国著作权登记总量达2007698件，突破了200万件大关。**最后，版权法律制度体系不断完善。**制定《使用文字作品支付报酬办法》《关于规范网络转载版权秩序的通知》等部门规章和规范性文件，版权地方性立法工作有序开展。尽管"十二五"期间版权保护工作成就显著，但是面临新时期新阶段，版权保护工作的展开也面临着一些挑战。首先，版权保护环境有待进一步优化，我国的版权保护处于纠纷高发期，2015年，北京全市法院审结知识产权案件2.46万件，同比增长25.4%。上海全市法院共受理知识产权案件9077件。其次，全社会的版权意识有待进一步提高。"尊重创作、尊重版权"的氛围还没有在全社会普遍形成。最后，版权法律制度、体制机制、人才队伍等方面，还不能适应建设创新型国家和版权强国的要求，这些问题都制约着我国版权保护的发展完善。

保护之路依然艰巨

法律规范存在"灰色地带"

媒体传播方式的快速变革与新媒体的融合发展，使版权运营模式发生了巨大变化，也给版权保护工作提出了全新的要求，传统的版权管理手段和法律规范保护措施，在新媒体环境下有很大的局限性。虽然我国版权保护相关的法律法规在逐步完善，但是由于立法速度慢于互联网的技术发展，因此我国互联网领域经常会处在一种"法律真空"的状态。例如，网络服务提供商传播盗版作品较为严重，通过"云"网盘、搜索链接、APP等形式进行盗版作品传播，很多服务商只提供技术不提供内容，针对这种情况，服务商所要承担的法律责任在法律上并没有明确规定。

互联网加剧版权保护难度

由于移动互联网的便捷性和可操作性，在一定程度上加大了版权保护的难度。细数近来发端于移动互联网的维权事件，不仅有苹果手机App涉嫌侵权盗版，多家视频网站起诉百度、快播的视频盗版盗链，还包括《芈月传》《三生三世十里桃花》网络文学侵权案等。**首先，网络出版因为载体的数字化和网络的虚拟化，版权人无法控制作品的传播和复制，针对网络版权安全保护的政策手段尚不齐全。其次，对网络出版主体进行审查难度较大。**一方面，很多综合性网站的主业并非专业网络出版者，他们往往利用兼职的身份从事这项业务，极大地增加了执法监管难度。另一方面，针对写作软件的监管审查仍有欠缺。年度热播剧《锦绣未央》的原著，甚至涉嫌抄袭200多部小说。有知情人士透露，目前很多网络小说作家都通过"写作软件"进行文章创作，即从已有的作品中摘抄、组合成新的小说。

社会版权意识仍需提升

尽管我国"十二五"时期版权登记总量不断增加，版权持有人对版权保护的意识不断提升，但我国目前"尊重创作、尊重版权"的整体社会氛围并未形成。相较于其他发达国家，我国目前社会版权保护意识较为落后，社会对版权保护的自主意识较差。在国外，内容付费已经成为常态，然而

微评

★ 在版权的分配运用方面，许多人不会主动去纠结它来源的合法性，他们在意的是消费的实惠性，所以除了加上版权宣传力度之外，"整改"各行业的龙头也很重要，例如在软件开发方面设立个"门槛"也是很有必要的，虽不能马上见效，但是一切从源头抑制，循序渐进，最后一定会更好，所以说国家颁布的法令"内外兼修"才是王道。

★ 由于互联网用户与网络作品海量呈现、作品权属链条不明确等特点，导致网络侵权盗版现象极其普通。

★ 其实很多时候我们的版权意识都太弱了，不懂得保护自己的权益，而越来越多的抄袭也使得原创渐渐失去了动力

我国公民对正版产品的内容付费意识仍然薄弱，所以大多数人更倾向于使用盗版产品，既方便快捷又省时省力。因此，版权意识弱导致侵权"常规化"，仅靠版权拥有者提高维权意识是远远不够的，只有全社会版权保护意识的提升，才能促进我国版权产业不断发展。向广大公民普及法律知识，提高版权意识，是加强版权工作的重要基础工作。

微评

★ 作为版权公共服务机构，在当前的版权保护环境下，建立快速维权机制可能是一个比较有效的维权措施。

维权之路程序较为烦琐

互联网环境下版权保护的模式大体分三类：**一是权利人采取的自我保护措施，二是通过行政途径维权，三是司法途径。**然而，通常情况下，上述三种维权方式所需的时间长，花费的成本高。无论是民事诉讼，还是刑事诉讼，都要严格按照法律法规来履行程序，因此维权周期比较长。许多受侵害者都面临着由于维权周期长，在走维权程序的途中，导致许多侵害事实已经造成且无法挽回的局面。同时，由于互联网的快速发展，网络世界的虚拟性存在举证难、胜诉率低的问题，让原创作者维权艰难。

版权"十三五"规划带来哪些福音？

法律体系不断完善，维权有法可依

"十三五"时期，国家将不断完善版权保护的法律体系，推动完善版权保护法律体系，使之更能符合时代要求。第一，《规划》指出要积极推进《著作权法》第三次修改，为加强版权工作打下良好法律基础，使《著作权法》不仅能满足传统行业版权保护的需要，更能适应互联网时代的新兴行业的版权保护需求；第二，版权保护的顶层设计更受重视。"十三五"时期将制定、修订有关著作权行政法规及部门规章，完善版权相关工作顶层设计；**第三**，统筹兼顾全面推动版权保护均等化，指导地方著作权立法工作，推动全国版权工作法治化水平进一步提高；**第四**，着力解决版权领域法律修订相对滞后等问题，加强版权重点立法，加快完善版权法律制度体系。

重点监管网络领域，推进版权防护加固

《规划》**着重指出，要突出网络领域版权监管，将网络作为履行版权监管职责的重要阵地，不断净化网络版权环境。首先**，除了继续开展**"剑网"**行动之外，还加强对网络文学、音乐、影视等重点领域强化监督管制。**其次**，把智能移动终端第三方应用程序(APP)、网络云存储空间、网络销售平台等新型传播方式纳入版权有效监管。**最后**，建立健全软件正版化工作制度和长效机制，充分利用互联网和大数据等信息技术，创新工作模式和方法，制度与技术手段并重，构建软件正版化工作新体系，巩固和扩大软件正版化工作成果。

加强版权宣传培训，提高版权认知水平

针对我国目前的版权社会意识缺乏问题，《规划》指出，将充分利用新型传播形式，全方位地进行版权宣传，广泛开展版权培训，提升全社会版权认知度，扩大版权工作的社会影响，增进国际社会对中国版权工作的理解和支持。**优化版权保护环境单靠一方的努力是远远不够的，版权保护需要全社会的合力，只有不断提升公众对版权保护的认知与意识，我国的版权保护环境才能不断完善。**

微评

★ 自 2005 年起，国家版权局会同国家网信办、工信部、公安部连续 13 年开展打击网络侵权盗版 "剑网行动"，针对网络侵权的热点，实施重点监管、分类规范，先后开展了网络视频、网络音乐、网络转载、网络云存储空间、网络文学、网络广告联盟等领域的版权专项整治。

完善版权行政管理，版权保护科学高效

《规划》指出，要立足国内健全版权侵权查处机制，强化版权执法协作，做好行政执法与刑事司法衔接，强化事中、事后监管，重点突出大案、要案查处和重点行业专项治理，不断提升我国版权保护执法行政的效率与水平。同时放眼国际，正确研判国际形势，统筹国内国际两个大局，积极推动"一带一路"涉外工作，提高国际版权双边、多边合作机制。**不仅能吸收国外版权保护的先进经验、取长补短，又能够推动国际版权合作交流，提升我国版权国际话语权与影响力，提升我国版权行政管理科学性与高效性。**

微评

★ 著作权作为一种基础性资源，支撑着新闻出版、广播影视、文学艺术、文化娱乐、网络信息等产业。如果没有著作权保护的支撑，文化产业会成为无源之水、无本之木，失去生存基础。

结语

"十三五"期间我国的版权保护工作将会大力展开，尤其是针对网络版权保护层面，我国的网络版权环境将会不断净化与提高。构建良好的移动互联网版权运营和保护机制与行业生态，需要相关各方的共同努力，寻找网络版权保护之困的解决之道，只有当权利的转移和交接能够考虑到各方利益之时，才能最终实现和谐共赢。

【延伸阅读】《版权工作"十三五"规划》重点摘要

规划指出，"十三五"时期，版权工作要坚持实施版权严格保护、推动版权产业发展、健全版权工作体系三大基本原则，实现"加快版权强国建设，为建成中国特色、世界水平的版权强国奠定坚实基础"这一战略目标。到2020年，版权法律制度体系更加完备，版权工作法治水平进一步提高；

版权执法监管力度不断加大，版权保护环境明显改善；版权社会服务体系更加完善，版权产业又好又快发展；版权创作、运用、保护、管理和服务能力显著增强，全社会版权意识大幅提升；版权国际交流合作不断拓展，我国在国际版权体系中的话语权和影响力进一步提高，基本实现版权治理体系和治理能力现代化，初步建成中国特色的版权强国。

规划从完善版权法律制度体系、完善版权行政管理体系、完善版权社会服务体系、完善版权涉外工作体系4个方面提出了26项重点任务，包括继续推进《著作权法》修改、加大版权执法监管力度、持续推进软件正版化工作、优化版权社会管理工作、加强版权宣传培训工作、推动建立合作共赢的新型版权国际关系等，涵盖了版权创作、运用、保护、管理、服务等各个方面。规划还明确了全国作品登记数量、计算机软件著作权登记数量、全国版权示范创建数量等具体工作指标，作为版权工作的基本支撑。

围绕发展目标和重点任务，规划还提出加强组织领导、队伍建设、政策支持、激励引导、人才储备等5项保障措施，明确了国家版权监管平台项目、国家版权示范工作推进工程、全国版权交易体系建设推进工程等3个重点工作项目。

（资料来源：中华人民共和国中央人民政府，http://www.gov.cn）

"手"望明天，"艺"鸣惊人

吴迪　徐妤函

2017 年 3 月 12 日，国务院办公厅发布通知，转发文化部、工业和信息化部、财政部《中国传统工艺振兴计划》。振兴传统工艺就是找回民族的文化基因，就是激发全民族的文化创造活力。手艺人高超的技艺手法和精益求精的工作态度，充分展现了中国广大劳动人民的勤劳和智慧，彰显了中华优秀传统文化的精气神。

微评

★ 传统工艺已经融入我们的血脉，成为我们文化基因的一部分。传承与研究传统工艺，不仅是中国科技史研究的重要内容，也具有重大的现实价值，并对承续国家文化命脉、保持民族精神特质有着至关重要的意义。

传统工艺的文化价值

传统工艺指采用天然材料制作，具有鲜明的民族风格和地方特色的工艺品种和技艺，一般具有百年以上历史以及完整工艺流程。**传统工艺是中华优秀传统文化的重要组成部分，是中国人的生活态度和审美理念的物化表达。**任何一件传统手工艺品，都是造物者智慧的表现，包含着无法复制的设计美感。在漫长的手工作业时代，这些技术和器具的出现给生活带去了便利。抽丝做棉、刺绣装饰，形成高贵典雅的风格；烧土为瓷、绘制图案，形成别具一格的技艺；木制卯榫，使结构严丝合缝，便能支撑起整个建筑的雄伟壮丽。**传统手工艺不胜枚举**，是中华民族一代代手工匠人智慧的结晶与积淀，体现了古往今来朴实的中国人吃苦耐劳、善于思考的高贵品质，也洋溢着对生活的热情。传统工艺的保护传承，不仅仅是要保存或景致优美、或简洁大气的手工艺品，更要对传统手工艺传承人、手工艺技术以及独特的材料进行保护。

传统工艺重塑现代生活。 从古时的权贵阶级专享到如今走进寻常百姓家，传统工艺品让普罗大众在充满复制、单一与规范的生产线产品中找到更多的美与乐趣。机器造物充实严谨、一丝不苟，给我们带来便利的同时也让这些器物失去了应有的温情。时代已悄然发生变化，工业产品数量逐渐饱和，人类的情感出现新的需求，"创意经济""共享经济""体验经济"越来越多地被我们所提及，所以在如今这个强调创作者观念表达，注重器物情感传达的时代，传统工艺品显得愈加弥足珍贵。

传统工艺保护中的突出问题

传统工艺具有深厚的文化价值和潜在的经济价值，不仅是中华优秀传统文化的集中代表，也是中华民族生活方式的具象表现。**随着政策红利进一步释放，整体发展环境逐渐优化，中国传统工艺正在崛起，全面振兴指日可待。** 据统计，我国非物质文化遗产资源近87万项，进入国家、省、市、县四级非物质文化遗产名录体系的非遗项目有7万项之多，其中1028项"国家非物质文化遗产名录"，7109项"省级非物质文化遗产名录"，18186项"地市非物质文化遗产名

微评

★ 环顾四周，斧子凿子、锄头镢头、红茶绿茶、黄酒白酒、竹编藤编、木雕玉雕、泥塑面塑、扎染蜡染、云锦苏绣、金铂银饰、青瓷紫砂、剪纸年画、油盐酱醋、衣裳鞋帽、烟花爆竹、笔墨纸砚……中国传统手工艺制品浸润在每一个中国人的日常生活中。

录"，53776项"县级非物质文化遗产名录"，文化部公布了3488名国家级项目传承人，各省、市、自治区公布了6332名地方项目传承人。此外，我国还建立了闽南、徽州、四川等地的10个文化生态保护实验区，有520多座专题博物馆，197座民俗博物馆。然而，《计划》的出台也从侧面说明，**传统工艺保护与开发的整体现状依然不容乐观，发展前景并不明朗。**在传统工艺遭受现代科技拷问的紧要关头，发现传统工艺传承与保护中的突出问题，对症下药解决主要矛盾是当前文化工作者的必然使命。

保障体系不成熟

《计划》在政策扶持方面给予传统工艺振兴必要的保障，通过行政手段统筹规划传统工艺的振兴蓝图。**然而，以政策法规为基础、以学术研究为支撑、以融资融智为动力的传统工艺保障体系仍不成熟。**传统工艺要在文化传承和产业创新中突破瓶颈、彰显特色、提升品质就不能脱离保障体系的全面滋养。保障体系的部分偏废是对传统工艺当代转型的误读，不利于传统工艺的延续与创新。完善传统工艺的保障体系，找到适应我国传统工艺可持续发展的战略方向，形成保障传统工艺在当代站稳脚跟的生态系统是当前和今后一段时期传统工艺振兴的主要命题之一。

保护意识淡薄

全社会普遍缺乏对传统工艺的保护意识，对传统工艺的重视程度不足，没有充分认识到传统工艺在传承中华优秀传统文化中的重大意义。**传统工艺凝结着劳动人民的汗水和智**

慧，是生活经验的积淀和血脉情感的延续。每一件精美的手工艺品背后都有一段可以诉说的故事，都蕴含着一种对祖先的深深情愫。传统工艺所记录的是一部民族秘史，更是匠人呕心沥血付出的印记。保护传统工艺的社会参与度与认知度低，在工业复制时代，不可替代的手工生产被边缘化，心手相传的技艺承载失去了精神家园。因此，形成保护传统工艺的社会意识至关重要。

人才队伍匮乏

目前，非物质文化遗产的传承人制度尚未完善，振兴传统工艺的后备人才力量不足，传统工艺正在面临后继无人的危机。一些独特的语言、文字和习俗迅速消亡，非物质文化遗产的研究人员短缺出现断层，如民间戏曲、戏剧在衰落，年画、剪纸、皮影正在逐渐消失，许多传统的民俗文化艺术如萨满调、子弟书等已经绝灭，岔曲、古琴也濒临绝灭，摔跤、拉洋片、庙会等生存环境窘迫。在年轻人眼中，传统工艺是应该被扔进历史垃圾堆的老物件，与信息高速公路四通八达的当代社会有些格格不入。传统工艺精雕细琢的造物手法和精益求精的制作态度，已经不能适应快节奏和浮躁的都市生活。老一辈手艺人对传统工艺的最后坚守是非物质文化遗产的救命稻草，建设一支高水平多层次的传统工艺人才队伍迫在眉睫。

传承体系不健全

传统工艺保护与开发的路径单一，没有形成机制化的传承与开发体系。传统工艺可以与时俱进，在保留原生态的手工技艺前提下，运用现代科技手段创新传统工艺的呈现方式，发挥传统工艺定制化生产和个性化服务的优势，以"工匠精神"为引领，构建多向度、全方位和立体化的传统工艺保护与开发体系。振兴百工需解放思想、拓宽思路、创新思维。单纯的资金支持和行政命令不能解决传统工艺传承难的根本问题，各方共同参与才能形成发展新动能。

　　此外，**传统工艺存量资源的整合与评估工作不到位，缺少对传统工艺的科学梳理与综合研判也是影响其传承与发展体系构建的关键因素之一。**传统工艺这种非物质文化遗产是一种不可再生且不可替代的稀缺文化资源，对其进行资源整合和评估是保护与开发的首要工作。制作中国传统工艺保护名录，撰写中国传统工艺发展白皮书，构建科学合理的传统工艺评价指标体系，从而完成对传统工艺文化价值的前期认定与分类研究。中国人对传统工艺传承与发展的概念需要系统化的知识引导，有计划有组织的资源调查才应是振兴传统工艺的第一步。我国申报非物质文化遗产工作相对滞后，如陕西户县的农民画、陕北的安塞腰鼓、青海同仁的热贡艺术、新疆哈萨克族的"姑娘追"、壮族的"三月三"、苗族的姊妹节、云南傣族泼水节等，在数量上明显占有世界总量的很大份额，但仍没有申报成功。

传统工艺振兴的当代思考

强化政策与法律扶持，确保落地实施

　　进一步完善振兴传统工艺的政策法律体系，确保政策法律落地实施是《计划》中的一大亮点。1997年，国务院出台《传统工艺美术保护条例》，云南和贵州也先后颁布了《民族民间传统文化保护条例》等地方性法规。2002年8月，《民族民间文化保护法》的建议稿出台，后该法名称改为《非物质文化遗产保护法》，并成立了专门小组，协调各方加快该部法律的立法进程。2005年3月，国务院颁发了《关于加强我国非物质文化遗产保护工作的意见》，这是国家最高行政机关，首次就我国非物质文化遗产保护工作发布的权威指导意见。可见，我国传统工艺的政策法律建设取得了一定的成果。然而，政府及相关部门仍应加强对传统工艺的政策扶持与立法保障，做好关于传统文化保护与传承的中长期规划，做到理念先行、科学指导。政府及相关部门要加强统筹协调，积极探索振兴传统工艺的有效途径。《计划》指出，"将传统工艺展示、传习基础设施建设纳入'十三五'时期文化旅游提

升工程"，这显示了政府对振兴我国传统工艺的信心和决心。

微评

增强社会普及教育，提高传统工艺社会认同

《计划》指出，"继续开展非物质文化遗产进校园"等活动，意在加大对传统工艺保护意识培养的力度，营造振兴传统工艺的知识文化氛围。**首先，让学校成为传统手工艺宣传教育的主阵地。**支持各地将传统工艺纳入高校人文素质课程和中小学相关教育教学活动；支持大中小学校组织开展体现地域特色、民族特色的传统工艺体验和比赛，提高青少年的动手能力和创造能力，加深对传统文化的认知。**其次，充分发挥传统媒体、新兴媒体的传播力。**鼓励电视、网络媒体等推出丰富多彩的传统工艺类节目。拍摄和译制传统工艺纪录片、教学片和宣传片，弘扬工匠精神，促进知识传播、普及技艺交流，方便大众学习传统工艺知识。**最后，强化基层宣传工作，让广大人民群众真正接触了解相关知识。**鼓励有关部门和社会组织积极参与或组织传统工艺相关活动，充分发挥各级公共文化机构的作用，依托公共文化服务场所积极开展面向社区的传统工艺展演、体验、传习、讲座、培训等各类活动，使各级公共文化机构成为普及推广传统工艺的重要阵地，丰富民众文化生活，增强传统工艺的社会认同。

★ 保护和传承传统手工技艺，对于扩大就业、缓解国家的就业压力、缓解当前金融危机都有着一定的现实意义；与此同时从业人员增加以后反过来促进传统手工技艺的保护与传承。

加强人才建设，保护传统手艺匠人

《计划》提出，"加强传统工艺相关学科专业建设和理论、技术研究。将传统工艺作为中国非物质文化遗产传承人群研修研习培训计划实施重点。"这充分彰显了传统工艺人才队伍建设的重要性。**第一，建立人才保障体系。**建立传统工艺振兴专项基金，用于教育、科研、开发和开拓市场。建立行业性和综合性培训基地，组织从业人员定期培训、定期

★ 传统手工艺产业是地方性特色产业，它主要利用传统的手工加工方式，属于劳动密集型产业，可以为当地老百姓提供就业机会，安民于当地，对于维护社会的稳定可以起到一定的作用。同时，传统手工技艺利用当地可再生的自然资源，对于保护地方性的生态环境有一定的意义。由此可见，保护与传承传统手工技艺有利于人类社会的可持续发展。

开展展示、评比、交流活动，不断提高从业人员的文化素质、创新能力和创业能力，从而造就一批世界级的现代工艺人才，使我国优秀的传统工艺产业继往开来；**第二，加强对传统手艺匠人的保护。**无论是中央还是地方政府应加强对传统手工艺匠人或者某项技艺传人的补贴与支持，"政府搭台，群众唱戏"，创造机会和舞台让这些匠人们从幕后走到台前。同时，要为这些匠人队伍注入新鲜血液，鼓励年轻人了解和学习传统工艺，尽量避免传统技艺的"断代"与失传。

产学研联动形成合力，完善传统工艺传承发展体系

各利益相关主体要建立**以企业为主体、政府为主导、商业为桥梁、学校为基础、银行融资、消费者反映需求的集政策、生产、研发和市场的传统工艺传承发展体系。**《计划》明确要求，提高传统工艺产品的设计、制作水平和整体品质，结合现代生活需求和管理制度，增强传统工艺产品的市场竞争力。因此，传统工艺不应该"活在"博物馆或民俗馆，而应融入到社会的生态中去，要与当代生活和科学技术相结合，要与其他领域学科交叉、交流、交融，建立共存共荣的关系。《计划》指出，**要拓宽传统工艺产品的推介、展示、销售渠道，为传统工艺搭建更多展示交易平台。传统工艺需要高端的市场和"精品"交易体系。**在行业组织的配合下制定产品质量行业标准，组织或支持开展面向本地区或本行业传承人群的培训和交流活动，同时提供信息发布、权益维护等服务是传统工艺产品营销的合理选择。

融合时代的
产业联姻

产业融合是全球经济增长和现代产业发展的重要趋势，是世界新技术革命和国际产业结构升级的深刻反映。当前我国产业融合的现象不断涌现、趋势不断增强，特别是"互联网+""文化+"在企业经营发展和产业转型升级中的地位和作用越来越重要。

泛娱乐市场规模超5000亿，看"金融+泛娱乐"如何融合发展？

孙巍

近年来，在金融资本和互联网的助推下，泛娱乐产业迎来黄金发展期。2016年被业界称为泛娱乐产业发展元年。影视剧、文学作品、动漫、网络游戏等文化多业态融合逐渐成为行业热点，其收视率、点击率、票房、播放成绩屡创新高，大批金融资本开始进入泛娱乐产业。2016年2月8日，艺恩联合中国平安发布业内首份《金融与泛娱乐产业融合白皮书》，报告总结了金融业与泛娱乐产业的典型合作模式，并分析了金融业与泛娱乐产业融合的潜力与新趋势。泛娱乐金融目前面临哪些机遇与挑战呢？

何为泛娱乐金融？

"泛娱乐"概念，最早由腾讯公司副总裁程武在2011年的中国动画电影发展高峰论坛上提出。后来，他将**"泛娱乐"正式定义为以知识产权（IP）授权为核心、以游戏运营和网络平台为基础的跨领域、多平台的商业拓展模式。**"泛娱乐"在2015年被业界公认为"互联网发展八大趋势之一"。

根据艺恩数据显示，从2011年泛娱乐概念提出到2016年爆发，未来五年时间内泛娱乐产业整体规模将突破5000亿元，各业态间的互动更加频繁与多样。仅仅2015年上半年，文化产业市场投融资及并购事件就超过83起，除去未披露资金的27起以外，另56起涉及金额高达244.24亿元。

2015年年底，文化金融开始进入泛娱乐产业，泛娱乐金融就此萌芽。尽管经济整体条件呈低迷状态，但泛娱乐产业以IP为核心，发展形势依然较好。由此，2016年金融市场一直追捧着文化领域的投资项目，对这个泛娱乐产业起到了重大的促进作用。

泛娱乐金融"火爆"在哪？

粉丝经济助力泛娱乐网络众筹

近年来，国内泛娱乐产业逐渐成形，在"互联网+"的推动下，内容生产者与粉丝用户之间的距离越来越短。生产者通过积极与粉丝互动影响消费者消费，因此，粉丝营销的成功案例接二连三地出现，特别是在电影市场，好莱坞对国内市场的魔力在逐步减弱，国内内容开发商在粉丝经济环境下的区域优势开始彰显。

随着文化金融的创新发展，粉丝群体的引导与迎合，也促进了泛娱乐金融对粉丝经济的把握，成为泛娱乐金融生态发展的关键所在。**粉丝经济不断助力泛娱乐产业的网络众筹发展**。以影视产业为例，据盈灿咨询不完全统计，截至2016年8月底，全国总体融资金额达到4.06亿元。其中网络众筹在总体融资金额中占据重要比重，2015年的《西游记之大圣归来》电影众筹的成功，掀起一股影视众筹的热潮。

微评

★ 泛娱乐产业与多行业都存在交集。以IP内容为核心辐射多个业态，通过复合渠道传播，部分实力雄厚的大企业（如BAT等）开始试水全产业链条。市场规模高达5000亿之巨。

★ 以鹿晗为代表的小鲜肉们显然已经是有大数据支撑、蕴含极高商业价值的超强IP，不管是线上或线下，以鹿晗为首的小鲜肉群体都有着令人满意的变现能力。

跨界融合助力泛娱乐产业新格局

在 2016 年泛娱乐产业中，电影和游戏分别占据了大头，前者为 1200 亿元，后者高达 1650 亿元，相应的与这两项产业相关的数字音乐、网络文学等产业也同样占据了重要的地位。值得注意的是，**泛娱乐产业在跨界融合背景下各个产业的界限逐渐模糊，IP 的单一开发模式已经渐行渐远。**多元开发已经成为泛娱乐产业发展的一大趋势，其中影游联动模式就是其中之一，**影视 IP 改编手游**《魔兽》《花千骨》《屌丝男士》《小时代》等案例数不胜数。在资本助力下，文化行业内已有数十起围绕"影游联动"的并购与合作，很多上市公司对此趋之若鹜。从线上到线下，从单一到多元，在**移动互联网迅速普及的今天，产业之间的跨界价值挖掘和重塑，社群经济的萌发与裂变，已经成为不可逆的发展趋势。**

BAT 率先构建泛娱乐生态

面对泛娱乐产业这块"大肥肉"，**BAT 已经抢占先机拥抱"互联网+"大时代的来临，率先布局泛娱乐产业战略。腾讯**规划了腾讯泛娱乐的路线图，在动漫、文学、影视等领域建构垂直生态，搭建跨领域生态体系。**阿里**作为电商巨头，一方面不断延伸现有金融产业链，开发网络众筹、娱乐宝等文化金融领域。另一方面投资了一系列音乐、游戏以及影视平台，阿里巴巴成了家庭数字娱乐内容生态圈的第一个打造者。**百度**宣布打造泛娱乐化产业链，同时整合旗下贴吧、书城、百度音乐、百度影音等各种资源，以求对原创网络文学进行推广、版权授权，并拿下原创作品改编成影视、游戏后的推广与运营全程，布局泛娱乐生态。

微评

★ 影视 IP 改游戏无非两种结果：

1. 游戏消耗 IP（多出现在制作简陋、快刷用现有框架代码换皮+小改，甚至有些游戏是研发出来卖不出去赶紧买个 IP 换的都有。）

2. 策划深入了解 IP 以及用户喜好，贴切原著让玩家找到看影视或小说时的感受体验。（盗墓笔记用户喜欢的应该是那种探险、未知的感觉。如果游戏仅仅是 NPC 名字跟小说一样，再来几句原著的对白，其实你会发现这种游戏换什么名字都可以。）

★ BAT 三巨头各自的特点极为明显：腾讯做产品、阿里充满了资本印记、百度更多依靠旗下的视频网站爱奇艺。

泛娱乐金融未来有哪些新"玩"法？

深挖粉丝用户，定制化产品或成主流

未来粉丝经济时代下，产品除了坚定"内容为王"之外，更应注重对用户黏性的开发与维护。随着泛娱乐产业的火爆和文化金融运营方的互联网化，未来的金融娱乐产品将深挖娱乐用户金融诉求。**通过优化获客方式，深入融合多种娱乐模式，打造定制化产品和服务，增强粉丝用户黏性与忠实度，打造全产业链生态。**

深入跨界融合，影游多元联动趋成熟

如今网络文学与影视、游戏的融合已经十分常见，音乐与电影共利共生的成功案例也不胜枚举，如《我的少女时代》中的主题曲《小幸运》、电影《匆匆那年》与同名主题曲等等。影游联动更是火力全开，2016 年被很多业界人士称为"影游联动元年"，影游联动呈现出多点开花、多元融合的喜人态势。但这些融合也存在 IP 开发不足、内容互动渗透不力、推广配合不到位多元等问题。**大 IP 深度开发、深挖泛娱乐全产业链、跨界融合更加深入、探索多元融合模式是未来发展趋势。**

全民泛娱乐，多种业态互利共生

未来 5 年，泛娱乐产业将是最有增长潜力和潜在规模的投资方向，市场资金不断涌入。**泛娱乐时代，任何孤立单一的产业模式将不复存在。在整合全球资源的前提下，"大金融 + 大娱乐"的生态化合作模式将成趋势。多种业态形成线上线下同业异业联盟，培育金融泛娱乐商业生态。随着金融与泛娱乐的不断深度融合，高效协作的生态化发展将成为必**

微评

★ 从"以供定需"到"以需定供"，背后是越来越细分的精准投放。

★ 跨界融合已然成为谁也避不开的风口，也是巨大的机遇。文化产业要想合理布局，必然是走向多种业态共生。

然趋势。

泛娱乐产业是基于互联网基础之上的文化创意产业，又是一种依赖粉丝支撑的经济，所以粉丝、用户是不容忽视的制胜因子。"互联网+"时代所带来的万物相连以及无间断互动，让用户可以直接参与内容的生产，让内容生产者与消费者之间进入无边界共创的状态，也可以让产品的生产与推广能抓准消费者的消费点，使每个产品都能在带来利润的同时，更好地服务消费者。

对泛娱乐产业未来看好的同时，**泛娱乐产业的金融投资方也应该冷静思考互联网市场的风险、无序与杂糅、内容产品的鱼龙混杂、投资盲目缺乏理性投资等现状**。以BAT牵头引领泛娱乐产业的发展，是否会造成文化产业市场的单一或者明星IP的盲目开发，都需要泛娱乐产业业内的企业能跟着大时代的风，**回归理性投资且行且探索**。

手游嫁接传统文化，规范之路如何走

徐好函

2017年7月，人民网《二评〈王者荣耀〉娱乐大众还是陷害人生》一文发出后，人民网二评《王者荣耀》：社交游戏监管刻不容缓、人民网三评《王者荣耀》：移动时代不会像想象的那样无忧、人民日报四评《王者荣耀》：学生沉迷是家庭教育问题、人民日报五评《王者荣耀》：别让网游成为生活的全部等文章也一并发出。指责《王者荣耀》缺乏社会责任担当，利用"成瘾性消费"赚钱，危害少年儿童身心健康。一时间，《王者荣耀》从一款游戏产品升级为一个社会事件，成为舆论口诛笔伐的目标。

"荆轲竟然是女的，诗仙李白变成了刺客，名医扁鹊是用毒高手……"前不久，《人民日报》针对手机游戏《王者荣耀》发表评论，称这款游戏中严重歪曲中国传统文化与历史，它涉及的传统、传说人物不论是形象还是内容都与历史完全不符。一时间，媒体、网友纷纷站队，发表各自不同的观点。《王者荣耀》当真毁容了历史？当游戏或者其他娱乐化内容嫁接传统文化，带来的究竟是激活还是反噬？

现象：是荣耀还是误读

《王者荣耀》究竟有多火

2016年10月份，《王者荣耀》的日活跃用户不过4000万，全年收入不过68亿。**但根据最近的统计显示，这款游戏的日活跃用户已经达到了8000万，月流水27亿。每天玩《王者荣耀》的人数超过了184个国家和地区的人口数量。** 对比市面上的一些其他热门游戏，《阴阳师》的日活跃用户峰值是1000万；《魔兽世界》巅峰时期的全球日活跃用户量也就1200万，仅仅不到半年的时间，《王者荣耀》已经把大多数手游游戏远远地甩在了身后。据市场调研机构Sensor-Tower发布的数据，**《王者荣耀》成为2017年第一季度苹果应用商店中下载量最大的策略类手游。**

有一个鲜活的案例，演员王琳在微博发文："猥琐发育，别浪"来自于《王者荣耀》的台词；朱军表演相声时大喊："我就会王者荣耀"。从草根到明星，这款游戏已经成为了全民狂欢的消费载体之一。而且，它还有一个更为庞大的用户群体"小学生"——腾讯浏览指数平台上的《王者**荣耀》年龄分布表明，11岁至20岁的用户比例高达54%。**

"毁容"历史？《王者荣耀》该不该做"背锅侠"

《人民日报》在文章中指出，手游中李白、赵云、孙悟空、墨子、庄周、狄仁杰、貂蝉等人们耳熟能详的中国历史英雄和神话传说人物总共60多名。游戏虽然通过"时空穿越"的设定给了这群角色一个全新的演绎，但也仅仅使用了人物的名字，却并没有对人物经历与历史背景进行相关严谨、正确的介绍，导致游戏的内容与角色精神被架空，有名无实。

微评

★ 《王者荣耀》从推出到现在依靠腾讯强大的运营能力，一直在手游业内维持着非常高的热度，说是国内手游产业发展到目前为止单个游戏的顶峰也不为过。2016年，《王者荣耀》正式打造职业电竞联赛，首届KPL累计观赛量达到5.6亿，有效观赛用户突破6900万人，总决赛的观赛DAU达到1300万。在资本市场，"王者荣耀概念股"开始崛起。一款游戏，带动了相关产业链的发展。

接着，人民日报又在几小时后再次发布微评称："**如此开涮古代名人，只有轻佻，不见敬畏。当历史被毁容，乃至被肢解，不仅古人遭冒犯，今人受惊扰，更误人子弟，苍白了青少年的灵魂。不是所有东西都可游戏，开发手游，利益之上还有责任。如果利字当头，连小学生也不放过，恐怕只有耻辱，不见荣耀。**"

对于这样的评论，网友和其他媒体意见不一，很多人认为，《王者荣耀》对于角色的设定与原本的历史真相相差甚远，而这款游戏的受众确实有许多还未接触历史的小学生，先入为主的印象会使他们学习到错误的历史；当然也有人表示，如果一个游戏就能把历史毁掉，那对中国多年的教育岂不是讽刺。不要把个人的文化贫乏怪罪给一个无辜的游戏。中青网发表评论，**称游戏被称为"第九艺术"，与文学、音乐、电影这些艺术形态一样，都是对文化演绎和传播的一种媒体形态。用游戏的方式反而能引发小学生对传统文化的兴趣。**

反思：文化的衣服应该如何穿

重新演绎不代表重新定义

其实，《人民日报》的担心不无道理。随着中央对传统文化的全面复兴以及越来越多人对于传统文化的关注，许多游戏和电视综艺节目开始将目光瞄准传统文化，纷纷嫁接，传统文化的别样演绎纵然可以起到活化历史的作用，让更多观众通过娱乐的方式了解一段历史。但是更多的游戏和节目只是穿上了传统文化的外衣，并没有真正渗透其精神和内涵，因此这样的行为，也就谈不上对传统文化的发扬。

以游戏中的角色李白为例。在游戏里，李白被定义为一个刺客，三进长安，先后被狄仁杰逮捕，被武则天释放，从

微评

★ 不同的人对游戏的视角不同，无论是怎样的一种艺术，艺术是让人醒悟的，而非让人沉沦和消解文化和思想的。因此，不赞同把游戏称为"第九艺术"。

此仗剑走天涯，成为大唐强者第一人……故事重新架构，不得不说确实也动了一番心思，但是这样误读历史的行为却并不可取，因为时间、地点、人物、事件，这些基本要素构成了历史的经纬，随意的改动不得不说是在触及历史的底线。浙江大学人文学院教授盘剑认为，**"一代人有一代人的美，可以对历史进行艺术演绎，但我们这一代人对历史的演绎不应就是打打闹闹，也不是随心所欲地演绎历史，而应有底线和规则，无论怎样重新解读历史，都不能改变历史已经留存下来的真面貌，不能让价值发生倾斜以至于崩坏"**。

寓教于乐：娱乐与内涵齐飞

2017年2月，《王者荣耀》的微信公众号增添了"为你读诗"栏目，该栏目会请游戏角色的配音演员来朗诵与角色相关的诗词。在微信文章中，不仅有读诗的视频，还有诗词原文、翻译、作者介绍和解读。此外，《王者荣耀》还推出、筹备了"煮酒论王者""王者历史课"等视频栏目，以便向玩家传播历史文化知识。在游戏当中，《王者荣耀》也在英雄故事的页面上添加了"查看历史上的TA"功能。

腾讯互娱用户运营中心总监张皓关于人民日报批评《王者荣耀》扭曲历史的问题做出正面回应。他提出了一个疑问，是否所有戏剧、电视、体育节目、音乐都要承担寓教于乐的功能？《王者荣耀》从来都没有必要承担社会教化的义务，但是当这个游戏成为现象级以后，成为了众多中小学生娱乐的对象之后，它不可避免地与社会责任产生了联系。《王者荣耀》已经成为一种流行，所以腾讯应该承担起一些责任，比如普及文化历史常识等责任，成为"文化索引"的角色，与校园、家长、社会共同开发培养玩家对历史和传统文化的热爱。"寓教于乐"的概念由古罗马诗人、文艺理论

微评

★ 其实正如游戏会造成一些极端的未成年人沉迷个案一样，《王者荣耀》的防沉迷系统也不可能成为一个彻底的杜绝方式。防沉迷系统从技术层面，对绝大多数未成年人进行有效督导。但必然会有少量人采取各种方法绕过督导，比如借用身份证玩游戏等，对于这部分人，重点在于学校、家长以及社会力量的配合与辅导。

家贺拉斯在《诗艺》中提出，**即诗应带给人乐趣和益处，也
应对读者有所劝谕、有所帮助**，这种观念在今天仍不过时。
游戏作为第九艺术，同样也应该坚持内与形式的统一，模糊
教育与娱乐的边界，用绚烂多彩和趣味化的形式去表现深刻
的文化内容，会更加易于让大众接受。

发展：手游的文化治理

企业应树立高度的社会责任意识

商业有伦理，创新有边界，传统文化毕竟不是规避审查
和博取眼球的工具，对于传统文化的利用应该恰当适度，遵
循文化历史规律，恪守基本价值情怀，在这方面不乏有成功
的案例，比如年初大火的《中国诗词大会》，将古诗词与电
视综艺结合起来，"飞花令"的对答游戏使广大群众重新燃
起对于古诗词的学习热潮。目前手游市场的火热更多的体现
在年轻人的群体中，随着网民的低龄化，企业在进行游戏开
发与角色设定时，应该自觉地肩负起更多的社会责任。

完善市场监管与文化监督

在这次"王者大讨论"中，不少网友说，"应禁止未成
年人玩这款游戏"，显然这种因噎废食的方式不理性，但是
建立游戏分级管理制度的措施却是可行且必要的。针对不同
的群体开发不同类别的游戏，传播不同的信息与文化，尽量
规避游戏内容的错位信息给青少年带来的不良影响。事实
上，在德国、澳大利亚等国，严格的游戏分级制度早就成为
青少年权益的**守护者之一**。

微评

★ 2017年年初，
《未成年人网络保护
条例（送审稿）》
公开征求意见。第
二十三条提出，网
络游戏服务提供者
应当按照国家有关
规定和标准，采取
技术措施，禁止未
成年人接触不适宜
其接触的游戏或游
戏功能，限制未成
年人连续使用游戏
的时间和单日累计
使用游戏的时间，
禁止未成年人在每
日的0：00至8：00
使用网络游戏服
务。由于互联网娱
乐行业的发展目前
难以规范，且互联
网时代下，网络消费
方式日新月异，因此
从保护未成年人消费
的角度出发，有必
要根据新的形势制
定切实有效的法规。

手游的事前监管比事后监管更加有效

事前监管有利于及时制止不良游戏的市场推广，将恶劣影响降到最低，这也有助于改善长期以来普遍存在的打擦边球、违规侵权的现象。监管趋严是大势所趋，也是促进手游行业良性发展、保护更多开发者的必由之路。

【延伸阅读】《王者荣耀》开通游戏"监管系统"，政府监管持续发力

2017年7月4日，《王者荣耀》率先推出的游戏"健康系统"正式上线。这个将未成年玩家群体全面纳入监管的健康游戏系统，可能是史上最严厉的游戏防沉迷措施——12周岁以下的玩家每天仅有1小时游戏时间，12周岁以上18周岁以下的玩家每天游戏时间为2小时。与此同时，官方同步制作推出了配套的家长使用指南——《健康系统家长指引手册》，该手册就如何避免未成年玩家利用成年人身份证通过实名制认证进行了解答，并为家长开通了快速绑定身份信息、对未成年玩家游戏行为进行监管的快速通道。政府和游戏制作方在监管方面也做出了一定的努力。相关部门在2007年下发了《关于保护未成年人身心健康实施网络游戏防沉迷系统的通知》，2010年发布了《网络游戏管理暂行办法》。从目前来看，监管的力度和效果与人们的期待存在较大距离。更为重要的是，此前的监管方式主要针对网络游戏、页面游戏，而针对手机游戏尤其是"社交游戏"的监管和规范还存在空白地带。如何有针对性地根据新情况制定规则和办法，就需要及早地纳入议事日程。游戏不是天然的恶，但监管是少不了的关键环节。特别是，当移动互联网的普及化、大众化程度越来越高，手机不仅成了人体的延伸，更是作为一种移动终端集纳了各种各样的功能，如果不从源头、过程中把好关、站好岗，很容易让用户深陷其中而不能自拔，最后受害的就不止用户一人。如此看，"社交游戏"的监管不该只堵不疏，而应树立"大监管"理念，游戏制作方的源头设限、政府部门的审核监管、家庭成员的陪伴监护等，一个不能少。

（资料来源：中国青年网，http://news.youth.cn）

我有咖啡你有酒，共享时代一起走

关卓伦 孙巍

全球化和"互联网+"的时代，摩拜单车、Uber、滴滴、Airbnb等不同形式的共享企业代表如雨后春笋般涌现，共享经济已经成为时代潮流。我国共享经济迎来井喷式爆发期，随着中国经济进入从"工业经济"向"服务经济"转型时期，共享经济已经成为服务业的发展引擎和增长新动能。作为文化领域的实践者，如何把握共享机遇，推动中国文化产业全面飞速的发展，是值得社会各界思考的问题。

两个维度了解共享经济

共享经济内涵

从广义来讲，"共享"表面含义就是共享共用，以前熟人之间共用同一本书、同一支笔、同一件衣服，就是共享；如今，在"互联网+"时代，通过互联网搭建的第三方平台，陌生人之间共同享用一件物品、产品就变成共享经济了。"共享经济"从狭义来讲，是指以获得一定报酬为主要目的，基于陌生人且存在物品使用权暂时转移的一种商业模式。据统计，2014年全球共享经济的市场规模达到150亿美金。预计到2025年，这一数字将达到

3350亿美金，年均复合增长率达到36%。与传统的酒店业、汽车租赁业不同，共享经济平台公司并不直接拥有固定资产，而是通过撮合交易，获得佣金。

共享经济追根溯源

在互联网时代下，共享经济的成因是多方因素共同作用的结果。早在1978年，《美国行为科学家》杂志上就曾谈及共享经济，当时称为"合作式消费"，只是当时这种经济模式并未系统成形。直到2010年，英国学者雷切尔·布茨曼出版专著《我的就是你的："合作式消费"的兴起》，指出"合作式消费"将给人们的消费模式带来革命性的影响。她认为，在互联网时代共享方式分为若干阶段。首先表现在代码的共享（如Linux），其次是生活的共享（如脸谱）以及内容的共享（如YouTube），第四个阶段则是现实世界各种离线资产的共享。美国《时代》杂志当年把"合作式消费"列为未来影响世界的十大理念之一。

直到2010年前后，随着Uber、Airbnb等一系列实物共享平台的出现，共享开始从纯粹的无偿分享、信息分享，走向以获得一定报酬为主要目的，基于陌生人且存在物品使用权暂时转移的"共享经济"。

共享经济下产业发展的美丽与哀愁

盛开的美丽

文化共享，颠覆传统产业模式
"共享经济"为传统产业带来新动能，"双创"推动产业、消费升级，使经济结构优化取得新进展，通过加快新旧动能转换促进经济向好势头，**更重要的是带动了5000多万人的城镇新增就业**。目前，摩拜共享单车已成为全球最大的共享单车平台，拥有超过100万辆单车，注册用户数超过2000万，在全球近40个城市，累计提供出行服务超过4亿人次。这不仅为2017年两会提出的"蓝天保卫战"行动提供了实现的依托，同时也成为了全民体育健康产业发展的一个突破口。同样，一辆小小的单车，也成为带动传统制造业转型升级的重要机遇，而存在于人们心中的"单车情节"，则更是使文化产业与共享经济的融合发展有了更多的可能性。

去中介化，整合线上线下资源

在传统的供给模式下，用户经过商业组织而获得产品或服务。商业组织的高度组织化决定了它们提供的主要是单一、标准化的商品或服务。**共享经济的出现，打破了劳动者对商业组织的依附，他们可以直接向最终用户提供服务或产品。**猪八戒网作为一个服务众包平台，整合设计师资源与需求企业商资源。2016年猪八戒网注册用户超过了1600万，并保持每年数百万的规模递增。年交易额在2015年达到了75亿，市场占有率超过了80%。十年累积的海量服务交易数据，成为猪八戒网以及服务"互联网+"领域一大发展优势，将为推动行业快速发展提供新动力。

降低成本，提高文化资源利用率

"共享经济"把需求端和供给端有效整合，让社会资源得到更高效的利用。"共享经济"的出现，降低了供给和需求两方的成本，大大提升了资源对接和配置的效率。这不仅体现在金钱成本上，还体现在时间成本上，更体现在文化领域上，**如果说美国创造了交通和住房的共享经济Uber和**

微评

★ 中国共享经济发展速度让世界钦美。据中国电子商务研究中心日前发布的《2016年度中国共享经济发展报告》显示，中国共享经济市场规模达39450亿元，增长率为76.4%。国家信息中心分享经济研究中心预测，未来几年，中国共享经济将保持年均40%左右的增长速度，到2020年交易规模将占GDP比重10%以上。

★ 共享经济平台最核心的工作是聚拢供需与匹配供需，所以我们看到共享经济的巨头们都在吸金补贴，疯狂扩张，因为唯有聚集起足够多的供需资源时，才有机会去匹配供需，但每个产品的使用频次和人群又不同，这就决定了一个共享经济产品的体量，低频次与人群的小众，分散是让一部分产品提前退出市场的第一要因。

Airbnb，那么中国创造的文化共享经济——网络文学，则是对文化创意的解放。共享经济在降低成本的同时，还能通过IP共享、网络慕课来提升有限的文化资源利用率。

前行的哀愁

野蛮生长，缺乏监管

共享经济在资本的裹挟下迅速生长着，"共享单车""共享文学""共享租房"等新的商业模式的开发改变了人们的生活方式，使资源配置更有效率却也出现了许多问题。大量ofo小黄车被恶意遮挡代码或是被人为上锁；女大学生共享租房却遭遇人财两空；内容IP开发频繁涉嫌抄袭……**互联网的无边际传播与新业态的快速生长确实给监管带来了不小的难度。**北京市共享单车总数已超20万辆，"两会"期间，就有代表委员建议制定共享单车管理标准，北京市交管部门更是叫停了"共享电动车"，越来越多的目光对准共享经济，聚焦"怎么监管""如何监管"等问题。

扎堆试探，前路不明

共享经济也催生了一大批行业涉足试探，例如，在一些大商场中出现了电话亭造型的"共享KTV"，配置点歌系统和大屏幕以及话筒耳麦高脚凳，人们便可以在其中高歌几曲。但"共享KTV"真的会火起来吗？很多人也是心存疑虑，毕竟唱卡拉OK这件事是团体聚会的必备节目，大家一起聚在一个房间里才热热闹闹，"共享KTV"是否会取代传统KTV还得打个问号。类似的"共享咖啡""共享书店"等也纷纷进入市场，但扎堆进入的背后，说到底**都是处于试探阶段，如何在有限的碎片化时间内吸引消费者，如何能够更**

微评

★ 2017年，交通部发布《关于鼓励和规范互联网租赁自行车发展的指导意见（征求意见稿）》，对共享单车线上线下的服务和管理"立规"。例如，注册上实行实名制；禁止向未满12岁的儿童提供服务；推广运用电子围栏等技术，有效规范用户停车行为；鼓励企业组建信用信息共享联盟，对用户建立守信激励和失信惩戒机制等。

有效地抢占消费者的闲置时间，这些才是供应方应该仔细思考的问题。

共享经济下文化产业的展望与未来

共享经济为小微文创企业提供共享平台

文创企业因其自身特殊的属性，大多以小微企业的形式存在并发展着，呈现出"小、散、弱"的三大特征。**"共享经济"**时代的到来无疑为小微文创企业带来福音：信息是企业的制胜关键，而共享平台的建筑将是对信息进行重新分配的一次重大洗牌。共享经济平台实际上是一个信息共享的平台，以往小微企业在传统信息分配中不占优势，绝大多数的信息和交易都被比较大的企业拿走或在大型企业之间被垄断。现在无论是大企业还是中小微企业都可以在开放的信息平台上共分一杯羹。共享经济平台的出现重新改变了以往"大企业垄断，小企业靠边站"的格局。

共享经济平台的出现将重新定义企业的边界，尤其是对于以提供创意和服务著称的小微文创企业。以往受到成本和规模的限制，小微文创企业的业务范围只能局限于某座城市或区域，设计师或工程师只能去一家公司上班，只能服务于该座城市，往往对于周边几公里半径之内的需求兼顾不到。共享平台的出现突破了范围的限制，不只是周边几公里范围内，甚至更远的地方都可以通过互联网，通过共享平台与全世界连接。

共享经济为文化创意提供持续释放空间

文化创意的核心是人才，共享经济的出现将冲击原有的价值分配机制，对于激活文创人才，提高服务供应方的积极

微评

★ 共享经济是闲散资产、碎片时间和互联网技术聚合下结出的美丽果实。正是互联网的飞速发展，极大提高了信息的流通效率、改变了供给方与需求方之间的信息不对称现象，使得个体对于个体的资源提供成为可能。共享经济是互联网时代的直接产物，也是互联网所代表的开放、连接、共享精神的完美体现。

微评

★ 知识本身更可以成为分享的资源。各种职场达人的有偿咨询平台，实际上也是对接了职业人士的碎片时间和知识需求者的零碎疑问。简而言之，所有个人资产和专业能力都可以成为个人的生产资料，每个人的正职工作成了每日工作中的一种，你可以朝九晚五做一个会计，下班后做一名专车司机，回家后做一名职场生涯顾问。

性有很大的作用。例如在传统价值分配机制中，设计师供职于传统广告公司，一个项目动辄几百万，但实际上只有10%~20%的收入可以归设计师本人所有，另外80%~90%的收入都被广告公司分走。因为设计师和广告公司之间是直接的劳务雇佣关系，设计师接的所有项目都是来源于公司。而共享经济时代下，设计师可以服务于互联网设计平台，在新的共享机制下，所有信息被共享，设计师即使不从该平台获取项目资源，也可以从别处获取，再加上运营一个网络平台，由于其虚拟性，很多不必要的硬性成本被取消，很多中间环节被去掉，其成本远低于实际操作一个公司。因此在新的共享机制下，设计师本人可能会拿走项目的80%以上，这种对分配机制的重新颠覆大大激发了人才持续的创造性，也提升了整个社会运转的效益。

共享经济的出现也是对文化创意的解放。**以文化共享经济——"IP热"为代表，"IP热"的出现激发了全社会对于知识产权的尊重，也激活了全行业对于文化创意进行持续开发的产业动能。**"互联网+文化"催生了一大批网络文化的创作者、使用者和传播者，利用互联网，内容将变成无边界共享，这在无形中对内容全产业链的版权运营提出了更高要求：一是如何保护知识产权？二是如何在相同内容的基础上开发出更受欢迎的衍生产品？因此在共享经济下，互联网文创将会变得更加开放，企业之间的竞争也会因此而更为加剧，相应的对知识产权保护的重要性也会更为凸显。对文化创意质量的要求越来越高，对文化创意附加值的开采越来越重要。

共享经济为"文化+"时代催生更新生活方式

颠覆交通出行业的 Uber 和颠覆房屋出租业的 Airbnb，成为改变人们生活方式的重要拐点，人们更倾向于"使用"

而不再是"拥有"体验新的生活模式。**共享经济是对社会闲置资源的重新配置，是通过大规模盘活经济剩余激发经济效益的经济形态。**这就使得房、车等固定资产成为了人们首要"盘活"的对象。有权威人士预计旅游和度假方式的革新将成为共享经济下一个风口，**首先，**度假物业的使用率一直偏低，业主往往不会经常前往居住；**其次，**因为使用率偏低导致物业管理也很难跟上；**最后，**由于很多度假物业都地处风景名胜区，旅游需求旺盛，大众对其往往心向往之却"很难拥有"。这就激发了度假模式的变革，一栋"度假物业"产权被几人共有，每人均分几月，这样既大大提高了"度假物业"的使用率，也因为有"人气"而提升了物业服务管理质量，还使得买房置业的成本大大降低，有限的资源被更多人体验。这将彻底改变传统的旅游和度假模式，改变人们的生活和思维方式。

与此类似的还有养老模式的革新。当各种资源可以实现"共享"，人力可以共享、时间可以共享、房屋可以共享、车子可以共享……越来越多的闲置资源可以通过共享和交换实现重新合理配置，这也就意味着"一对夫妻，四位老人，两个孩子"的"养老难""生活难"问题或将被大大缓解。在未来，以家庭为单位，几个家庭之间共同养老、旅居养老、交叉养老会不会成为下一个炙手可热的产业？

我们要赋予共享经济更多的想象力，下一个十年，必将是万亿"共享经济"风起云涌的大时代。

微评

★ 滴滴、优步、空中食宿这样的公司，给我们展现的就是一种全新的社会组织方式：从消费品开始，把衣食住行的资源共享出去，比个人独占使用的模式创造更大的经济价值。相信在不远的未来，更多的产品和服务将进入共享经济的领域，届时人类的日常生活和生产将充满形形色色的共享资源。

关于中国足球文化，你要了解的不止是"以梦为马、不负韶华！"

孙巍

北京时间2017年3月23日晚，在2018年世界杯预选赛亚洲区12强中备受瞩目的中韩对战中，坐镇主场的中国男足1:0战胜了韩国队，一时间举国沸腾。朋友圈中一时间被国足的"以梦为马、不负韶华"所刷屏。在国足逐渐向世界展示中国力量的同时，中国足球已经迎来了高速发展的历史契机。那么究竟什么属于足球文化？中国足球文化未来发展方向是哪些呢？

足球文化范围

蹴鞠是一项流传了2300多年的传统体育运动项目，2006年被国务院公布为国家级非物质文化遗产。国内外体育史和足球权威机构一致论证和确定，它是世界第一运动足球的起源。汉唐时期，蹴鞠传到了日本和朝鲜等地，后来相继传到罗马、法国和英国，并在英国发展为现代意义上的足球。现代足球作为世界第一大运动，发展至今已经超过1000多年，足球其实早已经超越体育的范畴，自带文化特性。近几年，国家出台一系列政策扶持体育产业，而足球文化产业是体育产业中最重要的组成部分之一，有利于带动大众体育的发展，提高国民身体素质，提升我国整体足球运动水平，提升我国足球运动的国际竞争力。

从文化的角度来看，**足球文化是世界各地域人群通过从事足球活动，围绕本体特征不断总结、创新、发展形成的有形无形的、物质的精神的、内容与形式方法的总称。足球文化的差异性决定了世界足球迥异的足球风格**，甚至可以说各国文化是一国足球的母体，足球运动只有根植于本民族文化中才能各具特色地健康发展，才能形成自己本国的足球风格和足球文化。

国外足球文化的发展经验

鲜明的民族文化印记

所有的足球文化及风格都毫不例外地会烙上民族的印记。英国足球的特点是长传冲吊，体现了英格兰民族扩张与征服的民族文化；**德国**足球的特点是注重身体，表现的是日耳曼文化的严谨与团结；**意大利、法国**有灿烂的文化和多彩的艺术，他们的足球是优雅而富有创造力；而**拉美**既有欧洲文化的古典与浪漫，也有印第安文化的激情与冲动。所有这些鲜明的民族特性都深深渗进了足球文化中，不同国家足球文化发展程度的不同决定了不同国家足球产业发展程度的不同，例如英国足球拥有历史悠久的足球俱乐部、忠诚的足球球迷群体、完善的足球产业等等。**由此可见，足球文化与足球产业水平是相辅相成的。足球文化就像一个灵魂，只有形成成熟的足球文化体系，才能使得足球产业健康持续发展。**

知名的足球文化品牌

欧洲足球文化经历了百年的积淀，足球已经像文化、娱

微评

★ 体育是一种文化，它最直接也是最深刻的文化内涵就是在运动与欣赏的过程中，创造出动态的美感，并最终作为一种崇高的力量，陶冶人类灵性，促进人类的交流。作为一种激越的、使人如痴如醉的足球运动，它符合人类的审美要求。在绿草茵茵的足球场上，球员带球过人，使人感到如同行云流水一般，球员抢点射门、大力远射，使人感到智慧与力量的结合，感到足球作为一种运动同样也是流动的音乐。

★ 在当今，足球与世界各国的民族传统文化存在着不可分割的联系，在足球文化背景中，各国足球的技战术打法风格，都有着深刻的本民族的文化背景。从足球运动的发展与传统文化的关系来看，不同风格的足球背后都有着不同民族文化的支撑，以民族文化作为一个国家足球运动发展的核心，是足球运动发展的重要条件。

乐等其他行业一样，成为了一个产业，从足球的思想理念、名称、到标志口号，从球员到球迷，从训练场到赛场、俱乐部管理，从旗帜到服装等都有着足球文化的内涵。他们不仅拥有完善的足球文化产业链，更具有较为成熟的足球文化体系。无论是美国的NIKE、还是德国的ADIDAS，亦或是英国的知名足球IP–贝克汉姆，可以说，好的足球文化品牌是支撑一个国家足球产业不断发展的重要因素。

中国足球文化发展现状

近年来，国家对足球产业的重视程度不断增加，2014年10月，国务院出台了《**国务院关于加快发展体育产业促进体育消费的若干意见**》，其中更加明确地提出要大力发展体育产业；2015年3月8日，国务院颁布《**关于印发中国足球改革发展总体方案的通知**》，展示了从国家层面对足球战略的思考；2016年4月11日，国家发改委颁布《**关于印发中国足球中长期发展规划的通知**》，提出将全力实现打造足球一流强国的目标：中国足球实现全面发展，共圆中华儿女的足球梦想，为**世界足球运动作出应有贡献**。

中国作为足球运动的发源地，早在汉代，"蹴鞠"运动就已经开始成为兵家练兵之法。但是足球运动并未在我国扎稳脚跟并成为产业发展起来。中国足球从专业体制转型为俱乐部体制才短短十几年，中国足球文化与欧洲足球文化相比，不得不说有其优势，更有劣势。笔者认为，在中国足球文化产业的发展道路上，仍有以下几点需要注意。

足球精神的不足

可以说，在中国无论是足球球员的职业精神还是全社会公民的足球精神，都未完全形成。**足球精神是足球运动中所包含的对人类有启迪和影响的行为与仪式，它能最大限度地激发人的潜能，使人们团结拼搏、进取向上，它已经超越了足球本身，甚至超越了足球文化。**根据艺恩网发布的《2016年中国足球文化蓝皮书》显示，中国球迷们认为，目前中国足球球员的文化素质水平一般，而且自身所处环境的足球文化氛围不够浓厚。**在巴西，足球是巴西人文化生活的主流，对巴西人来说，足球是运动，更是文化。**巴西几乎人人都是球迷，他们把足球称为"大众运动"，无论是在海滩上，还是在城市的街头巷尾，都有人踢球。即使是在贫民窟，穷人家的孩子也光着脚把袜子塞满纸当球踢。**这种根深蒂固的足球精神的传承是巴西足球产业发展的根基，而这正是中国足球文化目前所缺乏的。**

全社会参与度不够

据国际足联官网统计的结果来看，目前中国以 2600 万的足球人口排名世界第一，紧随其后的是美国、印度。而两个足球强国德国和巴西排在第四位和第五位。在注册球员方面中国虽然没有再位列第一，但是仍旧以 71 万排在第 12 位。然而为何我国的足球产业发展不如美国和巴西，其中很重要的因素就是社会参与度不够。**著名的足球解说员黄健翔说过，决定中国足球的因素有三个：第一是普及，第二是文化，第三才是体制。因为有普及才有文化，而且普及和文化更与我们每一个球迷息息相关。**因此，球迷大众以至全社会参与的足球文化，才能形成健康浓郁的足球氛围，这才是当前中国足球运动发展最重要的推动因素。

微评

★ 中国足球的兴衰，并不只有竞技意义，而有显著的精神属性以及重大的社会意义。包括足球在内，体育运动对于培养青少年的体魄与精神，都是不可缺失的一环。

★ 对巴西人来说足球是生活方式，是文化，更是信仰。竞技场上一时的输赢不会影响巴西人对足球的热爱，反观没有文化支撑的足球运动则是很短浅的，大都受短期的、功利性的东西所支配。只有当足球文化浸润在人们心里，中国足球才能长期持续发展。

中国足球文化产业未来发展方向

完善强化中国足球文化体系

足球文化体系的建设，是足球产业发展的重中之重，可以说我国目前不是没有足球文化，恒大、国安在国内都是拥有较大的粉丝量，但是中国足球文化体系却尚未完善。未来中国足球文化产业的发展方向一定是围绕着足球文化体系构建而展开的，在2015年年底的第二届足代会中，中国足协主席蔡振华也曾表示："要积极推进校园足球文化、城市足球文化、俱乐部足球文化、国家队文化和球迷文化建设。"2016年出台的《中国足球中长期发展规划》中也明确提到了要培育足球文化，大力弘扬拼搏进取、团结协作、快乐分享的文化内涵。

新兴业态与足球的深度融合

在利好政策的支持下，足球产业的参与者及从业者都可以以此为契机，大力开展足球产业相关活动，参与到培育健康的足球文化氛围之中。从足球产业链出发，寻找可与文化产业相融合的领域。例如，腾讯互娱FIFAOnline3一直在致力于拼凑完整的中国足球文化版图，文学作品《冠军之心》、动漫《冠军之光》、基于FO3的职业电竞联赛等，都正在围绕着中国足球发展规划的核心内容进行建设。

以全民健身为契机推动足球社会参与度

2016年6月27日，国务院印发的《全民健身计划（2016-2020年）》指出，弘扬体育文化、开展全民健身活动，提升健康水平。足球文化产业应紧紧把握机遇，以此为契机提升足球文化产业的社会参与度。不断发展社会足球、业余足球、少年足球，以此来增强足球人口基数，营造健康、和谐、快乐的足球文化氛围。提升足球的社会参与度，**首先**，可以推进全民健身的措施，使人民增强体质；**其次**，能够为专业足球队提供优秀的后备人才资源，促进足球人才的良性循环；**最后**，还能开拓足球文化产业的市场，推动市场又好又快发展。

结语

足球文化产业是应时而生的一个新的领域，是我国体育文化产业的重要组成部分，发展足球文化产业对于提升我国整体足球运动水平，改善人民体质，优化产业结构，提高综合国力有着重要作用。我国有自身独特的优势，加上国家的重视与支持，足球文化产业的发展前景是非常广阔的。**在发展足球文化产业的过程中，要认清发展方向，完善相关政策，重视足球文化氛围的熏陶与培养；更要重视与媒体以及新兴业态的合作，积极培育足球文化市场，打造有影响力的足球文化品牌，推动我国足球文化产业又好又快地发展。**

微评

★ 中国足协提出了一系列举措,从设置青训基金、增加梯队数量、完善基地设施乃至规定青年球员在职业联赛中的出场时间,都做出了明确的要求。尽管在操作方式和细节上还有调整完善的空间,但抓好青训和青少年足球的大方向无疑是正确的。只有朝着这个大方向不断前进,给足时间和耐心,中国足球这棵大树的根才能越扎越深,才有基础谈"枝繁叶茂"。

厂房里飞出金凤凰，挖掘工业旅游"富矿"

关卓伦

"比做广告花钱少，却比做广告的效果好"，这描述的正是工业旅游。伴随着人们对旅游资源理解的拓展，产生了一种旅游的新概念和产品的新形式，还没听说过工业旅游的你，是不是OUT了？

工业旅游成时尚新宠

曾几何时，山西兴起"矿井游"，酒庄开起了博物馆，海尔开放"透明车间"，"水电站"成为道道景观……**工业旅游，这个新名词，不仅成为近年来人们旅行的一种时尚追求，也推动了经济增长，成为推进我国大众旅游业发展和工业经济转型的"黄金助推器"。**

据统计，2015年我国全国工业旅游接待游客超过1.3亿人次；工业旅游收入超过100亿元；工业旅游促进直接就业达6.5万人，间接就业和季节性就业达300万人。在未来5年内，工业旅游接待游客总量将预计超过10亿人次，旅游直接收入总量将超过2000亿元，实现综合收入总量超过直接收入的10倍以上，新增旅游直接就业将超过120万人，带动间接就业新增超过600万人。

工业旅游缘何大受追捧?

记录特定工业时代之美

特定的工业遗产保留着特定工业时代的烙印,正如蒸汽机是第一次工业革命时代的印记,发电机彰显着第二次工业革命时代的光辉,对特定工业遗产的"探访"更像是探寻"想当年"某个时代的缩影。第二次世界大战后有英国学者提出"工业考古学"的概念,呼吁对工业革命与发展时期的遗迹和遗物加以记录和保存,"铁桥峡谷"就是其中的典范。这座铁桥是世界上第一座铁桥,是18世纪英国工业革命的象征。20世纪60年代以来,经过一系列保护性的开发,峡谷附近大大小小的废旧工厂和作坊等已经被改造成包括"钢铁""瓷器"等不同主题的博物馆,目前年平均接待观众30万人次。人们纷纷慕名前往,看到的是工业革命之兴,是人类科技和建筑之美。

传递企业品牌文化之需

这是从企业层面去解读的。许多企业将发展工业旅游看作企业宣传的手段,通过展示企业文化增强游客对品牌的认同感,并把品牌的价值和企业的文化传递给社会。例如美国波音公司,波音公司的工业旅游已经成为西雅图的标志性景点,"新客机的制造过程""模拟驾驶舱的体验之旅"都是该景点的黄金项目。而开发多种多样的工业旅游项目,也提升了波音公司的销售业绩,当仁不让地成为该公司推广公司文化、提升品牌形象的重要平台。我国企业近年来也纷纷效仿这种模式,例如海尔公司打造的线下"透明工厂",通过向游客公开展示其产品研发、设计和生产的全过程,传递"创

微评

★ 正如国家旅游局长李金早所说,工业旅游是促进工业转型升级、培育新增长动力的重要力量;工业旅游是企业实现品牌竞争、提升综合收益的有效手段;工业旅游是促进政府、游客和社区居民多方受益、形成多赢格局的重要渠道;工业旅游是适应大众旅游时代,推进"旅游+"和全域旅游的重要内容。

★ 欧美、日韩等发达国家均已进入后工业社会,其最明显的特征就是工业经济向服务业经济转型,欧美发达国家有15%以上的大中型工业企业都在开展工业旅游。相较世界发达国家,我国的工业旅游目前还处于萌发阶段。

新、开放"的企业文化，呈现"体验经济"新模式。

留存城市兴衰历史之证

工业遗存也是城市兴衰历史的见证。德国的鲁尔曾经被描绘成"洁白的衣服穿出门去不一会儿便成为了灰色"，"莱茵河沿岸化学工厂林立，污水将河水调成鸡尾酒"。鲁尔曾因工业繁荣而"兴"，也因工业污染而"衰"。如今，当鲁尔区焕然一新，凤凰涅槃，成为"欧洲文化首都"后，仍然保存着大多数的工业遗迹，鲁尔的兴与衰还深深烙印在这沿街的一砖一瓦中，还悄然盘踞在这城市的上空不停流动的空气中，游客们置身其中，很难不激发起对工业文明和人类文明的反思。

传承城市工业精神之魂

广义上的工业文明不仅包括物质文明，还应包括精神文明和制度文明。在人们进行工业旅游的过程中，接受精神文明的熏陶和洗礼也是不可或缺的一个环节。作为我国工业遗存丰富的城市，大庆有大庆精神、铁人精神等宝贵的精神遗产，也因此开发了铁人王进喜纪念馆、油田历史陈列馆、大庆石油会战誓师大会遗址等一系列工业旅游景点。"爱国、创业、求实、奉献"的大庆精神和"为国分忧、为民族争气"的铁人精神始终是激励中华儿女前进的动力之源。

"舶来品"工业旅游问题多

"工业旅游"产生于新中国成立后改革开放前，虽不是新的"物种"，但从命名和发展思路上来讲亦属于"舶来品"。近年来，工业旅游虽然呈现上升趋势，但在移植本土的过程中仍存在诸多问题。**总体来看，我国工业旅游发展仍处于初级阶段，虽名目众多但同质化竞争异常激烈。具体问题有如下几点。**

第一，工业旅游项目开发数量较少。以山东省为例，尽管已经是工业旅游大省，企业数量超过14000家，但开发工业旅游项目的企业却只有区区39

家，显然这个比例是很低的。

第二，经济效益体现不足。许多企业开展工业旅游的主要目的是宣传企业形象，扩大社会影响。对于因此带来的收入和未来收入的巨大潜力在谋篇布局和具体操作上都显得重视不够，实际收益不如预期。

第三，旅游产品内容贫乏。目前的工业旅游项目多数以简单的观光为主，部分参与和体验性的项目也因企业成本紧张、游览时间压缩或设计创意不足等原因显得质量平平。

第四，大旅游观念尚未形成。所谓"大旅游观念"是指"吃、住、游、购、娱"等旅游发展的多维概念，在产业中就体现为上下游产业链的有机配合不够。目前，工业旅游在开发上仅仅表现为观光、购物，在配套设施的完善上还有很长的路要走。

第五，服务质量与管理水平有待提高。工业属于第二产业，但工业旅游却属于名副其实的服务业。工业旅游的服务和管理问题，实际上也反映了整个旅游行业的现状。迫切需要提高从业人员的专业化水平，改善从业人员的素质，引入质量管理体系等。

微评

★ 现在的确需要大旅游观，许多老旧厂房亟待重新规划使用，以旅游、文化创意的方式让工业成为旅游时尚也具有极大的现实意义。

未来谋发展工业旅游得这样走

政策支持利好多

作为一门产业，宏观上需要配套的顶层设计和必要的规划指导。改革开放后，工业旅游就开始从旅游业中分离出来，20世纪90年代，以"中国一汽集团"为代表的部分工业企业开始打造工业旅游项目。2016年12月，国家旅游局公布了《全国工业旅游发展纲要（2016—2025年）公开征求意见稿》，明确了工业旅游将成为我国城乡旅游业转型升级的重要战略支撑点的产业地位，确定了六大举措助推工业旅游创新发展。2017年1月，国家工业和信息化部、财政部联合下发了《关于推进工业文化发展的指导意见》，明确提出发展工业文化的社会共识。接下来发展工业旅游将成为未来工作的一大重点，发展工业旅游已经在政策层面上，得到了高度重视并达成一致共识。

全面开发求特色

客观面对我国的工业旅游，就是要减少并尽量避免项目和产品开发的趋同。对此要积极开发出企业自身的特色，切忌盲目跟风。根据企业和区位的不同特色，进行有针对性的定位，进而进行子项目的开发。例如东北地区工业基础较好的大中型企业居多，以这些企业为核心进行主导工业的开发将成为首选；而长三角地区因其旅游资源种类众多，可以重点开展旅游合作。将工业旅游与名胜观光、园林度假等其他形式结合，相得益彰，合作开发。

微评

★ 在工业旅游区不仅能体验到原汁原味的工业文化，而且还能体验到相关的服务，既带动了产业链的升级发展，也提升了客户良好的体验感受。

深度开发上下游

对工业旅游项目进行全产业链开发，是促进其成熟发展的必由之路。以旅游产品为纽带，根据用户的不同需求，不仅包括旅行社、交通部门、餐饮、酒店、景区景点、旅游商店、旅游车船以及休闲娱乐设施等旅游核心企业，工业、园林、建筑、农业、广告媒体等协助产业和部门都要加入和参与到产业链中。前者为产业链运营的基本点，后者为产业链健康的运营提供了必要的支持与保障。

安全开发重细节

细节决定成败。在开发工业旅游的过程中，既要重视游客的安全、企业及产品的安全，又要保证服务的质量和效力。工业旅游区别于其他大宗旅游形式的一点在于，很多工业企业具有一定危险性，因此需要企业和旅游开发部门严格把控好每一个细节，在问题区域设置安全警示牌并设置专人提醒，企业也要在开发项目的同时，考虑将涉及企业机密的部分作适当的保护。

文化前沿的全新态势

在文化创新的时代，文化产业表现出业态的融合性，也表现出与科技等行业的融合性。特色文化产业、出版业、国产动漫、网络大电影、电视剧、内容付费、文化综艺等前沿的文化产业业态，以全新的态势突飞猛进发展。新兴经济模式如零工经济、共享经济等也助力文化产业的创新融合发展。当然，文化前沿的新业态在发展中也存在一些困境，如何突破瓶颈实现在新时期的新发展，值得每一位文化产业人进行冷思考。

如何发展多元共生的特色文化产业？

吴迪

2017年1月11日，国务院正式批复国家发改委组织编制的《西部大开发"十三五"规划》。《规划》中"实施产业扶持脱贫，打赢脱贫攻坚战"的要求也需要特色文化产业的助力。《关于推动特色文化产业发展的指导意见》于2014年颁布实施以来，特色文化产业就一直保持着高昂的发展态势。特色文化产业的发展模式是基于地区文化资源优势下的系统性开发与全域性规划，孤立片面的发展思路不利于特色文化产业生态系统的构建与价值生成机制的良性循环。"十三五"规划的尘埃落定，为特色文化产业的发展提出了新的要求，发展多元共生的特色文化产业不仅是国家战略规划的明确导向，更是构建现代产业体系，提升我国文化软实力，树立文化自信题中的应有之义。

与众不同的开发范式

文化具有较强的地域性和民族性特征，不同地区、民族由于地理环境、历史发展脉络、群体心理等因素的差异，形成了各具特色的文化景观及精神场域。依托文化资源发展起来的文化产业理应避免同质化的成长倾向，打破千城一面的发展误区，因地制宜突出特色，从而充分发挥区域文化产业的比较优势，形成传统文化保护与开发的新模式。

特色文化产业，是指依托各地独特的文化资源，通过创意转化、科技提升和市场运作，提供具有鲜明区域特点和民族特色的文化产品和服务的产业形态。只有独特、独有的文化产业才能够捕捉到文化市场的先机，从供给与需求两侧发力，保持产业的可持续性优势。目前，藏羌彝文化产业走廊、红色旅游经典景区及丝绸之路文化产业带建设初有成效，特色文化产业在文化扶贫、非遗传承、国际交流合作等方面的贡献突出。

新时期国家提出的五大发展理念中"包容"与"共享"的理念值得特色文化产业借鉴。特色文化产业的治理模式需要多元主体共同介入，多重业态和谐共生，多方力量齐抓共管。**特色文化产业的发展思路不是单边片面且孤立的直线思维，而是多边全面且交互的辩证思维。**打造多元共生的特色文化产业生态系统，培育特色文化产业的生命运行机制是创新产业盈利方式、填补产业发展短板的必由之路。

别具一格的运营形式

全业态聚合

特色文化产业的内涵广泛，对其深层次的开发不应仅仅拘泥于旅游业，文化资源的资本化渠道可以有多种选择。创意是引领特色文化产业全业态聚合和融合式发展的核心。特色文化产业的全产业链开发不仅能够促进特色文化资源与现代文化消费需求的有效对接，也能适时拓展产业的发展空间，从而发挥强大的正外部效应。

特色小镇、文艺街区、创客空间等产业培植载体的构建为康养产业、演艺产业、IP衍生开发等特色文化产业的多业

微评

★ 每个地域都有自己独特的传统文化、民俗风情，形成了独特的文化基础，保持文化的多样性需要借助特色文化产业的有益支撑。

★ 现在人们对特色小镇、历史文化街区、历史文化名城的需求越来越大，回到自然、回到历史中去体味原汁原味的文化也为特色文化产业的发展提出了新的要求。

态开发营造了绝佳的成长环境，为产业内部的垂直分化与价值的多元表达提供了更多可能。日本的柯南小镇位于紧邻日本海的鸟取县，当地以著名动漫IP《名侦探柯南》为蓝本，打造极具二次元特色的全球柯南迷朝圣之地。柯南小镇的成功是将旅游与IP衍生开发相结合，瞄准特定的消费人群并基于某一主题开展的沉浸式文化体验。柯南的形象不仅能够出现在漫画书中，也能够与餐饮、创意设计、艺术授权等相关业态相结合，形成具有极强吸引力的区域特色文化产业。中国广西巴马瑶族自治县被誉为"世界长寿之乡"，是世界五大长寿之乡中百岁老人分布率最高的地区。巴马在开发旅游产业的同时可以借助本地独特的人文地理环境发展康养产业，挖掘长寿文化与养生文化，实现特色文化产业与康养产业的整合创新与协作共赢。

多主体参与

特色文化产业的发展离不开众多主体的介入，政府、企业、高校及非政府组织共同参与的全方位保障体系是特色文化产业稳中求进的基石。政府在出台相关扶持政策的同时需要及时监督政策的落实情况，对政策实施过程中出现的问题做出及时反馈，与时俱进调整施政纲领，充分释放政策红利。此外，政府在提供公共文化服务的同时要重视特色文化产业与文化事业的融合发展，在文化扶贫的基础上传承地区传统文化，保护当地原生态的文化风貌，留住乡愁。政府应该自觉承担起领队者与守夜人的角色，正确引导特色文化产业朝着均衡高效、互利共赢、协同创新的方向迈进。

★ 顶层设计在文化产业中至关重要，特色文化产业的业态多元性也给顶层设计带来一定的困难。

企业是特色文化产业运营的主体，是特色文化符号开发的主角。企业在开展特色文化产业项目的同时要与市场需求相结合，抓住特色文化排浪式消费的窗口期，利用政策优势

大胆创新，提升产业的整体竞争力。高校作为科研教育机构和智库平台在特色文化产业的建设过程中发挥着培育人才、产业研究、智力指导的作用。产、学、研的一体化发展能够实现特色文化产品和服务的有效供给，加快行业理论与实践的优化创新。非政府组织的支持也是特色文化产业多主体参与的关键环节。特色文化产业的管理模式可以借鉴国外"一臂之距"的原则，充分调动社会力量参与特色文化产业建设的积极性，通过第三方的介入合理协调各利益相关方的资源配置，进而为构建现代特色文化产业管理体系贡献力量。

宽领域布局

跨界融合是特色文化产业提升附加值，吸收各产业优势效能的创新方式之一。多元共生的特色文化产业不能脱离宽领域布局与前瞻性统筹规划，让互联网、金融、生态保护、现代农业、新型城镇化等与社会民生相关的诸多领域嵌入特色文化产业的运作机制中，实现特色文化产业对地方经济的持续性造血与文化生态的在地性蔓生。

乌镇除了有秀美的江南水乡，还有互联网的科技支撑。借用习近平总书记在第二届世界互联网大会上的一句话："**乌镇的网络化、智慧化，是传统和现代，人文和科技融合发展的生动写照，是中国互联网创新发展的一个缩影，也生动体现了全球互联网共享发展的理念**"。互联网能够改变世界也同样能够改变特色文化产业的发展轨迹。特色文化产业与科技的融合不仅是文化软实力与科技硬实力的一次联袂演出，更是一次跨越数字鸿沟，变革特色文化产业治理规则的良机。因此，我们要用长远眼光与广阔视野审视特色文化产业的未来，寻找产业创新的突破口，精准发力，搭乘信息时代的快车，共享特色文化产业发展成果。

微评

★ 新乌镇的产业布局，以打造科技文化融合共生的现代产业生态体系为目标，围绕旅游业和互联网二大产业发展主线，要打造成为"中国和世界互联网发展历程文化积淀地、世界网络科技最新成果发布展示地、高端产业孵化集聚地"，并建设总部经济、创客经济、智能制造、运河文旅、国际社区五大功能组团，特色文化产业在大布局中实现了融合发展。

特立独行的发展趋势

创意转化

多元共生理念在特色文化产业建设中的实践，往往伴随着文化创意的转化与提升。特色文化资源需要借助创意的熏陶实现活态化开发，让文化特色走心入脑，进入千家万户。一方面，创意始终贯穿在特色文化产业运作与创新的各个环节。另一方面，在创意的引领下，特色文化产业的业态开始发生深刻的转变，进一步延伸了产业链条，有利于打破不同行业、不同所有制、不同市场主体的壁垒，提高特色文化产业的发展质量和效益。

品牌优势

品牌是某种产品区别于其他产品的排他性识别符号与保证质量的象征性形象。**在多元共生的视角下，未来特色文化产业的发展模式必须要以品牌战略为导向，把培育特色文化品牌作为特色文化产业发展的一项主要任务，形成一批具有较强影响力和市场竞争力的特色文化产业品牌。**"一地一品"不是对文化差异性的刻意追求，而是对当地文化资源开发的认可与尊重。鼓励挖掘、保护、发展中华老字号等民间特色传统技艺和服务理念，积极探索特色文化产品与现代文化消费习惯的对接，最大限度地减弱文化折扣的负面影响，将成为特色文化产业凝聚注意力的重要法宝。

市场拓展

文化市场是特色文化产品与服务交换关系的总和，也是特色文化产业赖以生存的根基。"**十里不同风，百里不同俗，千里不同情"。特色文化产业在守住特色的同时也要努力拓展文化市场，有针对性地对特色文化产品与服务的供给做出实操性改良。**众多要素的融入让特色文化产业的服务对象更加多元，特色文化产业从业者要把握市场最新动向，抓住市场份额重新洗牌的历史机遇，充分发挥市场在资源配置中的决定性作用，倒逼特色文化产业的进步与提升。

多元共生的特色文化产业发展模式为产业的长期成长提供了新的思路。为了更好地解决特色文化产业结构雷同、发展规划单一、产业的地区嵌入性与反脆弱性薄弱、特色文化资源过度开发和得不到有效利用等问题对产业跨越式发展构成的阻碍，**特色文化产业亟待形成各方力量协同参与的产业生态系统，努力构建与相关领域互利共赢、利益共享、责任共担的命运共同体。**在各部分高度联系的社会进步浪潮中，发展多元共生的特色文化产业将会是文化经济又一个令人瞩目的新增长点。

"3·15"出版业质检启动，图书出版背后隐忧浮出水面

倪嘉玥

2016年3月15日是"国际消费者权益日"，在各大媒体大面积报道食品、化妆品某某品牌不符合国家质量标准，很多广大群众熟知的"名牌"纷纷中枪之时，新一年的3·15出版质检工作也默默地正式启动了。出版业"3·15"质检活动，是由国家新闻出版广电总局指导、总局出版产品质量监督检测中心从2007年开始组织开展的重点工作，已形成了较大的行业影响力和社会知名度，成为业内质量管理工作的一个品牌。既然每一年都有出版业的质检，那质检结果到底如何呢？又有哪些不容忽视的问题浮出了水面呢？

2015—2016年图书出版业

质检结果如何？

2015年，国家新闻出版广电总局质检中心按照随机抽样的方式，对16个省（自治区、直辖市）及部分中直在京的129家图书出版单位成品库房中的645种756280册图书，抽取监测样品14473册，涉及印刷企业370家。受检样品中，有10种印制批质量不合格，批质量合格率为98.45%。2016年质检活动抽查结果显示，图书印制单册质量合格率为97.96%，批质量合格率为98.20%，图书环保质量符合率为100%，光盘复制质量合格率为69.52%。

从质检结果来看，我国出版物质量的各项合格率都相对良好且稳定，但这也只代表了出版物质量的大体态势。尚有一些问题只有大众亲自发现才能浮出水面，如学生每年都花大量时间和金钱投入的教辅用书，都存在着大大小小的差错和漏洞，而一些健康养身类书籍却将内容东拼西凑，用吸睛的书名来"欺骗"读者，完全忽视了内容的科学性和严谨性。从近几年出版业的一些典型质量问题案例来看，行业内的出版物质量问题仍然十分严峻。

出版物质量有何"隐疾"？

内容拼凑品质不高，平庸泛滥精品不多

依据 CIP 数据统计，2016 年 1 月 1 日至 12 月 27 日，全国出版单位共申报出版 319147 种图书，较 2015 年同期增加 7928 种，同比增长 2.5%。在图书品种数量方面，我国已经是名副其实的第一大国，但出版大国并不意味着就是出版强国。**衡量一个国家是否为出版强国的重要指标之一是世界影响力**，而我国出版物整体内容质量不高，很多作品是仓促拼凑而成，尤其是学术著作缺乏创新性、前沿性和学术规范性，文献被引率还很低，在国际上影响深远的精品力作少之又少。

编校质量并不稳定，审核环节把关不严

出版数量的猛增和出版节奏的加快，使得出版物的**整体编校质量进入一个相对不稳定的波动期**。虽然总体来看，学术文化经典、市场畅销书和中小学教科书的编校质量都得到

微评

★ 书种越来越多，而单品种效益越来越低，图书上架的周期越来越短，退货越来越严重，而人工成本却越来越高，使得出版社不增加新书品种就无法维持生计，于是就拼命扩大规模。但是如果大家都只是依靠增加品种去做大规模，彼此模仿，彼此抄袭，彼此重复，由此很容易陷入恶性竞争。

了较好保障，满足了读者的基本阅读需求。但根据近几年来新闻出版总署组织的编校质量检查结果分析，一部分教辅、养生、少儿图书的编校仍然存在着把关不严，甚至粗制滥造的现象，编校质量堪忧，需要引起相关人员的重视和警惕。

印刷质量大不如前，读者使用体验不佳

对于热爱纸质书的人来说，现在很多出版社的印刷质量大不如前，纸张质感粗糙、印刷文字歪斜、无线胶装脱页等问题屡见不鲜，所以面对下滑的印刷质量，很多人宁愿选择价格更低的盗版书。这对出版社和作者来说无疑是一种冲击，**出版行业的印刷质量低下问题会造成读者的不信任，当纸质书缺乏了优质的触感和观感，就难以与电子书抗衡。**

出版大国，为何"大"而不"强"？

出版管理机制不健全，企业盲目扩张规模

从出版管理体制上说，虽然相关组织机构制定了一系列规定，且总局质检中心每年都进行抽检，**但执行力远远不够，对有问题的出版社和出版物的处罚力度也较轻，不足以对粗制滥造的产品产生震慑。** 而且随着出版产业的市场化、产业化趋势增强，随着出版单位转企改制，出版企业面临着更大的竞争压力，对规模、利润等经济利益的追求成为其首先面对的问题。**追求规模就须扩大生产，增加品种，加快出版速度，以尽可能地减少成本，但追求利润常常会忽视社会责任，严格的选题论证、必要的编校环节往往得不到保证。**

专业编辑短缺，从业人员素质参差不齐

当前出版规模不断攀升，**对新的具有中级职称资格的编**

微评

★ "做大做强"是经济标准，以经济贡献作为标准来衡量出版。但是出版的本义是什么？是文化传承。出版是要讲文化贡献的，但现在我们过多地要求出版要作经济贡献，这是不是一个很明智的做法？

辑的需求日益增多。但目前全国出版中级资格考试每年只有一次，且通过率较低，只有20%左右，一定程度上导致出版单位、特别是民营文化企业从事编辑工作的人员无证上岗，进而导致出版物质量下滑。同时**与出版物内容相匹配的专业出版工作者短缺**，出版物品种的增多、编辑量的加大，都超出了出版社编辑出版和出版物市场的承受能力。

忽视读者需求，出版态度略显浮躁

《中国新闻出版报》与中国电信天翼阅读发起的"数字阅读用户满意度调查"显示，读者对数字阅读的现状很不满意，50.8%的读者认为电子书"劣质书籍泛滥，质量参差不齐"，这是读者对数字阅读最不满意之处。**纸质书作为电子书的替代品，自然需要将读者对内容、排版、编校等的高要求放在首位，而非为眼前利润漠视读者真切需求。**

如何解决出版物质量低下问题？

全面重视并提高各环节质量

内容是出版物质量的核心，提高内容质量**首先**要从作者出发，杜绝粘贴拼凑，以夺人眼球的标题掩盖贫乏的内容。**其次**，出版者不能因为码洋压力而引入一些"注水书""垃圾书"来以次充好，应坚守出版行业的使命感和责任心。出版物在编校环节出现错误会对读者进行误导，同时降低出版社的声誉。因此，在编校环节要重视以下三方面问题：**第一**，严格执行三审制，提高编辑责任心；**第二**，加强三审、三校制度，确保校对质量；**第三**，编校互帮互学，形成编校合力。而在印刷环节，则要坚持以高标准严格要求，以质量留住读者，博得好感。

微评

★ 数字时代下，人们对免费的偏好也成为问题。第九次全民阅读调查显示，在接触过数字化阅读方式的国民中，有41.8%的人表示能够接受付费下载阅读。手机阅读的群体中51.4%的人在过去一年中进行过付费阅读，而有48.6%的人只看免费的手机读物。

★ 好的出版环境，需要读者、从业者、执法者的共同营造。不管环境多么复杂混乱，总有一些价值需要倡导，总有一些事情需要完成。有人说，传统出版是夕阳产业，有人说它没有出路，但是困局中也蕴含着突破的可能，转型的痛苦中也伴随着新生的希望。

强化培养职业和专业出版人

出版业提高质量的一大前提是提高出版人的专业和职业素养，出版编辑**一方面**要不断提升自己的文化修养、文化素质和对出版物内容精益求精的执着精神，**另一方面**要定期接受专业化培训，保持持续学习的状态。对于出版社来说，要**"用目标鞭策人，用整合规范人，用政策激励人，用人才带动人"**，并通过社会招聘和校园招聘相结合的方式去打造一流的团队。

深入了解读者对质量的需求

读者是出版社的重要受众，**只有**深入了解读者对质量的现实需求，才可能获得读者的好感。而出版物的质量不仅包括内容质量、编校质量、设计质量、印制装订质量，还包括版权质量、规范质量、服务质量，所以出版社要**从多方面全面提高出版标准**，向国际出版标准看齐，坚决摒弃"无错不成书"之说，将读者置于中心地位考虑。

微评

★ 传统欧美出版业一向是"观念的行业"，奉智性价值、审美价值、社会价值为尊，观念的先导性是其灵魂。那时的出版人相信：超前的观念一开始只能为少数人接受，因此好书不获利是理所当然的。随着时间的推移，一些观念逐渐获得广泛认可，出版物中就必然会产生畅销书，其高额利润便可覆盖亏损。

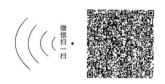

国产动漫：黄金时代，全产业链如何升级再造？

何雅君

近年来，国产动漫发展迅速，从爆款IP幼儿动画《喜羊羊与灰太狼》《熊出没》到青少年热血动画《镇魂街》《斗破苍穹》《从前有座灵剑山》，再到IP生态+布局的国粹动画《京剧猫》，国内动漫公司的进步和突破让动漫迷感到振奋。2017年3月底，随着国产动画《全职高手》"十年荣耀巅峰回归"上线发布会的成功举办，国产动漫的黄金时代已经到来。国产动漫全产业链如何升级再造？国产动漫的未来将走向哪里？

面对移动互联网生态的"狂风暴雨"，社会各领域都在经历思维方式、生产方式甚至组织架构等体制机制层面的嬗变。优质内容的生产者无法忽视平台终端的崛起，毅然颠覆"酒香不怕巷子深"的传统观念，积极与各领域的优势资源"握手言和"，并探索合作的多维结构，从内容生产、运营推广到产品附加值的拓展，均在商业资本的驱动下，逐渐构建成为完整并充满想象空间的"产业链共同体"。作为文化产业领域的"复兴之子"，国产动漫的任何一次探索，都肩负着我们深深的期待和衷心的祝福。

国产动漫：从慢慢崛起到黄金时代

近年来，国产动漫发展迅速，从一开始的慢慢崛起到如今大步跨进黄金时代，其进步之速和品质之度让国人充满了自信。

暑期档：转型升级正当时

2016年的暑期档市场成为各国产动漫的"大show场"，十几部动漫电影集中上映，掀起了一场空前的市场混战。从《大鱼海棠》的唯美梦幻，到《摇滚藏獒》的创意无限，抑或是《超能太阳鸭》的中国元素，一部部风格各异的作品，用具体行动呈现了国产动漫进步的步伐。

尤为重要的是，以《大鱼海棠》《摇滚藏獒》主创为代表的新生代动漫人开始沉下心来，独立思考，对国产动漫的题材、内容、创作路径等进行了大胆而积极的探索，很大程度上提升了国产动漫的质量，为从供给侧推动国产动漫行业的转型升级打开了缺口。

当下：黄金时代已来临

在当下网络视频平台竞争激烈的格局中，诸如腾讯、网易、优酷等日益崛起的视频平台，正以更前卫的观念和宽阔的视野，探索优质国产动漫的全新产业链条，从孵化生产到运营推广，上下游的有机互动和融合，让各种产业附加值的惊喜"破土而出"。**国产动漫的黄金时代已经到来。**

2017年3月30日，国产动画《全职高手》在北京举办了"十年荣耀巅峰回归"上线发布会。作为首部"千盟级"网络文学小说，无论是原著还是其IP周边内容都引起无数年轻受众的追捧。《全职高手》驶向动画的蓝海，其背后依

微评

★ 国漫开始走出低幼化的传统定位，自身发展获得政策及资金的支持，在全年龄段适应、多元题材尝试及制作技术提升等方面也初见成效，为国漫的崛起奠定了良好基础。

托腾讯视频的巨大平台资源禀赋，以及其丰富的商业营销和运营模式，多方主体协同助力挖掘国产动画的商业价值，并努力促成商业变现。

黄金时代：国产动漫全产业链如何升级再造

搭乘政策快车，彰显中华文化

在大部分的动漫迷眼中，国产动漫虽然发展较早，但是整体水平相比于日本、美国等国家始终有一定差距，在生产标准化及商业开发上经验尚浅。随着政策向动漫行业的倾向及国内动漫产业的良性发展，国产动漫在国际市场的竞争中越发显得具备优势。

2017年2月23日，文化部政策法规司正式发布《文化部"十三五"时期文化发展改革规划》（以下简称《规划》）。《规划》重点提及动漫游戏产业内容，强调要加快发展动漫、游戏、创意设计、网络文化等新型文化业态，支持原创动漫创作生产和宣传推广，培育民族动漫创意和品牌，持续推动手机（移动终端）动漫等标准制定和推广，扶持建设国家动漫产业综合示范园区建设等。

从"十三五"规划中动漫产业发展的规划阐述中不难看出，动漫产业已经被作为国家软实力提升、中华文化对外输出、提升国际文化影响力的核心产业之一，在政策与互联网平台快速发展的情况下，动漫产业将在其黄金时代大放光彩。

创新跨界思维，增强商业变现

以动漫原创IP为中心的IP周边产业开发如今已不足为奇，**以国产原创动漫内容与形象为中心的开发涉及影视（动漫大电影）、游戏开发、主题咖啡厅、主题嘉年华、衍生周**

微评

★ 动漫的商业变现是国漫崛起绕不开的话题，也是打造动漫产业商业生态系统的关键环节。国漫要努力构建多业态联动、多主体参与、多元共生发展的现代动漫产业体系，为国漫的"走出去"凝气蓄力。

★ 在微博和B站大火的动画创作团队"中国唱诗班"所打造的诗词动画系列产品就是将中华文化通过动漫的艺术形式展现给世界的成功案例。博大精深的中华文化是我国动漫题材的巨大资源宝库，国漫的核心竞争力也正在于此。

边及其他用品开发等。商业营销带动资本注入是国产动画得以长期发展的根本所在。 过去，国产动画的变现能力相较于常规视频内容而言较为薄弱。而随着内容与营销的深度结合，跨界思维的不断创新使其商业价值被逐步放大。2017年3月8日，腾讯视频与麦当劳携手推出120秒《全职高手》（福利篇），在投放策略、内容创意和产品衔接方面均有出彩之处。不仅实现快餐品牌和腾讯视频之间的资源互助加持，而且推动《全职高手》实现线上线下的多维宣传推广，实现内容、平台和品牌的深度融合。

其中，麦当劳门店推出《全职高手》主题麦乐卡，把动漫内容和品牌嫁接，最终得到的效果是动画粉丝前往门店消费助力，将二次元的内容吸引力转化为三次元的消费动力。

"《全职高手》+麦当劳"这种打破次元壁的营销方式，也必定会在未来成为一种趋势和流行。IP价值的挖掘需要综合运营能力，和更多的跨界与异业合作，让用户和消费者有切实的参与感，并且也需要文化消费的场景转变，不断激活用户、获得用户的时间黏性。

此次围绕《全职高手》的创新，探索出国产动画"平台+品牌+内容"的成功模式，不仅对国产动画有巨大启示，甚至对整个内容行业都有积极的价值意义。

集聚平台资源，创新运营模式

国产动画与视频平台的携手联合，绝非只是巧合和偶然，其背后隐藏着国产动画飞速发展和转型升级的"蛛丝马迹"。如今国产动画能够与不断成熟的视频网站联手，可以说其背后蕴含着媒体格局、传播生态、商业资本等多种因素的深刻影响和驱动。

一方面网站视频平台的兴起，吸引并积累了大批的年轻

微评

★ 平台与内容的联姻是国漫崛起最重要的法宝，在积累流量的同时形成生产者与消费者合力推动产业优化的新模式是新时期我国动漫产业发展的新思路。

用户，逐渐培育出全新的内容商业王国。在这里，他们集内容创作者和消费者于一身，被贴上网络的标签，绽放新颖的内容和话语魅力。从当年《十万个冷笑话》在网络上的爆红，到传统IP《秦时明月》以及外传《天行九歌》也开始"弃暗投明"，另立炉灶。

另一方面是视频平台骨子里的"生态基因"，以及其开放的平台入口，使得它能够不断与商业品牌等主体嫁接融合，从而具备了契合新传播语境的商业推广和运营能力，让国产动画插上"优势平台的翅膀"，飞得越来越高、越来越远。

如今国内顶级IP《全职高手》在2017年4月7日于腾讯视频首播，仅上线3小时播放量已突破5000万次，弹幕互动量达到30000条以上。完美的开始预示着腾讯视频已经打开资源的宝库，助力其实现与泛娱乐产业谈一场风花雪月的爱情。

开发全产业链，构建生态闭环

在全产业链构建过程中，视频网站在动画市场内部，已经推出系列的经验举措，包括孵化IP其实就是占据产业链上游高地的有效探索，而经过市场和专业的双重考验，证实已经建立起较为完善的起点环节。

视频平台的参与加持，**拓展了国产动画打造IP产业链的弹性与空间。简单来说，即项目更富有可执行性，并且能够形成闭环。**

鉴于国产动画巨大的商业潜质，国内视频网站纷纷发力，从孵化、创投、制作到运营等各个环节，探索价值爆点、提升自身在整个领域的核心竞争力。加上国产动画已经打通游戏、文学和动漫之间的壁垒，形成了较为成熟的生态。因此，探索动画IP的全产业链开发，实现内容更多维、更细化的价值增长，便成为整个行业转型升级的路径。

微评

★ IP产业链商业闭环生态圈的打造实现了对文化资本的全方位利用，提高了价值输出的效率和创意落地的可行性，为我国动漫产业的振兴注入了全新动力。

三个符号透视我国网络大电影的发展现状

孟伟　王怡

2016年11月4日，60多部热门网络大电影在各大视频网站上相继被下架。2016年11月7日发布的《电影产业促进法》也首次将网络电影纳入了监管范围，并明确指出"未取得《电影公映许可证》（龙标）的电影，不得通过互联网、电信网、广播电视网等信息网络进行传播。"未来，我国网络大电影还会像之前继续野蛮生长吗？

感叹号——网络大电影蓬勃现状

2014年，爱奇艺最先提出网络大电影的定义，指的是时长超过60分钟，制作水准精良，具备完整电影的结构与容量，并且符合国家相关政策法规，以移动和互联网发行为主的影片。2014年也因此被人们称为"网大元年"。2014年全年，网络大电影的产量为437部，到2015年就已增长到622部，并出现单片票房达千万元的网络大电影。艺恩网在2016年10月24日发布的《2016中国网络大电影产业报告》中指出，**预计2016年网大市场投资规模达5.1亿、同比增长270%，预计上映影片2500部，远超预计上映院线电影的485部。截至2016年6月，网大出品公司已达843家，是院线电影出**

品公司数量的2.1倍。随着视频会员规模的不断扩大，预计未来在线视频付费会员市场规模可达402亿，可为网大提供广阔的发展空间。但不容忽视的是，网络大电影一片繁荣的同时也存在诸多问题。

问号——网络大电影存在的问题

粗制滥造，质量参差不齐

网络大电影的上线门槛较低，在低成本、短周期、小团队等因素的制约下，生产出了一批格调不高、制作粗糙的作品。很多是"僵尸"当道、"妖魔"横行、"特工"扎堆、"情色"满眼。神怪题材、惊悚题材、情色题材占绝大部分，且同题材影片的同质化现象极为严重。如网络大电影《道士出山》，第一部投资只用了28万元，剧本不到一周写完，筹备10天，拍摄10天，后期制作15~20天。这样急于求成的制作方式，要想保证影片的艺术质量无异天方夜谭。

感性投资，盲目跟风成态

自2014年起，网络大电影逐渐受到热捧，并愈发吸引资本家的目光。不过，**真正能够实现盈利的网络大电影占比不足5%，随着更多资本进入，行业泡沫也在氤氲，火爆过后的网络大电影将迎洗牌期。**另外，"跟风""造势"也频频出现。电影《港囧》热映，网络大电影《韩囧》《澳囧》《沪囧》等便粉墨登场；周星驰新片《美人鱼》刚上映，便有《美人鱼汤》《我的美人鱼》和《美人鱼前传》这样的网络大电影出现……至于《解救吾小姐》《九层妖楼》《九层魔塔》《万万想不到》等只是片名看似熟悉的网络大电影更是层出不穷。

微评

★ "内容为王"始终是网络大电影成功的关键所在，在盲目跟风和商业利益的驱使下，内容质量下滑的危机将会成为网络大电影作茧自缚的头号杀手。

★ 行业泡沫的破裂将会带来对市场发展前景的不确定性，同时也会打击网络大电影制作方的积极性，在行业热潮退去之后网络大电影该如何度过低迷期是每一位从业者需要谨慎思考的议题。

标准不一，监督管理缺位

网络大电影的网络发行机制与院线复杂的发行机制不同，制片方可与平台方直接对接，避开了相关监管部门，导致了管理部门的监管缺位。当前，对于网络大电影的评判主要依据视频点击量，但是网络大电影存在着"黄金6分钟"法则。会员用户可以观看全片，非会员用户只可以免费观看影片的前6分钟，但是只要用户点击，就计入一次播放，至于用户有没有付费观看完整片则无从知晓。一部点击率上千万甚至过亿的影片便可以获得可观的分红。

省略号——网络大电影的未来发展

精品意识——提升制作质量

质量是核心。网络大电影要获得进一步发展，必须组建专业化的创作团队、采取规范化的操作模式、打造精品化的内容产品作为未来市场竞争的核心。随着网络大电影的进一步发展，行业准入门槛日渐提高，平台方与制片方的合作模式也将从"邀请赛"转变为"淘汰赛"，之前那种以牺牲作品质量为代价粗制滥造、贪多求快的低端团队注定将被拒之门外。网络大电影的制作方、平台方应加强文化自觉和行业自律，将"思想精深、艺术精湛、制作精良"作为网络大电影的创作标尺，打造网络文艺的精品佳作。

理性投资——资本助力发展

资本投入是助推器。资本是把双刃剑，既能推动网络大电影稳步的成长，又能给网络大电影带来繁荣的泡沫。当前网络大电影的发展尚不成熟，规范与引导资本进入网络大电影领域就显得十分必要。**制片方、电影人以及网络视频播放平台都需要具有理性投资，将资本注入那些能反映时代风貌，启迪人民心灵的影片之中，切忌盲目跟风，追随投机大流。**另外，政府也可以通过相应的政策措施鼓励与引导资本的流向，让资本真正为网络大电影的发展助力。

统一标准——加强监督管理

科学评估体系是保障。网络大电影的评估不应以点击量为标杆，更不能走"唯收视率"的老路，因此，**必须建立起一套科学完整的评价体系与准入标准。**同时政府相关监管部门应进一步发挥监督管理职能，整治乱象，扶持发展，打击网络盗版等违法行为，维护从业者的合法权益，促进市场的健康和活力。同时，要认真研究网络文艺发展规律，制定符合网络大电影这一特定艺术形态的监管策略，避免陷入"一放就乱、一管就死"的怪圈。

随着质量的提升、资本的注入以及监管的完善，将逐步挤压当前网络大电影市场的膨胀泡沫，从而促进网络大电影走上良性发展的轨道。

微评

★ 资本是盘活资源的必要因素之一，但砸大钱不一定就能出精品，要秉持工匠精神一心一意搞创作，呕心沥血干实事，切忌浮躁，把资金用在刀刃上。

国剧"华流"如何逆袭成功？

何雅君

2017年开年，中国电视剧2010年版《三国》每晚6时20分如约在泰国电视三台与观众见面，扣人心弦的剧情和精彩的拍摄技术，吸引了众多泰国观众。同时，曾深受缅甸观众喜爱的电视剧《包青天》，经过全新后期制作、缅甸语配音后，也于2017年3月19日起每日晚间播出。国剧"出国"重新破冰，"华流"逆袭成功破题，国剧如何做到海内外同频共振？

主旋律电视剧《解密》在中国电视剧市场获得一致好评时，其版权同时也卖到了美国。《甄嬛传》《芈月传》在美国Netflix视频网站开播，《媳妇的美好时代》一度风靡非洲。《步步惊心》《何以笙箫默》《陆贞传奇》等制作优良的不同题材影视剧也在东南亚多国取得良好口碑，国剧"华流"突破了人们对"华流"出海题材和传播效果的传统认知，逆袭而来。

伴随着国产电视剧不断走高的收视率，业内对电视产业的发展期望值越来越高。不少国内"爆款"电视剧在点燃国内市场之后，开始向国际进发，试图"出海"以期获得更大的市场，并在异国他乡获得不同凡响的成绩。

文化相通，中国影视剧备受追捧

微评

中国四大名著之一的《三国演义》被介绍到泰国已逾百年，很多泰国学校曾把《三国演义》的章节选入教材，也有很多三国题材的电影、电视剧作品被引入泰国。泰国电视台记者表示，现在正在播放的电视剧《三国》非常优秀，**制作技术先进、剧情设计新颖**，很多泰国观众都很喜欢这部电视剧。同时，没有读过《三国演义》或看过《三国演义》电视剧的泰国年轻人，现在也有机会感受来源于中国的"三国文化"了。

泰国电视三台《三国》特别节目主持人巴维·唐塔维素认为，三台历史上第一次在电视剧播放前安排预热的点评节目，这是因为《三国》剧情丰富、角色较多、故事很长。"我们要播放半年的时间，因此想通过预热节目让泰国观众了解三国的故事梗概和其中的重要人物角色。预热节目取得了良好的收视效果，很多观众对三国故事的认识进一步加深。"

泰国朱拉隆功大学中文系教授谭国安曾经参与译制1994年版电视剧《三国演义》，他认为中国影视剧易于被泰国观众接受，**得益于两国文化相通，很多泰国华人从小接受中国传统文化熏陶，同时这些文化元素也在泰国社会沉淀下来，发挥着潜移默化的作用。**

缅甸文化人士吴温丁也认同这一观点，他说中国电视剧《西游记》《包青天》等在缅甸可谓家喻户晓，观众不仅熟稔剧情，更对剧中演员着迷。中国与东南亚国家地缘相近、血缘相亲、文化相似，以缅中两国为例，两国人民都推崇公平、正义、忠诚和善良等美好品格，而这正是中国影视剧所反映出的核心价值。同时，**中国影视剧也向东南亚观众介绍了中国的历史文化和风俗习惯，展现了一个既古老又现代的**

> ★ 文化折扣这一阻碍文化产品"走出去"的限制性因素已经渐渐被泰国包容开放的文化氛围所削弱，在拥有一定文化渊源的历史背景下，中泰两国的文化合作将会更加深远稳固。

中国，有利于促进东南亚国家与中国的友好交往。

"闭门"难造好车，舞台够大才能撑起梦想

"甲之蜜糖，乙之砒霜"，在影视剧的出口上，众多影视公司在作品出口时深有此感。在国内深受欢迎的谍战、年代剧因为很难与海外文化产生共鸣，就难免挨了冷眼，阵容差点儿的还可能卖不掉。由此可见，**影视剧的出口也需要了解到"用户"需求，而要打通国外观众的"任督二脉"，重要的是参加国家交流与沟通。**

于是，在众多国际影视节上，很多中国影视公司成了"常客"，这为其在海外影视市场积累了高度的品牌美誉度，助力其成为影视市场知名的华语影视企业。

2016年3月13日，"华策香港之夜盛典会"在香港拉开序幕，大型年代传奇剧《传奇大亨》惊喜亮相盛典。作为首部获戛纳电视节官方展映资格的华语电视剧，《传奇大亨》受到了戛纳电视节官方的极大肯定。这部剧以邵逸夫先生等众多香港影视巨匠传奇人物为原型，用宏大的故事和精良的制作还原华语影视从无到有，影响从华人圈遍布全世界的历程。在香港回归20周年之际，《传奇大亨》以其独特的题材和视角，观照着祖国大陆与香港之间文化血脉相连相结的内涵意义。因为题材在海外共鸣程度较高，《传奇大亨》这部剧的海外版权销售也相当惊艳。中国影视文化产业在中国经济中占有举足轻重的地位，是影视文化的出口，也是国家软实力的体现。**在紧密结合国家发展战略的同时，用优质精品的内容在海外"讲好中国故事"，考验的不仅是影视公司的担当，还有讲故事和抓住观众的能力。**

微评

★ 要想让我国的影视产品在他国落地生根，就要做到两国各个阶层在文化上的相互理解和尊重，设身处地为产品输出国的用户考虑，了解他们的消费意愿，从而提供定制化的产品和专业服务。

★ 习近平总书记曾强调在推进我国对外传播能力建设方面要讲好中国故事、传递好中国声音、展现中国精神。因此，要想塑造良好的国家形象，提高国家文化软实力，就必须在作品上下功夫，在内容上肯吃苦。

合作多元，大批影视剧加快落地

除了创作优质剧本，讲好"中国故事"，多元实际的合作也是促成大批影视剧加快落地的推进器。近年来，中国影视剧重视开发东南亚市场，相继使用当地语种译制了一大批优秀剧目，并通过节目互换、栏目合作等模式实现产品落地。2014 年，广西人民广播电台先后与柬埔寨国家电视台、老挝国家电视台签署合办《中国剧场》协议，每年分别在柬埔寨、老挝固定播出 100 多集中国影视剧。截至 2016 年 10 月，广西人民广播电台已译制 546 集中国影视剧。同时，广西人民广播电台与老挝、柬埔寨国家电视台再次签署协议，联合开展《中国动漫》的译制和推广。截至 2017 年 3 月，已译制柬埔寨语和老挝语版动画片《西游记》共 104 集。自 2016 年起，在柬埔寨、老挝国家电视台新开辟的《中国动漫》栏目，将译制一批中国优秀动漫片，包括《喜羊羊与灰太狼》《哪吒传奇》《小鲤鱼历险记》《新大头儿子和小头爸爸》等作品。

资源共享，影视剧合拍成新趋势

当中国故事遇上外国导演，当外国情节碰见中国摄影，不同国家间进行资源共享，使得影视剧合拍成为一种新的趋势。近年来，中国影视剧受到东南亚国家观众喜欢，希望更多中国优秀影视剧能够尽快进入缅甸市场，同时也希望相关机构加强合作，实现联合制作影视剧产品，不断推动东南亚国家与中国的文化交流。多年来，中国与新加坡、马来西亚等国相继开展了影视剧联合拍摄，如 1996 年上海东方电视台与新加坡电视机构合拍的《塞外奇侠》及 2007 年中国电

微评

★ 文化资源具有很强的适应性，只要利用创意加以改造加工就能成为跨越国界、跨越种族、跨越时空的文化资本。在资源共享的基础上推动我国影视剧走出国门，从而实现文化的交流与融通。

视剧制作中心与马来西亚伟盛影视制作公司合拍的《热浪岛》等剧目，受到了海外和国内观众的好评。同时，中南半岛国家历史悠久文化深厚，自然资源丰富多样，为影视剧创作提供了难得的资源。2013年，改编自缅甸作家吴觉佐剧本的中缅首部合拍电视剧《舞乐传奇》上映，成为中国与周边国家开展影视合作的典范。

地区剧种受限，独树一帜者吸睛

国产电视剧自20世纪80年代起就已开始尝试走进境外市场，但出口较多的是东南亚国家以及第三世界国家，真正进入欧美国家的较少。从出口数量上看，据国家新闻出版广电总局国际合作司公布的数据显示，2014年国产电视剧出口数量为1万多集，这与我国每年电视剧行业超过15万集的产量相比，比例相对较低。此外，有业内人士表示，近年来我国电视剧行业一直处于贸易逆差状态。其中，古装剧的霸主地位无人能撼动，据知名编剧六六透露，海外接受度最高的是历史剧、武侠剧。不过，在出口剧种"大面积"古装剧的单调战场之上，也有独树一帜者。《我的奇妙男友》《亲爱的翻译官》等在国内热播的时装电视剧，在国外也同样成为"热宠"，很多观众都表示意外："原来中国的现代爱情剧这么好看"。

西班牙观众曾自发为《我的奇妙男友》建立了网站主页，此举引起全球各地粉丝纷纷效仿。截至2017年3月，该剧已拥有英文、法文、泰文、日文等网站主页，都是全球观众自发建立的。

在第十二届中美电影节"金天使奖"颁奖典礼上，三部主旋律的作品问鼎奖项：建党95周年献礼剧《解密》以及

微评

★ 国剧要打破古装剧一统天下的局面，积极探索多元化题材，既要有"参天大树"也要有"绕阶藤蔓"，从内容的丰富性入手扭转我国电视剧在国际上的刻板印象。

重大革命历史题材电视剧《海棠依旧》在本届中美电影节双双获得"优秀电视剧金天使奖"。此外"申奥"电影《大唐玄奘》也获得十大"金天使"奖。《解密》作为建党95周年献礼片，在国外网站获得9.5分的好评，海外平台总点击量近400万次。

中国电视剧要实现有效"走出去"，不仅需要政策扶持，也需要电视剧制作方不断提高优秀电视剧的策划、制作水平，积极拓展营销渠道，真正将电视剧走出去作为塑造国家形象、提升国家文化软实力的一项重要使命来对待。在众多的优质内容和广阔的国际平台之上，用现代经营手段开拓国际市场，讲好中国故事，寻找突破口，这些都是"华流"出海的正解。在将来，国剧"华流"逆袭不是梦。

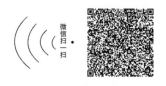

内容付费已成风口，你的内容，虽"贵"犹荣

关卓伦

物以稀为贵，内容付费是在免费内容泛滥下的必然结果。在信息无限、精力有限的年代，如何快速获取有价值的信息成为了新的痛点。在这个大背景下，基于知识、经验的付费分享，已然成为一种全新的信息交互模式。当物质生活提高，关注更高层次的个人发展就成为必然的选择。无论是火爆中文互联网的在行、分答等付费问答产品，还是仍在高速发展的知乎Live，它们的出现在满足了消费者需求的同时也在创造和引导新的需求。知识就是金钱。在内容为王的时代里，越来越多的人愿意为知识付费。市场在不断探索内容付费发展的新思路，爱奇艺、腾讯视频、乐视网等视频网站陆续推出了会员付费的产品；网红们通过直播收获了看客们的打赏；微信大号们坚持文字、音频和视频内容的输出，收获注意力资本，内容付费的方式愈加多元化。

2017年2月，微信方面对外证实公众号付费订阅功能正在推进中，并且已经在做测试。消息一出，立即引发了社会的强烈关注与讨论。要知道，如今微信公众号早已成为大多数人获取信息与生活学习的重要渠道，闲暇时通过微信公众号打发时间也早已成为大多数人的习惯。《2016微信数据报告》显示，有近80%的微信用户关注微信公众号，其中50%的人每天使用超过90

分钟。此次，如此用户黏度颇高的微信公众号也选择走上付费之路，"为内容付费"或将从此成为常态？让我们拭目以待。

免费to付费，内容创业者的选择

最近有一个很热的词叫作"内容创业"，所谓"内容创业"即创造高质量的内容产品，其中的核心问题就是内容的生产及分享。**过去有关内容分享我们经历了三个阶段：免费阶段、小范围付费阶段以及各类知识付费涌现阶段。**2004～2010年是知识分享的免费阶段，新浪爱问、豆瓣网、百度知道、果壳网和知乎等网络平台，逐渐将目光瞄准人们对于知识分享的需求，几年间一批知识分享平台出现；2011年开始出现了小范围付费及打赏模式，豆丁网推出付费阅读产品、罗辑思维开启付费会员招募、微博推出打赏功能，人们开始并不能免费阅读所有内容；2016年是各类知识付费产品的井喷年，几乎每月都有知识收费的产品出现，4月的问咖、值乎，5月的分答，6月的得到、7月的脉脉业问……**以知识为核心的内容已经从免费走上了付费之路。**

免费vs付费，颠覆还是创造

美国人克里斯·安德森在他的《免费：商业的未来》中谈到，**"免费"才是互联网时代下最有效率的商业模式。**互联网的本质是开放和共享，只有当平台足够"不设门槛"地开放才会吸引更多流量，只有当流量足够以"绝对低"的成本参与分享，共享效应才会愈加明显。成熟的商业模式下，成本与收益必须对等，换句话说，**正是由于互联网时代下内容产品的传播具有边际成本为0的特性，多一个人或少一个**

微评

★ 知识即财富。在未来，知识将会成为能够直接变现为真金白银的文化产品，从而为智力成果的转化铺平道路，实现智力资本的价值延伸。

人使用并不会对其成本产生任何影响，因此"免费"模式才能在其中大行其道。

那么为什么还要选择付费模式？

2017年2月，任天堂Switch游戏服务年费公布为121~182元之间，其总裁在接受采访时说道："这样我们才有动力去改进还停留在20世纪的网络服务。"企业的本质还是盈利，这个问题不能忽略。互联网并不等于"免费"，"免费"只是一种商业模式，正如辩证法并不都是唯物的，它与唯心主义结合便属于唯心范畴，"免费"与"付费"取决于企业的盈利模式，适合的才是最好的。

内容付费有哪些理论基础？

知识经济：信息大爆炸与信息筛选

知识经济是内容付费的理论基础之一。"知识经济"是以知识为基础的经济，这里有三层含义，第一，知识经济带来了信息大爆炸。第二，信息大爆炸下需要信息筛选。第三，信息筛选是一种有偿交易。因此有学者认为，为知识付费本质上是源自于信息的充盈而非稀缺。这种充盈的关键是知识生产率的广泛提高，就是通常意义上的"创新能力"。知识生产率取决于两个因素，一是人的认知能力；二是技术，即信息传播能力。如今信息技术的高度发达为信息共享创造了便利条件，而人的智能在信息共享的条件下更能有效地产生新知识，反过来讲，"有效率"的新知识也更容易被广泛共享，从而不断再生产。高知识生产率带来了信息大爆炸，从纷繁的信息流中如何自主选择就显得格外重要。因此"为知识付费""为内容付费"从某种意义上来讲也是一种"被代购"，用户付费给平台，平台替用户做好内容的筛选和分类，然后整合并输出。付费电视是如此，付费问答亦是如此。**因此，内容付费的本质还是优质内容，这些都来自于知识经济。**

共享经济：打破界限与有偿回报

共享经济，是指拥有闲置资源的机构或个人有偿让渡资源使用权给他人，让渡者取得回报，分享者利用分享他人的闲置资源创造价值。**共享经济是催生知识交易的内在背景，其代表的也是互联网模式。**互联网模式下，传统信息交换模式将被"去中介化"，借助网络平台将直接联结"供应商"和"消费者"，当买卖双方的界限被打通，人们通过共享平台将各取所需，按需交易。因此在这种模式下，知识的流动将更加高效，**但共享经济并不等于"免费"，从其定义中也能看出，一是"有偿"，二是"回报"。**用户付费"购买"知识和内容，换取回报，但与传统商业模式相比，这种回报则更多倾向于个体的福利。对于"供方"而言获得个体满足，激发出继续创造价值的欲望，对于"需方"而言则是一种被满足。

微评

★ 在共享经济时代，知识所带来的边际效益递增效应愈加明显，互联网扁平开放的架构体系为知识的交易提供了一个全新的活动空间，也开辟了内容付费的新时代。

粉丝经济：高眼球与高质量

粉丝经济，是通过建立粉丝及被关注者之间的关系而创造的一种由增加用户黏性，并以口碑营销形式获取经济利益和社会效益的商业运作模式。**粉丝经济也是内容走向付费的内在原因之一。**王思聪在"分答"上回答了32个问题，总收入超过17万元。对内容的有偿付费释放了粉丝与被关注者之间的红利，利用粉丝效应赚取眼球就等于赚取了流量，就等于赚取了市场。内容分享平台通过引入关注，制造关注，不断**保持用户黏度**，又通过其**有偿付费机制**，保证了对

内容提供者的**激励**，同时用户为**收回成本**，也会提供**高质量的使用**，并作出更引人共鸣，**引发大众关注**的行为，例如转发、"偷听"，进而造成优质内容的火爆传播。

内容付费收益何在？

新东方总裁俞敏洪在谈及内容付费时这样说道："在中国内容付费最终不会做不起来，因为它背后的基础是理性。"开启内容付费模式既是内容产业发展的必然要求，也是企业变现的必然选择，更是构建社会良性生态的必由之路。

首先，对内容来说，内容付费模式将有利于内容本身优胜劣汰，通过用户们的"自主选择"、主动过滤，同时激励内容提供者对于高质量原创作品的追求。**其次，对企业来说**，内容付费无疑开启了内容变现的大门，此后，知识、内容、信息等无形资产也可以有效变现，高创意高附加值的新型企业将会越来越多。**最后，对社会生态来讲**，内容付费有利于激发对知识产权的保护，引导对于原创的价值追求，营造全社会尊崇知识的良好环境。**同时，对于用户主体而言**，也能够通过付费引导其树立理性消费观，鼓励文化消费升级，引导健康文化消费。

如今内容付费已经成为趋势，在各路商家纷纷投身付费大潮后，越来越多的问题也显现出来，在互联网的无边际传播下，付费内容如何保护其知识产权？越来越多的付费内容中，如何保证其一如始终的高质量？是否有明文规定对内容付费定价？如何定价？针对内容的售后服务将如何开展？买了不满意能退款吗？

大江东去，浪淘尽，留下的，必将都是精品。

【延伸阅读】内容及知性内容的分类

任何我们能够接受的内容，都可以分为两大类：感性内容与知性内容。前者，满足我们的"眼、耳、鼻、舌、身、意"等诸多欲望。这种欲望的满足，往往能够带来直接的愉悦，却多半缺少后续反刍的乐趣。后者，满足我们的"思考"的欲望，在经过反复的咀嚼、消化之后，我们会得到持久的乐趣。

感性内容：美好的风景，美丽的图画，美妙的音乐，诸如此类，我们无须思考，就能够感到愉悦。精彩的电影，好看的小说，甚至有趣的笑话和段子，都会给我们带来享受。而且，往往对我们的"思考能力"不会有太高的要求。

知性内容：通常不能简单地享受。而且需要付出努力，思考甚至绞尽脑汁之后，才能豁然开朗。一本数学书，一段复杂的程序，一个哲学讲座，在投入脑力之后，才能有所收获，然后才能感受到乐趣。

当然，的确存在二者兼得的内容：例如烧脑的电影、悬疑的小说。既有感性的乐趣，又有知性的乐趣。进一步分析知性内容，按照"知识的成色"，还可以再分成知识、假设、素材、感悟、经验和经历等几类。

经历：经历过一些事情，并将之记录下来，可能包含知性的内容。

经验：不仅仅记录当时的经历，并且能够总结为某种经验。这样的内容，通常会更有价值。

感悟：感悟的情况，比较复杂。有些人可能仅仅是发了一堆的感想，总结出一堆似是而非的感悟。搞不好除了误导他人，毫无价值。但是，也的确存在非常深刻而有价值的知性感悟，能够给读者带来极大的启发。

　　素材：如果有人能够跳出自身的经验，无论是通过调研、查访、收集、整理，从而收集到一系列较为客观的内容。这些内容，可以称为素材。

　　假设：基于坚实的素材，而非基于空想，提出的符合逻辑的假设，是非常有价值的。这样的假设，在尚未被证伪之前，就可以称之为知识了。有很多知识，最初都是以某一学科的论文的形式出现的，后来才被编成了教科书，科普书籍等形式。

　　知识：虽然现在的知识经济，到处都在标榜知识。确凿无疑的知识，其实很少。

　　（资料来源：简书网，http://www.jianshu.com）

"零工经济"时代文化创意产业发展新格局

高飞

如果说"共享经济"是促进人们公平地享有社会资源和经济红利，那么"零工经济"就是以具备文化创意技能和设计思维的斜杠群体，借助零工平台生发文化创意内容并促进生活美学时代的创新发展，正所谓"无零工不经济，无斜杠不创意！"。在"共享经济"时代之后，是互联网和移动技术重新定义 UGC（用户原创内容）并快速匹配文化创意供需的"零工经济"时代，具备文化创意能力的斜杠人群以全新的组织模式和工作方式，开始打破工业时代形成的"雇佣"模式，形成以文化创意为主的"零工经济"新结构，这将促进文化创意产业的市场结构、人力资源、社会成本的优化，进而促进社会思潮、社会福利体系的创新发展。

"零工经济"与移动互联网技术、区域文化经济协同发展、供应链金融、"00后"新生代及中产阶级的崛起有重大的关联性，如果说"共享经济"的本质是弱化"拥有权"而强调"使用权"，那么"零工经济"的本质是弱化"流水生产线"进而强调"个性创造权"。这种强调与之前互联网经济时代已不同，"个性创造权"在"零工经济"的大潮下成为一种经济现象。**零工经济总是在文化资源丰富、互联网技术先进、金融环境优越、社会创新前沿、区域产业联动良好、生态环境友好的区域落地生根**。区域文化资源的独特性是

微评

★ 零工经济的发展离不开高新技术的支持，离不开创新引领、生态友好、自由开放的产业升级环境。因此，探索零工经济保障体系的构建将成为发挥新兴经济业态嵌入性的关键。

"零工经济"保持文化创意独创性的肥沃土壤。在曾经的Web2.0时代，UGC使得网络用户的交互作用得以体现，用户既是网络内容的浏览者，也是网络内容的创造者。在"零工经济"时代，UGC被重新定义，用户更多地体现为具有文化创意技能的斜杠群体，他们热爱艺术，同时也创造艺术。

随着Blockchain（区块链）技术在金融领域的应用，SCF（供应链金融）也将从商业银行对中小企业的信贷融资渠道，不断拓展至具有文化创意的品牌斜杠群体。而提供平台和流动性的不仅仅限于金融领域，更为明显的是互联网和移动互联网平台，比如，"文化帮""空格""猪八戒"等，甚至在北京中关村还出现了"零工社区"。雄安新区在生态良好的华北平原最大的淡水湖泊白洋淀生态圈的设立，也印证了区域文化经济协同发展开始注重向环境生态良好、产业互补联动、创新驱动发展、延续历史文脉、开放发展先行的趋势，这些优越的社会环境为"零工经济"的发展创造了良好的氛围，同时也促进"零工经济"以文化创意创造为主体，转变文化创意产业的传统发展格局，促进文化创意产业的转型升级，丰富生活美学的内涵。

"零工经济"对文化创意平台升级再造

★ 资源的整合与梳理是实现零工经济可持续发展的必要前提，要做到供需双方诉求的无缝对接，从而为打通交易障碍，实现多方共赢，规范市场秩序铺平道路。

从模式上看，"零工经济"本身其实是由零工经济平台、供给方和商品或服务的需求方三大主体构成。零工经济平台将有想法和有创意的人聚集在同一个平台之上，并基于智力资源的需求和供给进行相互链接，这与传统的文化创意产业园从地域上集聚文化创意产业资源的性质相似。随着数字革命和移动终端的普及，互联网平台为许多服务业的发展解决了供需双方建立联系难、信息不对称等问题，出现的许多共享平台，如 Airbnb、Uber、Taskrabbit 等，正是解决了"共享经济"时代的信息渠道问题。在"零工经济"时代的表现则是会催生更多的文化创意平台。比如"文化帮"利用大数据技术，采用"大数据+文化+金融"的方式，面向全产业链的文化产业综合金融生态系统服务的平台，通过数据资产为核心，运用云计算、云存储等手段，形成基于大数据技术的文化产业云服务与云应用系统，破解当前文化项目找资金难、投资方找不到合适的项目、文化企业转型升级难等难题，促进文化创意斜杠群体实现文化产权交易、文化投融资服务、文化创意孵化，并促进文化创意产业下游与上游融合发展；再比如，支撑"空格+"出现的内生动力正是源于"互联网+"背景下的零工经济，"空格"通过在互联网平台技能分享领域的资源积累，使其拥有了整合文化创意资源的能力。空格平台在 2016 年 10 月份就拥有了 20 多万"手艺人"、1200 多万用户、600 多项服务类型。也就是说，"零工经济"促进着传统的文化创意产业园区朝"虚拟园区"的方向发展，然而"零工经济"对文化创意这一产业的改造并不仅局限于此。

"零工经济"促进文化创意斜杠群体的价值实现

微评

2007 年，纽约时报专栏记者麦瑞克·阿尔伯，给同时拥有多重身份和职业的人取名为"Slash Man"(斜杠青年)，斜杠群体在互联网大潮、生活美学时代助力下衍生出新的经济形态即零工经济（Gig Economics）。**这些工作量不多的自由文化创意职业者，通过文化创意平台构成灵活而又有组织的新的经济形态，通过利用互联网和移动技术快速匹配供需方，打破工业时代以来形成的"雇佣"模式。**人们借助于

★ 灵活、多变和自由是零工经济的突出特征，零工经济催生下的斜杠青年将进一步摆脱体制的束缚，成为自由分配工作时间，享受可选择的闲暇，领略更多人生经历的新一代职业群体。

"零工经济"平台可以更为灵活地转换自己的身份，一个人依靠一台电脑甚至一部手机就可以成为一个服务的提供商。此外，**从企业自身的变革趋势来看，企业传统固定的组织结构形式已经不适用于当今灵活职场环境，更多的是趋向于"三叶草组织"的方向发展，企业和员工的关系从"终身雇佣"逐渐变成"短期项目合作"，这种灵活而自由的工作方式解放了人的时间和创造力，激发了文化创意公司不断探索更高效的解决方案。**

同时，在知识经济时代，人的价值逐渐被放大，人们日益提高的价值意识正是"零工经济"产生的内在驱动力。根据最新的麦肯锡全球研究所数据显示，美国如今有20%~30%的人在从事独立非传统的工作，零工经济从业者占劳动人口的比例从2005年的10%增长到了2015年的16%，麦肯锡还预测，到2025年，各种在线人才平台有望贡献约2%的全球GDP，并创造7200万个就业岗位。在北京中关村科技园的"零工社区"，其依托的是海淀区、丰台区各类高端科技创意人才资源，通过互联网大数据技术进行高效整合，以零工经济的商业模式将碎片化的智力资源合理的调配，并快速有效地聚集高端智力资源进行线上线下的互动，与文化创意斜杠群体之间搭建智力共享的新型创业平台。

大量具有前卫思想观念及文化创意的95后、00后为这种高端智力共享模式的零工平台的出现提供人力基础。斜杠群体正是通过这些平台签订合同或注册认证，根据自己的特长及市场需求优化自己的选择和时间安排，接受不同的市场订单。比如在"空格"，斜杠群体经常通过售卖个人文化技能和服务，让空闲时间成为一种资本，开启生活、学习的新方式。24岁的轮转是一名大学生，他目前是"空格"手工定制服务者，轮转认为流水线工艺品几乎千篇一律，而扎染的艺术品却从不相同。他通过"空格"把中国的非物质文化遗产进行创新并传承下去。轮转说，他收获的不仅仅是物质，更多的是对时代的参与感。同时，轮转不断通过互联网平台上的公开课等方式进行主题学习，进一步丰富自己的技能。

"零工经济"促进文化创意产业区域协同融合发展

"零工经济"时代的斜杠群体与区域文化经济发展水平具有正态分布的特点。文化创意产业互联网平台、供应链金融为这种正态分布提供了产业链网，而这一切要落地生根则需要区域文化经济的联动、共生发展。工业时代造就了大机器生产和产业要素地域聚集的局面，互联网技术革命的升级打破地域生产集聚的模式，将散落在各地的文化创意、产业要素链接在一起，促进文化创意产业也向"三叶草组织"转变。当时，管理大师查尔斯·汉迪在其著作《未来的工作》中如此描述"三叶草组织"：以重要管理人员为核心建立起来的组织形式，其外围是公司外的承包商和兼职人员。现在的 Uber、Airbnb 等共享经济平台大多采用这种组织管理模式。而在"零工经济"时代，"三叶草组织"具有了区域协同融合发展层面的内涵。

由于文化创意产业自身的产业融合的特征，文化创意产业要素也将跨行业、跨地域、跨所有制流动，并推动文化创意产业交易、文化资源融合、文化创意融资并购、创意成果跨地域转化。"零工经济"把城市发展推到了"平台经济"的中心地位。（"平台经济"是由 Martin Kenney 和 John Zysman 在伯克利国际经济圆桌经济中提出的新概念，指一种新的在线经济模式，通过组织对接供需关系和渠道并在其中获取利润的经济方式。）过去的经济革命改变了公司形态、产业结构和工作方式，而"零工经济"正在颠覆着城市的基础脉络，这意味着不仅仅是我们的工作方式将被改变，而且包括居住、出行、社交等用品和互动的方式都会被影响。对于我们一个具有如此广阔地域和文化资源的国度，"零工经济"也将促进文化创意产业区域协同融合发展，正如在京津

微评

★ 跨界融合始终是零工经济不可绕开的话题。创意资源对行业分野、地域壁垒及体制局限的超越定会为新一轮的产业革命带来强劲的驱动力。

冀协同发展中设立的雄安新区和国家设立辽宁、浙江、河南、湖北、重庆、四川、陕西等第三批7个自由贸易试验区，乃至跨国界的"数字自由贸易区"的诞生等，都在逐步印证着"零工经济"具有促进文化创意产业与区域协同共生共融发展的调和能力。

在生活美学蔚然成风之时，个性化需求为"零工经济"平台和斜杠群体创造了广阔的市场。而零工经济的商业模式内核，也正是基于市场经济大潮下个性化需求的优化资源配置的模式变革及理念创新。马云在2015年的汉诺威IT博览会（CEBIT）上说，未来的世界，将不再由石油驱动，而是由创意驱动；企业将不再会关注规模、标准化和权力，他们会关注灵活性、敏捷性，个性化和用户友好。**未来的世界，商业模式将是C2B而不是B2C，用户改变企业，而不是企业向用户出售。**而这种个性化和商业模式的实现正是由具备文化创意理念的斜杠群体来推动实施的，同时也是零工经济推动文化创意产业创新发展的时代需求。

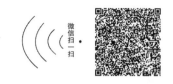

关注当代女性消费潜力，拓展女性文化消费市场

——写在三八妇女节之际

范周

1909年3月8日，美国芝加哥劳动妇女罢工游行，促使联合国妇女权益和国际和平日（国际劳动妇女节）成立。这一节日历经了第一次世界大战和俄国十月革命，从奥地利、丹麦、德国和瑞士，走入俄国，至1924年，在中国共产党的领导下，广州劳动妇女举行纪念会和游行，开启了中国最早的三八妇女节活动。及至今天，三八妇女节被全世界很多国家确定为法定假日，算来已有100多年历史。

众所周知，**通行的节日可以分两类，一类是传统民俗的节庆和国家政党的纪念日**，这些都是或具有法定特殊意义，或是社会发展的文化传承现象；**另一类就是针对特殊行业和弱势群体的专门节假日**，主要用以对社会相关阶层表示关心关爱，如儿童节、老人节、护士节，等等。从这个意义上来看，妇女节大概属于后者，不属于国家的纪念日，也不属于文化传承的节庆，而是对妇女这一群体表达社会集体关爱的方式。

千百年来，妇女的社会地位总是伴随经济社会发展中妇女所拥有的权利而不断变化。百年前，参加妇女集会游行争取权益最多的是那些纺织女工，每天工作的时间超过人类工作的极限，因此她们需要争取自由。而这种自由

微评

★ 从母系社会进入到父系社会之后，女性就一直处于男性的附属地位。

★ 独立女性的思想影响越来越深入和广泛，女性在职场的贡献和重要性也在不断提升。

对当时中国数量庞大的农村妇女而言，就根本没有争取的可能性。因为她们完全依附于男性，所有的希望都寄托在男人身上，靠男人的赐予生存。她们甚至连婚姻的自由都被绑架在男权社会的车轮上，别无选择。而近一百年来，无论是发达国家还是发展中国家，女性地位的迅速提高主要体现在女性受教育程度和社会经济活动参与度，以及拥有社会财富的数量等实实在在的具体方面上。**在中国，广大妇女在经济社会中扮演的角色日益重要。尤其是在现代社会经济结构中，服务业占国民经济比重越来越大，教育、医疗、卫生、物流、社会服务、家政服务等行业中，女性可以发挥作用的程度也越来越高。**

尤其现代社会男女受教育几率均等，从小学、初中、高中再到大学、研究生教育，女性表现得越来越强势，成绩越来越优秀，原来为男性垄断的高考状元名号，越来越多地被女学生拿下。在我从教的三十几年来，无论从高考成绩，还是高等院校在校学生的表现，优秀女生的比例是越来越高，对一些高等院校的普通文科专业，女生数量远超一半，有的高校男女比例甚至达到3∶7，或者2∶8。**受过良好教育、经济独立、注重独立空间的女性越来越多，她们独立意识更加健全，在社会经济中扮演的角色越来越重要，这也导致女性依附于婚姻的现象越来越少。**而随着女性在社会经济行为中摆脱了对男性的依赖，随着社会环境的日益宽松，以及文明氛围的不断提升，关于女性婚姻的传统要求就显得不合时宜。当下，越来越多的大龄女性主动选择成为"剩女"，有些即便遇到知心爱人，也选择了丁克家庭，她们不再把幸福寄托在传宗接代上，而更多地追求生活的质量，享受现代文明的便利。**这些社会思潮的变迁都对传统的婚姻家庭模式产生了巨大的影响。**

可以说，在现今很多领域中，女性已经不再是弱势群体，而是优质群体。女性随着财富拥有量的增加和消费主导权的提升，在社会消费中的扮演角色越来越重。马云"双十一"销售额的不断突破，正是因为其背后有千千万万个女人。当人们谈起"她经济"的时候，女性被认为已经成为消费主力，"买买买"也成为女性、特别是年轻女性的消费口号。百度糯米最新发布的女性消费大数据报告显示，在美国，有85%的家庭购买决策由女性决定或影响，这一数字在中国是75%。同美国一样，其中50%的男性产品也由女性购买。

尤其是在文化领域的消费，女性的消费能力和敏感度是让人刮目的。例如艺术品消费，尤其是奢侈品消费，女性都是一马当先的大文化消费的佼佼者。根据淘宝数据，在时尚美妆、服装等行业，女性消费占比都在七成以上，在家居、鞋包等行业，女性消费占比也达到了六成。百度糯米最新发布的女性消费大数据报告显示2015年消费率最高的三大品类：电影+美食、电影+酒店、KTV+美食组合中，女性消费占比均高于男性。数据显示，在TOP10影院中，电影+美食的平均联消率高达71%，女性主导联消已成主流态势。同时，90后女性对闺密、爱情、青春等题材的狂热更是推动了"小妞电影"新类型的崛起。《滚蛋吧！肿瘤君》女性观众达六成以上，90后占四成以上，成为又一部由女性观众烘托起的高票房"小妞电影"。

由此看来，培育现代文化消费市场，离开了对现代女性经济社会地位的深入研究、离开了对女性个性化消费热点、个性化定制、个性化精准服务的研究，文化消费市场培育就会难上加难。不论是我们所看到的洋节日在中国的迅速兴起，不论是我们所看到的青春时尚、中西混搭的各种生活习

微评

★ 现在的很多营销都是女性定位，走小清新、精致女性等风格，微博上的美食、美妆、时尚博主的粉丝群体也多是女性。

★ 现在很多电视剧也是采用的大女主视角，展现独立、自强的女人可以完全不依附于男性，达到自己的人生巅峰。

俗此起彼伏的再现；不论是暑假寒假、公众假期、各种黄金档电影票房的攀升；不论是各种各样打折季、消费季，**可以说一旦离开了女性为核心的消费群体，我们的文化消费就是一句空话。**

在此除了向喜欢"买买买"或偶尔喜欢"买买买"的妇女同志表示衷心的感谢和崇高的敬意外，还要呼吁我们的文化工作者、理论研究者，尤其研究文化消费理论的同仁们，一定要认真了解和切实关心女性消费群体，了解她们的消费需求和消费趋势，了解她们的消费心理和消费变化，了解她们在消费过程中的一些新的动向。**能够从女性的角度，多生产和制作一些品质精良、适销对路、味道可口、视觉新颖、消费起来回味无穷的文化产品，这才是抓住了培育文化消费市场的关键、抓住了矛盾的主要方面、抓住了社会文化消费的重要开关，我们的文化建设才能在消费市场这条路上越走越宽广。**从这个意义上说，建设文化消费市场离开了广大女性的参与和培育，绝不仅仅是失去半边天。**就文化消费而言，女性几乎占据了这一片天的80%，或者说在指导、引导和决定着文化消费的走向。**

女性强则社会强，女性文化消费品质高，女性文化消费不断螺旋式上升，在对下一代的文明传承，对整个社会风气转变的作用，都无疑是不可替代的。

传统文化的时代记忆

"求木之长者，必固其根本；欲流之远者，必浚其泉源。"优秀传统文化是一个国家、一个民族传承和发展的根本，一旦舍弃就如无根之木、无源之水，难以长久。中国优秀传统文化记载了中华民族自古以来在建设家园的奋斗中开展的精神活动、进行的理性思维、创造的文化成果，积淀着中华民族最深沉的精神追求，代表着中华民族独特的精神标识，也蕴含着中国人最基本的文化基因，是中华民族和中国人民在修齐治平、尊时守位、知常达变、开物成务、建功立业过程中逐渐形成的有别于其他民族的独特标识。中华民族要想在世界文化激荡中站稳脚跟，就不能将传统文化遗落在时间长河中，需要将珍贵的记忆重拾，让传统文化在新时代焕发新生。

对传统文化传承与创新的思考

范周

2016年11月2日，两岸和平发展论坛在北京拉开帷幕。来自两岸的社会各界代表性人士、社会精英、社团负责人等约280人出席论坛，围绕两岸关系发展中的重要问题，分政治、经济、文化、社会、青年5个小组进行专题研讨，开展交流对话。在文化组的专题研讨中，范周教授对传统文化的传承与创新做了深入分析和探讨，以下是其发言的精彩内容。

梳理现有资源，发掘文化精华

中华传统文化资源种类繁多、数量巨大

中华传统文化种类繁多、内容丰富，其历经时间的沉淀，几经建构—解构—再建构，绵延不绝，生生不息，积累了大量丰富多彩的艺术表现手法和表现形式。许多文化元素随着时间的推移、历史的变迁，科技和工艺的不断演进经久不衰，从而形成了中国特有的传统元素。这些传统元素凝聚了中华民族几千年的智慧精华，也传承了华夏民族特有的艺术精神。

2012年10月，国务院决定开展第一次全国可移动文物普查。截至2016年5月18日，全国可移动文物信息登录平台中已注册收藏单位14481家，登

录文物 48592662 件（合 18413268 件/套），42678686 张照片，存储量超过 11 万 G。据统计，北京故宫博物院现有藏品 1807558 件，其中珍贵文物 1684490 件，一般文物 115491 件，标本 7577 件。**多种多样的传统文化，还需要进一步发掘其中的精华和精神内涵。**

需详尽梳理中华传统文化

去粗取精、去伪存真、由表及里地将中华传统文化中的精华部分挖掘出来，进而为传统文化的弘扬与发展打下基础。挖掘提炼中华优秀传统文化，是继承和弘扬中华优秀传统文化的着力点和关键环节。我们必须坚持唯物史观的立场、观点和方法，坚持古为今用、推陈出新，运用"批判继承"的方法来审视中华传统文化，通过去粗取精、去伪存真，提炼中华优秀传统文化。在正确认识中华优秀传统文化本质属性并萃取其基本内容的基础上，紧密结合中国特色社会主义建设实际，**用通俗易懂的当代表达，对其中适于协调现代社会关系和鼓励人们向上向善的价值理念、主要命题、思想精华、道德基因等作出新阐释，**使中华优秀传统文化为弘扬社会主义核心价值观作出贡献。

分析群体特点，创新传承手段

在传承与弘扬的过程中，既要兼顾到传承、弘扬的对象的特点，也要认真研究传承、弘扬的手段。

紧随时代发展，转换思维

中国互联网络信息中心最新数据显示，截至 2016 年 6 月，中国网民总数达 7.1 亿，19 岁以下网民占全体网民的

微评

★ 文物数量庞大，整理和精选难度就更大，这就需要构建有效的文物登记体系，不仅要让珍贵文物得以留存，还要选出对大众认知历史有重要价值的文物，进行知识普及和展示。

★ 文物展示要追根溯源，梳理文化传承脉络，让大众有更多的想象和思考空间。

23%，年龄低于10岁的网民超过2059万。年轻一代已经成为网络时代的"主力军"，借助互联网手段的传统文化传承创新，需符合当下青年的互联网思维特点，契合他们的欣赏方式。**90后、00后的年轻一代，他们是参与政治发展的"首投族"，也是有着互联网思维的新新人类，更是中华传统文化未来重要的继承者，因此这些传承与弘扬在方式上需要让年轻一代能够接受、愿意接受。**

把握当下时代发展特点，"互联网+"、跨界融合、新兴科技等新型思维都将是传统文化未来发展的方向之一。2016年7月，北京故宫博物院与腾讯公司宣布建立长期合作伙伴关系，双方将以北京故宫博物院IP形象或相关传统文化故事为原型，在创意、跨界合作和创新人才培养等方面深度合作。双方的合作，是借助互联网和新技术的平台，将北京故宫所拥有的优秀文化资源分享给公众，把它们的内涵用创意的方式普及开来、传递下去，从而培养更多热爱传统文化的青年人。

融入场景，重回本质

将传统文化融入现代生活的场景中，也是一种创新传承的手段。这样可以透过生活中的细节，传递中华传统文化的精神。

崇尚"生活美学"，进行"台湾生活工艺运动"，是台湾重新塑造新零售业的根本动机。台湾的各类创意零售店铺，还包括法蓝瓷、琉璃工坊这样的品牌商店，都是用时尚、新颖的形式表达中华传统文化的体现。近年来大陆也逐渐关注"生活美学"，2015年11月，台湾诚品书店大陆首家旗舰店在苏州正式开业，它致力于打造人文阅读与创意探索的"美学生活博物馆"。**还有一些优秀的台湾餐饮店，其对餐饮**

微评

★ 新一代的年轻人更倾向于用新颖、创意、有趣、实用的方式来展现传统文化。

的理解已经上升到工艺美学层面，既讲究美食的营养口味，又讲究美食空间的仪式感的塑造。例如特色美食与禅院的结合，通过其独特的美食制作程序和仪式空间的营造，吸引了大批食客进行膜拜式的体验。将传统文化元素与生活场景融合，不仅为产业创新发展提供了新思路，也向人们传递了文化精神，可谓是"润物细无声"。

多元融合碰撞，放眼世界舞台

在文化传承的过程中，既要与当下的文化深度融入，同时也要将中华文化放在世界文化的背景下进行思考。

多元、融合、自由和创新是传统文化的根本精神

中华传统文化有着多元文化融合、包容性强的特点。以佛教为例，佛教产生于古代印度，传入中国后，经过长期演化，佛教同中国儒家文化和道家文化融合发展，最终形成了具有中国特色的佛教文化，给中国人的宗教信仰、哲学观念、文学艺术、礼仪习俗等留下了深刻影响。传统文化也为当代的国家发展提供了新思路，如佛教文化与"一带一路"倡议的融合。2014年3月27日，习近平总书记在法国巴黎联合国教科文组织总部演讲时提出一个重要观点："文明因交流而多彩，文明因互鉴而丰富。文明交流互鉴，是推动人类文明进步和世界和平发展的重要动力。"佛教文化可作为连接多个"一带一路"沿线国家的纽带，助力推进政策沟通、设施联通、贸易畅通、资金融通、民心相通的"一带一路"倡议建设。

微评

★ 当基本生存需求得到满足时，人们开始追求更高层次的需求，对餐饮已经不仅仅是果腹层面的理解，而是开始对餐饮中的体验和美感有更高的要求。

中华传统文化与世界文化的交融

中华传统文化对韩国、日本以及东南亚、南亚一些国家如新加坡、越南等国家和地区都产生了深远的影响，郑和七下西洋更是加深了这种影响。由此形成了世界公认的以中国文化为核心的东亚文化圈。

孔子文化也备受世界瞩目。瑞典物理学家阿尔文博士曾提出："人类要在21世纪生存下去，应该回首当年，到孔子那里汲取智慧。"第二届"世界宗教议会"根据著名基督教神学家孔汉思的提议，将孔子"己所不欲，勿施于人"的思想作为"人类伦理的黄金法则"。这些都彰显着孔子思想作为一种"文化软实力"开始受到国际社会的重视。

同时，儒释道文化与基督教文化等世界其他宗教文化也在融合发展。名末清初耶稣会士利玛窦等传教士来华宣教，他们成为当时沟通中西文化的桥梁。耶稣会士利玛窦等传教士通过学习儒家经典认识到，"仁爱"是儒家伦理的根本特征，而基督教伦理学也强调爱。他们在借中国儒学传教的时候，并不是一味地附和儒学或拿儒学的东西为自己所用，而是利用自己的学识，用西方的思想去解释儒学思想，让儒学更多地与基督教相靠拢，把儒学的根源追溯到西方基督教那里，以得出两者更多的相同、相近的观点。

今天，我们正面临着一个不断更新的世界，经济的快速发展、科技的不断进步都在改变着人们的价值观念尤其是文化价值观念。新的文化样式、模式不断涌现，文化之间相互碰撞，但文化的创造、更新，已是时代之所需，也是时代之必须，我们要让传统文化真正有价值的部分凸显出来，让我们最具生命质感、饱含民族情感的历史文化走上新的道路。

互联网时代，文物文创产品开发路在何方？

范周

　　企业经营和事业单位体制的矛盾，曾是博物馆文创发展的一大问题。很多博物馆将文博资源看成馆内资源，不敢用、不会用，怕出错的思想阻碍了文创产品的开发和发展。但随着政策的利好，我国博物馆文创开发的热潮涌现。2016年5月，文化部、国家发展改革委员会、财政部、国家文物局联合发布《关于推动文化文物单位文化创意产品开发的若干意见》，要求具备条件的文化文物单位应结合自身情况，依托馆藏资源、形象品牌、陈列展览、主题活动和人才队伍等要素，积极稳妥推进文化创意产品开发，促进优秀文化资源的传承传播与合理利用。鼓励文化文物单位与社会力量深度合作，建立优势互补、互利共赢的合作机制，拓宽文化创意产品开发投资、设计制作和营销渠道，加强文化资源开放，促进资源、创意、市场共享。互联网领域新思维、新模式的出现，也为文物文创发展提供了新思路和新方法，让文创变得有趣和内涵兼备。

　　2016年11月4日，海峡两岸文化产业博览交易会（以下简称海峡两岸文博会）在厦门盛大开幕。在海峡两岸互联网+IP衍生品设计产业大会上，中国传媒大学经管学部学部长兼文化发展研究院院长范周教授，对文化创意产品的设计开发及保护做出了系统分析。

文化文物单位文创产品开发的时代要求

把握政策导向，发展道德经济

市场经济是法治经济，也应该是道德经济。2016年两会中，李克强总理在答记者问时强调，"文物是一种文明，是文化的重要表现形态"，文化创意产业的建设和发展以及经营行为要始终坚持道德精神，发挥文化作用，发展道德经济。《国务院关于进一步加强文物工作的指导意见》《关于推动文化文物单位文化创意产品开发的若干意见》的相继出台，为文化文物单位文创产品开发指明了方向。"让文物通过展览和创意附加的方式走进千家万户"是让文物保护、活化政策真正落地的有效措施。

精神文明建设，满足文化需求

随着经济的飞速发展，人民群众文化消费个性化、定制化的需求日益凸显。**文物作为优秀传统文化的表现形式和文化载体，应积极承担起社会主义精神文明建设的重任，让创意融入生活，让文化扎根千家万户。文物资源不能仅作为陈旧摆设供观赏膜拜，更要用创新、创意的力量激发其文化活力，承担起社会主义精神文明建设的重任，满足人民群众日益增长的文化需求。**以故宫、国家博物馆为代表的文化文物单位已经开始探索尝试，2016年上半年，故宫文化创意产品销售额突破7亿元，文化文物单位的文创生命力可见一斑。

弘扬中华力量，传播中华文化

单纯说教的文化传播效果甚微，通过形象直观的文创产

微评

★ 运用新的技术手段，文物资源首先要向公众开放，实现其利用效率的最大化。2016年7月，台北故宫博物院向公众开放了70000张低阶数字图像和2163张中阶数字图像的下载，所有这些图像资料都可以直接下载、张贴、甚至作为文创设计使用。

品形式增强中华文化的可读性是最实际的精神文明构建方式。文化走出去，重在"走进去"。2016年11月1日，中央全面深化改革领导小组第二十九次会议通过了《关于进一步加强和改进中华文化走出去工作的指导意见》。会议强调，"加强和改进中华文化走出去工作，要创新内容形式和体制机制，拓展渠道平台，创新方法手段，向世界阐释推介更多具有中国特色、体现中国精神、蕴藏中国智慧的优秀文化，提高国家文化软实力"。文化走出去要不拘于口号，重在行动，文化走出去不仅是文化产品走出去，更是文化软实力走出去，是让中华文化的思想和精神通过文化载体被所在国家的人们接受、消费并且认同。

文化文物单位文创产品开发的基本思路

第一，保护第一，开发并重。在文物资源开发的过程中，始终坚持保护第一位。切实加大文物保护力度，推进文物合理适度利用，使文物保护成果更多惠及人民群众。第二，坚持双效统一。文创产品的开发具有选择性，要加以筛选，把握好开发的尺度。但是文化生产毕竟是企业行为，企业在生产的过程中有成本投入，且产品要投放到市场接受检验，最终以利润来体现企业的成功。第三，政府、市场携手。在文物产品的开发过程中，要依靠企业参与市场，因此要遵循市场规律。在市场之中，人才是首位，研发是关键，**知识产权保护是核心**，市场体系建设是必须。因此，要灵活运用"看得见的手"与"看不见的手"。第四，人才、产品互相借力。好的设计师是文创产品开发的核心资源，文创的过程也是人才培养的过程。"双创"政策的提出，各类基金的设立，为支持大学生创业提供了很好的环境。因此，要将

微评

★ 有知识产权的保护，文创产品设计才更有保证，才能激发社会的创意氛围和全民参与性。

文化产品的生产与人才培养联系起来。

文化文物单位文创产品开发的路径探寻

政府宏观调控，理顺体制脉络

对于文化文物单位的文创产品开发，政府应把握宏观方向、守住文化底线。第一，文物保护是文创产品开发的底线，文创产品的开发必须坚持"保护第一"的原则。政府应该明确职责，把握好文创产品开发的宏观环境，为文创产品的开发提供政策和环境支撑；第二，对于文创产品的开发而言，体制机制保障是其前提。而在目前的文化文物单位文创产品开发过程中，体制机制问题尤为突出。理顺体制机制脉络，处理好公益一类与公益二类的关系，是文化文物产品创意开发的前提。

激发IP活力，打造文创品牌

第一，找准市场定位，产业深度融合。要让优秀的有价值的IP与创意设计深度融合，因为每一件文物都会说话，每一件文物都有体温，**每一件文物都是历史故事的见证**。第二，注重版权保护，强化法律意识。文物的文创产品开发要强化法治意识、版权意识、授权意识和知识转移平台的建构意识。纽约大都会博物馆每件商品都是经过博物馆的艺术家、历史学家、设计师仔细研究，由专家操作，以确保较大程度上还原原作。纽约大都会一年的艺术衍生品销售金额高达4-5亿美金，占其全部收入的80%，总计开发的衍生品数量多达2万余种。

微评

★ 2009年，故宫博物院下属的紫禁城出版社成功发行了2010年版《故宫日历》，标志着新版《故宫日历》诞生。《故宫日历》的重新出版，无论从形式、结构、内容、篇幅等方面都让人耳目一新。对于故宫博物院而言，《故宫日历》努力唤醒"深藏在禁宫中的文物"，努力实现"把故宫文化带回家"，通过高雅却亲近、通俗但不恶俗的形式和内容吸引读者，让传统文化和古代艺术传递到千家万户。

资源创意转化，培养创意人才

文化创意产品市场的蓝海在于其产业延伸性。文创的发展水平与当地文化资源禀赋之间没有必然联系，文化资源的创意化与资本化能力才是衡量地区文创发展水平的指标之一。在文化资源转化过程中，创意人才的培养开发至关重要，而目前我国像宫崎骏这样的创意大师仍属凤毛麟角。赢得了好的设计师就是赢得了文创产品开发的蓝海、赢得了文创在我国文物典藏界的半壁江山。台湾的文化创意与生活美学发展势头良好，原因有三：第一，匠人精神引领，文创精益求精；第二，市场定位准确，确保产品销路；第三，消费者定位清晰，开发针对性产品。

借力互联网平台，鼓励社会参与

文创开发要借力互联网平台，在互联网时代，得流量者得天下。第一，要让互联网新媒体和移动新媒体的发展使文创的跨界融合更加深入，借力艺术品电商让文物产生经济效益。第二，要让社会力量介入文创产品的开发，加大社会力量的参与程度。以阿里巴巴的阿里鱼为代表的版权交易平台，搭建起了设计师与消费者沟通渠道，降低了市场准入门槛，使社会力量也能参与文创产品的设计。

【延伸阅读】《关于推动文化文物单位文化创意产品开发的若干意见》

2016年5月16日，文化部、国家发展改革委员会、财政部、国家文物局《关于推动文化文物单位文化创意产品开发的若干意见》（以下简称《意见》）发布。《意见》明确指出，推动各类博物馆、美术馆、图书馆等文化文物单位发掘馆藏文化资源，开发文化创意产品，并提出了"十三五"时期文化文物单位开发文化创意产品的目标，即力争到2020年，逐步形成形式多样、特色鲜明、富有创意、竞争力强的文化创意产品体系，满足广大人民群众日益增长、不断升级和个性化的物质和精神文化需求。

《意见》对文化文物单位开发文化创意产品提出了两个统一的

要求：始终把社会效益放在首位，实现社会效益和经济效益相统一；充分运用创意和科技手段，推动文化资源与现代生产生活相融合，实现文化价值和实用价值的有机统一。同时要求文化文物单位要在履行好公益服务职能、确保文化资源保护传承的前提下，调动文化文物单位积极性，加强文化资源系统梳理和合理开发利用。这为文化文物单位发掘馆藏文化资源，开发文化创意产品指明了方向。

《意见》提出，要充分调动文化文物单位积极性、发挥各类市场主体作用、加强文化资源梳理与共享、提升文化创意产品开发水平、完善文化创意产品营销体系、加强文化创意品牌建设和保护、促进文化创意产品开发的跨界融合等七项主要任务和推动体制机制创新、稳步推进试点工作、落实完善支持政策、加强支撑平台建设、强化人才培养和扶持、加强组织实施六项支持政策和保障措施。

（资料来源：中华人民共和国财政部，http://www.mof.gov.cn/index.htm）

让传统文化闪光，点亮中华文化传承

范周　关卓伦

2017年1月，中共中央办公厅、国务院办公厅印发了《关于实施中华优秀传统文化传承发展工程的意见》。2017年2月，文化部政策法规司发布《文化部"十三五"时期文化发展改革规划》，也涉及了传承和弘扬中华传统文化方面的重要内容。党的十八大以来，习近平总书记多次强调，要传承和弘扬中华优秀传统文化。他指出："中华文明源远流长，孕育了中华民族的宝贵精神品格，培育了中国人民的崇高价值追求。自强不息、厚德载物的思想，支撑着中华民族生生不息、薪火相传。"中华民族之所以几千年屹立于世界民族之林，历经磨难，一次次凤凰涅槃，成为人类发展史上的奇观，最根本的就是深深植根于民族基因的伟大精神支撑和崇高价值追求。

"十八大"以来，传承和弘扬中华传统文化成为新时期的一项重大战略任务。习近平同志多次对此发表重要讲话，表明中华传统文化的现实传承事关社会主义文化强国建设，事关国家文化软实力建设，事关中华民族的伟大复兴。2017年以来，随着一系列相关政策的紧密出台，《文化部"十三五"时期文化发展改革规划》（以下简称《规划》）也就传承和弘扬中华传统文化做出了一系列相关部署。

重大亮点

在传承理念上，更凸显"以文化人"

文化是浸润在国家和民族灵魂深处的深刻印记，中华文明经历了五千年的历史，是没有中断并延续发展至今的文明。**"以人为本"的"人本精神"是中华文化传承至今的根本特征**。与西方倡导的"人文精神"不同，中华文化中的"以人为本"不是依靠外在的神明或造物主，而是强调通过道德的内省和自律，发挥人的主体性、能动性和独立性。

中华传统文化的传承始终要以"人"作为主体和对象，通过文化的教育和潜移默化地浸润对人的行为产生影响，**将"以文化人"作为传承理念和最终目标，坚持以人民为中心的工作导向**。为此，围绕这一导向，《规划》着眼于不断提高国民素质和社会文明程度，引导人民将传统文化中的精华因子内化于心，外化于行；以立德树人为根本任务，将中华文化传承作为一项工程贯穿国民教育始终。"学史可以看成败，知兴替；学诗可以情飞扬，志高昂；学伦理可以知廉耻，辨是非。"**中华传统文化博大精深**，学习和掌握其中的思想精华将有益于社会主义核心价值观建设，有益于中华民族和中华文化的自信自强。

在传承思路上，更重视"活化传承"

让传统文化"活"起来，也是文化传承中的一大重要命题。我国有很多优秀的民族和传统文化经典是以非物质的表现形式为载体，例如民族戏曲、民族手工艺、民族节庆等。这部分非物质文化遗产在传承的过程中以"活态传承"与"口传心授"为主要特点及方式。《规划》强调，要提高非物

微评

★ 崇仁爱、重民本、守诚信、讲辩证、尚和合、求大同等思想；自强不息、敬业乐群、扶正扬善、扶危济困、见义勇为、孝老爱亲等传统美德；讲求托物言志、寓理于情，言简意赅、凝练节制，形神兼备、意境深远，强调知、情、意、行相统一的美学精神。

质文化遗产的保护和传承水平，增强非物质文化遗产传承活力。其中更是特别指出要加大对"非遗"传承人的保护力度和梯队建设力度。**活化传承区别于"拯救"，也不是单纯的"保护"，体现着文化传承思路从建设"载体"到建设"软体"的转变。**做好"非遗"保护，是**功在当代，利在千秋**的大事，是文化传承中不可或缺的一部分。**让传统文化更富有生命力，就必须以人及人的活动作为传承载体，就必须激发它的可持续性。**活化传承不是将传统文化束之高阁，放进博物馆，而是通过大众的参与和互动，口耳相传，代代相传，使传统文化的生命同国家和民族的生命紧密相连，绵延不断。

在传承内容上，更阐发"文化精髓"

中华优秀传统文化是中华民族的精神命脉，是涵养社会主义核心价值观的重要源泉，也是中国共产党治国理念的智慧来源。中华传统文化的经典传承，更需要文化精髓的凝练与表达。民族戏曲、民族歌剧、民族舞蹈等民族文化艺术无不凝聚着"仁者爱人""与人为善""自强不息"等传统文化之魂；古村落、特色小镇、传统工艺等民族文化遗产无不闪耀着人类文明之光。**新时期的文化传承，更注重文化精髓的阐释，也更注重文化精品的创造。**为此，《规划》明确指出要实施精品战略，以中华优秀传统文化为根脉，推动民族文化艺术不断多出精品、勇攀高峰，让人民从优秀传统文化中不断汲取营养，让艺术为时代服务，为人民服务。

在传承方式上，更彰显"与时俱进"

对传统文化的挖掘和阐发，还要更注重与时俱进。习近平总书记在多次重要讲话中做出了对传统文化进行"创造性转化"和"创新性发展"的重要论断。这其中有两层深意，

微评

★ 非遗保护和传承的关键在于一方面让非物质文化遗产传承人能够通过这门技艺谋得较好的生活，自己从内心愿意认可并持续进行下去，另一方面有源源不断的接班人愿意跟随其学习，使得非遗成为一种价值诉求。

★ 创造性转化与创新性发展是一个整体，却又各有侧重、各有所指。创造性转化是指中华传统文化在理念上、内容上、表达上、形式上的现代转型，创新性发展是指中华传统文化的提升超越，重在阐发立足现实并解决当今时代问题的创新内容。

一是对传统文化进行有扬弃的继承；二是对传统文化进行现代化的挖掘。坚持"有扬弃的继承"，就是要坚持古为今用，有鉴别地对待，去粗取精，去伪存真，结合时代条件对适合时代发展的内容加以继承和发扬；坚持"现代化的挖掘"，就是要把弘扬优秀传统文化与发展现实文化有机统一起来，积极开发和探索有利于传统文化现代传承的新元素、新内涵和新形式，使之与现代元素相结合。为此，《规划》指出，要创新文物保护方式，拓展文物利用方式，促进文物保护与现代科技深度融合，促进文物利用与现代市场深度融合。只有赋予传统文化因子新的时代内涵，其生命力才能得到最大限度的激活和延续。

在传承机制上，更体现"包容开放"

《规划》在传统文化的传承机制上更体现包容开放。在《规划》中明确支持和引导非国有博物馆的发展，创新性地吸纳和引进社会资本，将其纳入文物保护体系。以社会资本为引擎，点燃全社会力量，群策群力，共同支撑传统文化传承。在对外文化交流方面，《规划》强调要植根优秀传统文化、创新方式方法，讲好中国故事，展示独特魅力。中华文化走出去就必然要经历世界文化走进来，我们以包容开放的胸怀面向世界各民族文化，"文明因交流而多彩，文明因互鉴而丰富"，无论是中华文化，还是世界文化，都必须寻找到与在地文化相融合的方式方法，找到二者的结合点，力求融入到他国文化和文化消费的大家庭中去。在这里，我们强调包容，强调开放，实际上就是强调我们的文化传承，既要有民族指向，又要有讲好故事的方法。

微评

★ 让具有普世价值的文化走向世界，减少因文化差异产生的文化折扣，融入当地的语言体系，寻找不同文明之间的契合点。

重要意义

以史为鉴，汲取营养

中华文化是中华民族的文明成果，不仅对中国发展产生了巨大而深刻的影响，也对世界文明的进步作出了重大贡献。观照中华传统文化中的文化因子，很多都对今天具有重要的指导意义，其光芒穿越历史，智慧跨越时空，具有永不褪色的时代价值。儒家思想中的"仁义礼智信"在今天仍是处理人际关系的基本标准；道家的"天人合一"仍是面对天人共生的基本遵循，中国共产党的治国理念很多都是汲取自中华传统文化精华。中华文化又是一面镜子，一面观照历史，一面折射现在，给予当代以深刻的启示。

笃定前行，不忘初衷

中华传统文化的另一个现实意义是警醒我们不忘初心，笃定前行。中华传统文化在数千年的衍变和传承中饱含着中华民族的整体价值观念和价值认同，体现着中华民族儿女共同的价值追求。崇尚正义、重视伦理、遵循中庸、坚守诚信等一直是中华儿女延续至今的精神目标，在任何时候都是要笃定坚守的。构建社会主义核心价值观，实现中国梦离不开中华优秀传统文化的涵养，它就像一座灯塔，在激流起伏的航行中时刻激励我们不忘初心，笃定前行。

文化自信，坚定自强

中华传统文化是中华民族的突出优势，是中华民族自强不息、团结奋进的重要精神支撑，是中华民族最深厚的文化软实力。文化软实力体现着国家最高层次的、最核心的民族气节和民族精气神的凝聚，事关国家的文化自信。**文化自信**

微评

★ 中华文化是人们几千年实践的结晶，其中的精髓是最符合中国人价值观和行为方式的，即使到了现代社会也有重要的意义，因此要不忘本来，坚定传承。

是道路自信、理论自信和制度自信的基础，是中华民族屹立于世界民族之林的根基。只有植根于中华优秀传统文化，中国作为一个泱泱大国才能真正树立起文化自信；只有传承和发扬好中华优秀传统文化，中华民族才能真正因文化而强！

【延伸阅读】《关于实施中华优秀传统文化传承发展工程的意见》

2017年1月25日，中共中央办公厅、国务院办公厅印发了《关于实施中华优秀传统文化传承发展工程的意见》（以下简称《意见》），这是新中国历史上第一次以中央文件形式，专题阐述中华优秀传统文化传承发展工作。

《意见》提出了到2025年，中华优秀传统文化传承发展体系基本形成，在研究阐发、教育普及、保护传承、创新发展、传播交流等方面，协同推进并取得重要成果，具有中国特色、中国风格、中国气派的文化产品更加丰富，文化自觉和文化自信显著增强，国家文化软实力的根基更为坚实，中华文化的国际影响力明显提升的总体目标，并对核心思想理念、中华传统美德、中华人文精神进行了具体阐述。

《意见》还明确了深入阐发文化精髓、贯穿国民教育始终、保护传承文化遗产、滋养文艺创作、融入生产生活、加强宣传教育力度、推动中外文化交流互鉴等重点任务，具体要求在党史国史及相关档案编修、地方史志编纂、中华文化资源普查工程、国家古籍保护工程等方面加强工作；在幼儿、小学、中学、大学高校有针对性地完善教材、开设课程、开展活动；对历史文化名城、名人故居、历史街区、传统村落、工业遗产等加大保护和管理力度，振兴传统工艺；加强对中华诗词、音乐舞蹈、书法绘画等的扶持，对戏曲剧目进行数字化保存和传播，利用现代媒体创作出优秀的传统文化作品等。

在保障措施方面,《意见》明确提出,加大中央和地方各级财政支持力度,修订文物保护法、制定文化产业促进法、公共图书馆法等相关法律,对中华优秀传统文化传承发展有关工作作出制度性安排。

(资料来源:中华人民共和国中央人民政府,http://www.gov.cn/index.htm)

解读老字号：如何在新时期发光发热？

徐妤函

　　"老字号"是中华民族传统文化的体现，是一个地区历史文化名城的重要标志。不但是一座城市文明的见证，也是城市品牌的延续。2017年2月，商务部、发改委等16个部门联合印发了《关于促进老字号改革创新发展的指导意见》，提出将从提高市场竞争力、保护经营网点、改革企业产权等方面全力推动"老字号"的改革创新发展。

什么是老字号？

　　"东来顺的涮羊肉——真叫嫩""六必居的抹布——酸甜苦辣都尝过""同仁堂的药——货真价实""砂锅居的买卖——过午不候"，地道的北京人对于这些老字号一定再熟悉不过。

　　所谓"老字号"，是指在长期的生产经营活动中，沿袭和继承了中华民族优秀的文化传统，具有鲜明的地域文化特征和历史痕迹、具有独特的工艺和经营特色，取得了社会广泛认同和良好商业信誉的企业名称和产品品牌。老字号是数百年商业和手工业竞争中留下的极品，都各自经历了艰苦奋斗的发家史最终统领一行。"老字号"不仅是一种商贸景观，更重要的是一种历史传统文化现象。"老字号"最主要的特征是品牌超过50年，有独特的产品、技艺或服务，具有中华民族特色和鲜明的地域文化特征、历史价值和文化价值。**目前全国各行业共有"老字号"商家一万多家，到今天仍在经营的却不到千家。现代经济的发展，使老字号显得有些失落，但它仍以自己的特色独树一帜。**

2016年1月26日，阿里研究院发布了**"2016年度中华老字号电商百强排行榜"**，这是国内首次通过大数据方式对老字号品牌进行电子商务维度的测评。

"老字号"的发展机遇

品牌拓展空间大

中国是一个商标大国，却是一个品牌弱国。美国只有两百多年历史，可其文化在全球范围内所向披靡。**有关资料显示，现代国际名牌的成长历程平均不足百年，而我国老字号的历史，平均都在160年以上，有些长达300—400年甚至超过半个世纪。**但是全球最有价值的100个品牌中，中国品牌屈指可数。这说明我国老字号品牌还有很大的拓展空间。

品牌、质量过硬，市场需求旺盛

"老字号"品牌往往以其响亮的招牌，特殊的技艺和国营的质量获得人们的信赖，即使是如今老字号品牌在一些新型产品的强势进攻下略有式微之势，但老字号品牌的市场需求依旧旺盛。据世界卫生组织的不完全统计，目前，世界上80%的人在使用当地的传统药物或是中药，全世界草药市场以每年10%~20%的速度递增。美国的草药和植物药也以每年两位数速度递增，而且市场需求的趋势还在不断上升。

微评

★ 恒源祥、回力、茅台名列老字号电商排行榜的前三甲，其他入围前十的还有永久、五粮液、三枪、凤凰、红双喜、云南白药和洋河。

"老字号"品牌发展的瓶颈

经营模式无法适应当前的经济形势

当前中国的老字号企业集中在四种经营模式上，即：父业子承的家族式、合伙式、混合式、委托经营式。以最为常见的父业子承的家族式为例，这种企业的核心技术多半保密性极强，需要依靠血缘关系来加以维护，企业的实权也多半掌握在长子长孙的手中。企业的生存状况似乎与企业本身没有什么太大关系，完全关乎"人"的因素，人好企业就好，人差企业就危险。**这种模式显然不适应当前激烈的市场竞争，很容易被市场淘汰。**例如老字号品牌"王麻子"曾经创下过单月卖出"7万把菜刀、40万把剪子"的最高纪录，如今也走到了破产的境地，就是因为长期沿袭计划经济体制的管理模式，缺乏市场竞争思想和创新意识。

传统工艺技术创新难度大，经营成本高

一是老字号品牌集中于餐饮、工艺美术、食品等行业，对技艺要求很高，传承和保护传统工艺、培养工艺技术继承人已成为"老字号"企业发展的关键问题。**二是**传统工艺技术难度大、工序复杂、效率较低，人工成本过高，无法满足低成本大规模生产的产量需求。**三是现代消费群体的多元化、消费需求的多层次化**，都在迫使"老字号"企业进行技术创新，与时俱进。长期以来，王麻子剪刀厂的主要产品一直延续传统的铁夹钢工艺，尽管它的硬度、韧度比不锈钢制品强得多，好磨好使，但工艺复杂，成本高，加上铁容易生锈，亮度也跟不上，外观低了一个档次，产品逐渐失去了竞争优势。

在品牌形象塑造方面缺乏创新能力

一些老字号企业认为自己是"金字招牌"，不用再进行品牌宣传和传播，在其他品牌强大的宣传攻势下，消费者就容易逐渐将老字号淡忘。**由于长期缺乏宣传，无法吸引消费力强的青少年及中青年消费者，造成消费者结构的断层，从而影响了企业的发展壮大，一些老字号的部分特色产品在新兴物品面前黯然失色。**

"老字号"的发展策略

创新企业经营模式

建议企业建立现代企业制度，完善企业经营和管理机制。首先，抛弃落后的经营理念。老字号企业要积极扩大经营规模，积极利用先进技术来改造自己的手艺，扩大手艺的影响，对于复杂精细的传统工艺可以采取一定的保护措施，积极开展老字号连锁经营或者加盟经营。**其次，确保企业经营规模的规范化、集团化。**引进先进的技术，充分运用现代化的科技来改进生产方式，加大科技投入，满足消费者不断变化的需求。

加大政府扶持力度，保护企业更是保护传统文化

大多数老字号企业若只凭借自身力量，很难在市场经济高速发展的今天重新兴盛或者发生质的改变。因此，政府必须对老字号企业多加扶助。鼓励和引导有关金融机构对老字号企业创新发展所需的贷款给予支持，鼓励对老字号的创新发展给予资金，防止"老字号"因发展不力、保护不当而逐渐消失。政府可以通过老字号协会、地方志办公室、文物

微评

★ 很多老字号的宣传方式还停留在电视做广告、优惠打折这种传统的方式，忽略了新媒体在品牌营销推广中的作用。老字号百年的传承历史中必然有很多故事可讲，讲好故事、讲对故事才能历久弥新。

局、博物馆等单位的帮助，主动挖掘、激活埋没在民间的百年老字号企业，使它们重新焕发青春。

创新发展方式，提升核心竞争力

借势互联网，多个传统老字号企业加快转型升级。除去可以借助新媒体工具对企业品牌加大宣传力度，创新宣传方式之外，还可以在各大电商平台开设官方旗舰店，线上线下同时发力。此外，**老字号企业必须顺应时代发展，紧随主流人群的消费习惯与消费意愿，创新产品形式，满足人们多样化的消费需求。**百年老店内联升与故宫淘宝共同开发国产动画电影《大鱼海棠》的电影衍生品——手绘休闲布鞋，深受大众欢迎，三款产品辅一上市就被抢购一空。

微评

★ 回力鞋因为有明星的引领成了大众竞相追捧的潮品，在这个流行复古风的时代中，老字号完全有机会逆袭。

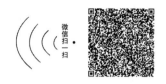

传统村落保护的理性追思：如何让古村落"各美其美"

徐妤函

传统村落是山水诗学、田园美学的发生地和品鉴对象，保护好传统村落，形成与城市文明互补互美的田园美学风景，事关国计民生，也关乎文化传统、精神面貌、文明高度。伴随着我国城镇化建设的快速推进，不少传统村落遭受了不同程度的破坏，一些村落正面临着消解甚至消亡的困境。

中国传统村落的困境

村落数量锐减

中国的村落数量呈现直线下降的趋势。统计数字显示，我国村落从2000年的360万个，减少到2010年的270万个，10年内消失了90万个，相当于每天消失300个，传统村落的保护已经是一个被现实倒逼不得不做的事。

微评

★ 传统村落减少的数量及速度如此惊人！乡村的人口流失、拆后重建以及建筑物的历史性老化都是加速传统村落的凋敝和损毁的重要因素。

微评

★ 传统村落是民族
的宝贵遗产，也是
不可再生的、潜在
的旅游资源。传统
村落体现着当地的
传统文化、建筑艺
术和村镇空间格
局，反映着村落与
周边自然环境的和
谐关系。应将其合
理利用，加以开发。

★ 越来越多的年轻
人走进城市，备受
城市文化的熏陶与
洗礼，愈加忽视祖
辈传承下来的传统
文化。加之村落中
老人们逐渐离去，
使得传统习俗、传
统风物都逐渐消失
在人们的视野中。

损毁情况严重

除了数量在大幅持续减少，尚存村落现状也不容乐观。古村落旅游热潮的兴盛，对古村落的破坏尤为严重。各地一拥而上的仿古建筑、小吃一条街就是证明。一些传统村落的乡愁韵味被改造的不伦不类，这显然与我们对古村落的开发保护方向背道而驰。即使在村落保护越来越受到关注，"历史文化名村""中国传统村落""美丽乡村"等建设项目相继启动的良好形势下，传统村落的损毁情况依然严重。

公共基础设施和服务供给短缺

由于大多数传统村落位置偏僻，发展落后，这些村落在公共基础设施的提供和公共服务的供给方面存在不足。比如历史建筑内缺乏消防设施，存在安全隐患。商业设施规模小，娱乐设施简陋、面貌陈旧。文化、养老、体育卫生以及教育等资源落后，不能很好地满足居民现代生活的需要。

村落民俗文化流失

传统村落在相对封闭的社会文化环境条件下，保持了传统文化的延续性和完整性，使得村落内的传统民俗和手工技艺能够代代相传，经久不息。然而近年来，随着城镇化的快速推进和传统村落旅游业的逐渐兴起，传统村落内的社会文化环境发生了较大的改变，造成文化传承面临断代的局面。

传统村落保护的"中国经验"

多样化发展模式

在中国的传统村落保护工作中，主要有以下四种模式可供借鉴。

第一，与典型古建筑和传统民居结合模式。这是当前传统村落保护中应用较多的一种模式。例如安徽宏村的徽派建筑、福建洪坑村的土楼。

第二，与当地特色农业发展相结合模式。比如新疆坎儿井，就是将村落的保护与农业基础设施相结合的实例。

第三，与传统民风民俗相结合模式。特色传统民俗的传承，既可以推动乡村旅游发展，又能拉动农村经济建设。

第四，多种形式相互融合模式。例如江西婺源，整合各类遗产资源和自然、文化资源，建设成为世界知名的旅游胜地，既创造了可观的经济收益，也使当地传统村落得到重视与妥善保护。

以项目建设带动资金支持

例如，浙江省实施的历史文化村落建设工程，对一类、二类县列入历史文化村落保护利用重点村年度建设计划的建制村进行不同级别的资金补助。**将项目引入村落，既可以带动乡村的经济建设，又可以解决传统村落保护工作中的资金问题，一举两得。**

整体保护，规划先行

传统村落作为一种不可再生的历史文化遗存，是一个有机的整体，与它周边的自然景观和文化氛围紧密相关，因而需要对传统村落进行整体保护。近年来，各省市相继出台传统村落保护发展规划，为古村的建设保驾护航。**整体保护、统一规划的方式打破了传统村落与周边各村之间各自为政的现状，实现了村落功能的联动，使得传统村落与地区的发展相结合，促进了传统村落的可持续发展。**

鼓励外迁，允许自保

2010年，杭州政府在对上城区五柳巷历史文化街区的保护开发中率先提出"鼓励外迁、允许自保"政策。所谓"鼓励外迁"，是指如果住在传统村落历史建筑中的村民愿意外迁，应鼓励他们外迁，由政府把这些历史建筑

★ 这一政策既充分尊重了村民的意愿，同时多方面加强了对古村落的保护，对农村历史建筑进行差异化管理，十分值得借鉴学习。

★ 做好统计存档工作是保护传统村落的基础，各地区都应该提高对传统村落的重视，积极申报。定期对传统村落情况进行记录与公布，提高村民对于传统村落的保护意识。

★ 在传统古村落的开发中，应特别注意这一点。在避免因错误的观念、短期的开发利益等各种原因破坏传统村落的同时，充分挖掘当地特色文化，使传统村落在传承历史文化、振兴旅游业和促进农村地区可持续发展发挥其重要作用。

收购为国有资产，然后妥善加强保护，并代代传承下去。所谓"允许自保"，是指符合新农村建设规划的农村历史建筑，允许房主自邑修缮保护，政府给予适当补贴。

传统村落保护的路径探索

健全法律法规，让传统村落保护有法可依

首先在现有的政策、法规基础上，加强组织领导，有关部门通力配合，严格执行。其次建立传统村落保护动态监管信息系统，对历史文化资源的保存状况和保护规划实施进行跟踪监测，使中国传统村落保护工作进入依法管理的轨道。还要做好传统村落的申报工作，并加快历史建筑的调查、公布、建档以及退出等机制的建立，进一步规范传统村落保护与发展的管理。

以活态保护为主，兼容创新开发

其一，整体性保护与精准性保护相结合。对于传统村落不仅要从大局出发，整体入手进行保护，还要针对传统村落的特殊性及其发展的不同阶段和具体方面，因地制宜、实事求是地采取措施，有效地削弱开发过程对当地环境的不良影响。

其二，原生活态与特色文化产业相兼顾。原生活态要求的是对于原文化、原住民、原建筑、原风格、原习俗、原生活等一系列"原生要素"的活态保护，同时要形成产业化，这两者相辅相成，密不可分。

其三，传统乡愁与现代生活相连通。任何对于传统的继承都不是简单粗暴的全盘吸收，而是有取舍地进行选择，因此必须实现现代生活方式的引入与普及，让传统乡愁与现代生活可以得到较好的互动，与时俱进，不断发展。

坚持以人为本，加强公共设施建设

实现区域发展与以人为本的统一。在新型城镇化的发展背景之下，进行传统村落的保护与开发，必须将"人"这一核心要素放大，认识到不论是保护与开发，现在与未来，人都是最核心的着力点与关注点。**以村民为重要参与主体，将村民自身生活与收入水平的提升与整个区域发展相协调，形成良性互动。**

打造民族歌剧瑰宝，增强国家文化自信

倪嘉玥

2017年2月6日，文化部《关于开展重点民族歌剧创作扶持工作的通知》提出，从2017年开始实施"中国民族歌剧传承发展工程"。2月23日，文化部副部长董伟到中央歌剧院调研民族歌剧的创作工作时提出，要坚定文化自信，坚守文化立场，坚持艺术创新，创作出反映我们这个伟大复兴时代，为广大人民群众喜闻乐见的优秀民族歌剧，彰显中国精神、中国特色、中国风格和中国气派。诚然，中国民族歌剧的发展虽然已将近百年，但一直都没有完全消化吸收这种西方的演出形式，导致中国民族歌剧无论是在本土市场还是在世界舞台上都并未占据铿锵有力的地位，民族歌剧的发展之路急需转变。

中国民族歌剧发展之路

中国民族歌剧诞生于20世纪20年代的上海，黎锦晖的《麻雀与小孩》《小小画家》等儿童歌舞剧叩开了中国歌剧的创作大门。20世纪40年代，民族歌剧在延安形成创作高潮，50年代发展平稳，60年代形成了第二个高潮，随后的"文化大革命"中遭到严重破坏，改革开放后开始复苏。中国民族歌剧主要有**两个发展方向**：第一，是**取材于民间音乐素材**，参照借鉴戏曲的形式、风格和结构的创作道路，如《白毛女》《小二黑结婚》《江姐》《党的女儿》等；第二，是**形式上借鉴西洋传统歌剧样式，内容上采用民族题材的创作道路**，如《秋子》《伤逝》《原野》等。

在现代科技极速发展的今天，民族歌剧创作者虽然大量学习了现代作曲技巧和西方歌剧形式，并投入了大成本的舞美设计，但仍然丧失了大量观众，新时期的民族歌剧要想改变现有的生存现状，仍然有很多问题亟待解决。

民族歌剧发展之艰

内容形式不协调，用外国话说中国事

目前，中国歌剧舞台上呈现的一种现象就是歌剧内容和形式的不协调。**由于中国很大一部分歌剧是向意大利歌剧学习的**，学习其华美的舞台设计、精雕细琢的音乐、高亢洪亮的唱腔，但故事内容却是完全中国式，整台歌剧演出有强烈的脱离感，舞台、音乐和内容、人物性格不相符，仅仅是用外国话来讲中国故事，中国观众和国外观众都不能从中产生共鸣。

单纯套用戏剧，削弱人物个性

除了学习西方歌剧的演出形式，中国民族歌剧最大的创新是将传统戏曲加入歌剧演出，但在这两种演出形式的融合过程中，也出现过一些较大的偏差。例如，有些歌剧创作简

微评

★ 用外国话讲中国故事若只是生搬硬套，无法将中国文化内涵与歌剧艺术形式有机结合。这样的作品将显得不伦不类，外国观众无法体会我国文化内涵，而中国观众也将不明所以。

单地把整套戏曲形式搬到歌剧舞台上，但却忽略了戏曲板腔体的音乐结构不像咏叹调那般有变化、有个性，在歌剧中的出现会严重削弱人物的个性，使得整个故事情节因为人物的不饱满而苍白无力。

气势恢弘易，沁人心脾难

歌剧之所以能够震撼人心，一个重要原因是**动人的音乐旋律和耐人寻味的故事内容**，但现在很多歌剧却将大量的制作成本花费在灯光舞美设计上，以此来展现西方歌剧般的气势恢弘和激荡澎湃。**可一旦缺少好的剧本和音乐，这样的气势恢弘就很难深入人心，让观众反复品味。因此，民族歌剧的创作不能一味思考如何制作大场面，而更应该思考怎样让歌剧演出沁人心脾。**

如何打造民族歌剧中广为传唱的咏叹调？

完善民族歌剧音乐元素，形成民族特色音乐风格

歌剧是音乐的戏剧，所以完善歌剧中的音乐元素必不可少。**首先**，要解决好歌剧中推动情节的宣叙调问题，紧扣汉语中的四声，宣叙调才能有声有色；**其次**，要解决好过渡问题，创作中需要着重考虑从咏叙调过渡到咏叹调等问题；**最后**，歌剧中的声部要完整，既要有独唱、重唱，还要有合唱，加上前奏曲、间奏曲、场景音乐等。**所以，创作者应该深入了解中国音乐元素和音乐技巧，将传统和现代、东方和西方的音乐元素融会贯通，形成具有鲜明中国特色的民族歌剧作品。**

从民族音乐中汲取素材，避免人物塑造符号化、扁平化
广为传唱的民族歌剧必然**取材于民间，为广大人民群众**

微评

★ 歌剧形式固然重要，但没有好的内容，观众同样难以买账。《原野》《骆驼祥子》《雷雨》这些公认成功的作品，都是建筑在优秀文学底本基础上的，这也是世界歌剧的一个规律。

★ 歌剧在几百年的历史中发展出了各种流派。我们最熟悉的是意大利的歌剧流派，但是在20世纪初出现了另外一个很著名的俄罗斯学派，也诞生了很多好的作品，之后在英国、捷克甚至美国也都形成了各自的流派。

所普遍接受，中国地方戏曲、民歌民谣都是中国传统音乐的宝藏，歌剧创作完全可以从中汲取精华。《白毛女》《江姐》等作品的唱段之所以旋律动听、朗朗上口，是因为其来源于民族音乐传统，扎根于基层人民。上海歌剧院原创歌剧《雷雨》，在学习和借鉴西方歌剧精髓时，也因为善用中国元素和中国曲调而加分。**作曲家莫凡说，当时创作《雷雨》时不仅受到普契尼和威尔第的影响，也受到中国传统戏曲的深刻影响。**此外，故事人物的塑造对歌剧也有至关重要的影响，过去的歌剧创作往往会塑造一些符号化、英雄式的人物，但这种人物已经不能为现代观众所接受，**性格塑造多元化才会使故事饱满、真实。**《雷雨》中各色人物都有着善与恶的交织，加上旋律的层层铺排，观众才会有深入故事情境的感受。

优化歌剧演员歌唱技巧，创作雅俗共赏的音乐旋律

中国民族歌剧演员在演出时往往要加麦克风，导致声音穿透力弱，一旦失去麦克风，观众就听不到声音。且一些歌唱演员**在声音张力、吐字技巧、风格体现上都有所欠缺，遇到几经转调和复杂音程就容易出差错，这些在歌唱技巧上的问题都需要演唱者、舞台设计、乐队写作等方面多方配合协调解决。**且随着观众的审美偏好在转变，仅仅用传统的音乐旋律已经不能吸引观众，古典、流行等音乐风格都可以根据故事情节融入歌剧之中，让各个年龄、各个国家的观众都能感受到多元的音乐元素。

丰富民族歌剧音乐内涵，充分展现民族和时代精神

中国民族歌剧的创作，不仅要继承《白毛女》《小二黑结婚》等经典剧目的优秀传统，也要在题材、编剧、作曲等方面进行突破，创作出适应当下社会文化生活、大众审美内

微评

★ 中国民族歌剧想要真正创作成功，需要具备较强的唱功，不管是独唱、合唱，还是对唱、重唱等，都需要注重演唱水平的不断提升、发音方法的科学性和正确性，才能获得更多形式的演唱方法、表现方法等，以通过吐字清晰、情感丰富和语言生动等方式，将中国民族特色和艺术风格展示出来。

微评

★ 在艺术创作中，"民族的才是世界的"这句话给中国民族歌剧发展带来极大影响，在将民族风格作为歌剧创作的重要原则的前提下，中国民族歌剧的现代化、民族化、多元化和多样化发展，是时代不断进步的重要体现和实际需求。

涵的作品。**民族歌剧不仅要展现民族精神，更要有开放的视野，瞄准世界歌剧舞台**。2016 年，上海歌剧院原创歌剧《雷雨》在伦敦西区上演，叩响了西方主流演出市场之门，受到普通观众和专业人士的好评，这说明**极具中国传统特色的剧目在世界舞台上并非没有市场**，优秀的剧本、精美的编排、深刻的内涵一样能够吸引世界观众的目光。

构建城市记忆场所：古而不"板"，老而更"活"

倪嘉玥

　　"城市记忆工程"是一项旨在抢救并保存城市发展历程中的各种文化载体的档案工作。伴随着我国城镇化的高速发展，城市"失忆"现象越来越受到社会关注。为了挽救"城市记忆"，继青岛市2002年率先提出"城市记忆工程"后，北京、天津、上海、大连等十多座城市的档案部门也在当地政府的支持下相继启动了这一工程。各地方档案馆以城市历史发展为脉络，抢救性地收集反映城市发展并具有永久保存价值的文字、照片、录音、录像和实物等档案资料，并整合馆藏及相关部门已有的档案信息资源，利用信息化、数字化手段和工具，分门别类建立系统化的目录数据库、重要全文数据库、专题数据库，构筑一个集文字、图片、多媒体技术等于一体，全面反映城市风貌的档案信息资源系统。地方政府依靠"城市记忆工程"来保存和挽救"城市记忆"成为一种较为普遍的现象。

　　城镇化进程的推进，尤其是城市更新速度的加快，使得很多居民对自己城市的记忆只能存在于脑海里，城市中再也没有一些具体可感的建筑、道路、场所能够唤起自己对这座城市过往的怀念。文物古迹被破坏、传统村落在遗失，城市正在被钢筋混凝土占据，一个个原本触动人们内心柔软的所在，现在都成了坚硬而冰冷的现代工业产品。针对城市记忆场所的遗失问题，很多城市开启了"城市记忆保护工程"，但如何才能让这些过去的记忆场所焕发生机，重放活力呢？

人们需要记忆，城市也需要记忆。**城市记忆离不开城市文化，城市文化是城市记忆的实质内涵**。那些熟悉的大街小巷、古桥老宅、谋生行当、风俗爱好，就是城市历史文化的载体，也是城市的记忆场所，留下的是这座城市一代代人日常生活的印记，它融化在人们的血液里，构成人们温馨的共同记忆，成为难以排遣的情结和情感寄托。

何为"记忆场所"？

记忆场所的概念最初来自于历史学，是由法国历史学家皮埃尔·诺哈在1978年在编写《新史学》中提出来的。诺哈在研究集体记忆的过程中发现，历史遗留的地方空间对于地域文化认同的建构有非常大的贡献，**因此主张通过研究碎化的记忆场所来拯救残存的民族记忆与集体记忆，找回群体的认同感与归属感**。

C·亚历山大在《建筑的永恒之道》中说："一个地方的特征是由发生在那里的事件所赋予的。……是这些时刻的活动，参与其中的人以及特殊的情境，给我们的生活留下了记忆。住房、城市的生活不是由建筑的形状或装饰和平面直接给予的，而是由我们在那儿遇见的时间和情境的特质所赋予的。总是情景让我们成为我们自己。……建筑和城市要紧的不只是其外表形状、物理几何形状，而是发生在那里的事件"。

所以，记忆场所并不是纯粹的物质构成，需要有人和人、人和物在特定的时间有过交集、有过经历、有过情感，这个空间才能留存于人们和城市的记忆中。

记忆场所缘何弥足珍贵？

延续城市历史，保护城市特色

对个人来说，记忆最大的作用在于保持心理的连续，而对于城市来说，记忆场所的作用在于保持城市历史文化的连续和身份特征。**有记忆的城市，才有延续的城市历史。城市历史越悠久，城市就越具有特色和吸引力。**被割断和抹除历史的城市就如同一座新城，对居民而言将是完全陌生和没有情感的。

但反观现在一些城市的设计和建设，却仿佛在消除城市特征和差异的路上一去不复返。**相差无几的古镇改造、千篇一律的高楼大厦以及不合时宜欧美风格住宅区，都将独特的城市风貌和形象消解殆尽，城市被迫回到同一个历史为"零"的起点，并按照同一种"现代化"模式发展。**

加强城市居民的认同感和凝聚力

城市记忆以社会实践和认同为基础。城市居民在此过程中共享权利和义务，并相互联结，在共同的历史经验中产生连带的情感和共同意志。在古希腊，被驱逐出城市与失去个人的国籍是同等的惩罚。正是人们对根的渴望和对地域、遗产的共同意识，才能使人们凝聚在一起，共同维护城市的稳定和兴盛。

城市中的记忆场所，是触发人们对城市认同感和归属感的对象。好的城市能将留存城市记忆场所这项工程一直做下去，让人们获得归属感并发挥主人翁精神。

塑造城市的场所精神与文化

对于城市来说，记忆是创造其成为场所的一个关键因素。**城市记忆构成了城市的精神和灵魂，**当一座城市丧失了

微评

★ 尤其在新农村建设中，许多村镇都盖起了千篇一律的"小洋楼"，虽然住房条件有所改善，但极大地丧失了当地建筑形式与民居环境的独特性。

记忆功能后，这种城市只能被称作一个供人使用居住的空间，不能称为场所。城市记忆永恒的魅力就在于在其发展过程中，不断增加的时间价值和渗透其中的人的精神。

在城市现代化发展进程中，经常将提升城市形象和塑造城市文化作为城市发展的核心和重点，但城市形象必然和城市所特有的人文精神分不开，城市中的文化场域也离不开记忆场所的构建，文化是对过去的留存，也是对未来的企盼，二者缺一不可。

如何构建城市记忆场所？

微评

★ 老建筑是城市文化的载体，是不可复制的记忆空间。因此，对于老建筑的保护即是对城市记忆留存的最好方法。城市更新过程中，改造再利用更加有利于城市记忆的活化。

老建筑体创新再利用

善用老建筑，对城市记忆来说是最好的保护。俄国作家果戈理说："当歌曲和传说已经缄默的时候，建筑还在诉说。"不可复制的优秀老建筑不仅是历史的妙手偶得，还体现城市的风貌和人文底蕴。对这些老建筑再利用，可以在周边建造有利的保护氛围，或者在外形结构不变的情况下，对内部加以适度改造，让原本破败的老建筑重新进入社会生活。意大利维罗纳城一座世界第三大古竞技场，外面残垣断壁保持原貌，里面却有现代化设备的剧场。德国达姆施达特大学则利用老城墙走势建设绿化带，远看是绿化带，近看是城墙。这些巧妙利用老建筑的例子不胜枚举，但都体现了老建筑在城市更新过程中也并非只能被取而代之。

留存并强化人文地标

城市记忆场所的留存并非一定要完整无缺，很多承载着记忆的地方都只是将其最具特色的部分保存下来。例如，南京作为六朝古都，在城市现代发展过程中依旧沿用了一些有趣的街巷名，如乌衣巷、老坊巷、利济巷、文昌巷、户部街、箍桶巷等。通过这些和现代颇有些脱节的街巷名，人们仍能感受到属于这个城市特有的记忆。**而这些独具特色的城市文化元素，就可以作为承载历史和记忆的文化地标，展现城市命运和脉搏。**

以多种艺术载体记录

对于一些老建筑、老街道来说，难以留存或被损毁有两个重要原因：**一是文物的划分赶不上城市化的进程。**一些具有历史文化信息、科学成就、艺术信息，并值得保护的老建筑、老街道由于没有及时被列入文物保护名单，就丧失了留存的机会；**二是这些承载着记忆的场所因为年久失修而残破不堪，重新修缮或维护的成本太高，又缺乏相应合理的保护政策和管理机构，使得这些地方成为无人管辖的"弃儿"。**所以，城市不应只在记忆场所濒危之时才有危机感，可以用书籍、图片、影视甚至是动漫等多种艺术载体先行保存下来，不至于等到其被完全推倒时扼腕叹息。

微评

★ 一些破败不堪的地区并非没有其文化价值，香港传奇贫民窟九龙寨城就是无人管辖致使最终难逃拆除命运的典型案例。拆除之后以九龙寨为母本所进行的艺术创作大量涌现。

【延伸阅读】青岛市"城市记忆工程"

自 2002 年起，青岛市政府拨出专款，由青岛市档案馆实施"城市记忆工程"，该工程通过摄像、照相等技术手段，主要对街道、小区、广场、风景名胜、特色建筑，以及具有悠久历史的机关、团体、企事业单位工作场所进行拍摄。全面记录21 世纪初期青岛的城市面貌，并对即将开工建设项目的原貌进行了抢救性记录。到 2006 年年底，

"城市记忆工程"一期计划项目基本实现，形成了850条主要街道、120个城市村庄、195个企业事业单位、80座优秀建筑、60个风景名胜点、116个居民小区、40个古遗址、76个里院建筑、37个名特优产品、15条河流、100多个建设项目等，共计1752个项目的2万多分钟录像档案和2万张照片档案，在国内率先形成了规模化的城市面貌档案库。2015年，"城市记忆工程"的拍摄重点是全市中小学校、农贸市场和搬迁老企业。此外，青岛市还开展了口述历史记录工作，如录像采访日本从青岛掳走的25名劳工，请他们回忆在日本做劳工的悲惨经历；还在全市区域内采集青岛方言，初步建立了青岛方言库；面向社会开展经常性的民间档案征集活动，收集了大量反映市民生活的档案资料。此后，青岛市档案局馆又把记忆的视角拓展到城市的文化、社会生活等新的领域。

（资料来源：新闻网民生，http://minsheng.qingdaonews.com/content/2015-04/09/content_11002317.htm）

一念古风一痴迷，一世文遗一清逸

何雅君

借一丝春风清逸，袭一身青衣蓑笠，携一杆舟船鱼器，呷一口江南茶丝。任白花纷落，温文尔雅，净玉无瑕。古风文化作为中华传统文化的一部分，如何成矣，如何承矣，古风文化的未来走向何处？

古风文化的含义与呈现

"古风"的来源与发展

"古风"一词，是中国古籍中较为常见的词，主要是指在当时社会已经逐渐衰弱或者濒临消失的某种风俗习惯。该词较早出现于《论语》中，这里的"古风"，**指的是前朝礼乐制度背后的风俗习惯和风骨精神。** 由此可见，对"古风"文化的追求在古代社会便已出现萌芽，其背后表现的是某一历史时期人们面对前朝社会文化和思想的怀念与传承。

"古风"一词在三国时期有了新的延伸与变化。随着近体诗的产生，先前那些格律不严格的诗体，被称为"古体诗"，又称"古风"。**古风诗歌体裁的出现，是对唐朝之前诗歌体裁、形式的传承与保存，这一形式背后是对前朝精神文明与传统文化的继承与保存。中国传统文化在这种历代传承和不断**

变更的过程中逐渐形成。

然而这种传承在20世纪初发生断裂，在经历了两次文化变革后，传统文化和思想观念在20世纪80年代出现了巨大的断层。在八九十年代，学术界掀起了一系列寻找新思想文化的浪潮，到了21世纪，逐渐演变成一股新形势的文化热潮——古风文化。

随着21世纪网络时代的到来，"古风"一词被赋予新的内涵。**2005年，由"古风音乐"逐渐发展的文化运动悄然萌生**，"古风"文化运动由此而来。2007年首个古风音乐团队"墨明棋妙"成立，古风文化开始不断壮大，并渐渐形成自己的独特风格。"鸾凤鸣""平沙落雁""狐说""千歌未央"等众多音乐团队不断兴起。古风音乐渐渐被一些小众群体所接受，并在古风文学、古风绘本、古风服饰的兴起与传播中不断壮大。随着这一文化形式在一些网站不断传播，"古风文化"成为21世纪的热点文化，逐渐以新兴文化的形式融入到人们的社会生活中，并随着传统文化的复兴不断扩大其影响范围和力度。如《醉玲珑》《琅琊榜》《三生三世》等古风小说的风靡，《长歌行》《花与剑》等古风插画、绘本的大量传播，《剑侠情缘》《古剑奇谭》等富含"古风情节"的网络游戏的产生，《步步惊心》《甄嬛传》等由古风小说改编的影视剧被大众广泛接受，进一步扩大了"古风文化"的影响范围。

"古风文化"的具体含义

由此，可以试图对"古风文化"做个界定，它主要是指**以弘扬中国传统文化为基调，以传承中华民族优秀民族精神为支撑，以大众传播为媒介，以音乐、小说、诗歌、服饰、绘本、影视剧、广播剧等为表现形式，结合传统艺术、文**

微评

★ 一谈古风音乐就容易联想到古曲，这两个概念还是有所差别的。古风音乐的配器主要是以民族乐器为主，多以电子合成器和西洋乐器为辅，具有现代感的同时又不失古典韵味。

★ 古风文化更加易于大众接受，是流行元素与传统的有机结合。现在流行的古风确实不是真正意义上的古风，而是在糅合了流行文化元素与古代传统的基础上再造的一种新生文化。

学、语言、色彩等诸多中国元素，不断磨合发展而来的一种
表现传统文化的文化形式。

古风文化产生的原因

历史因素

**文化现象是一代代人文化思想积淀的产物，其背后有深
刻的历史、社会、文化根源。**随着工业革命的兴起与全球化
的推动，多元文化不断交织，传统文化与现代文化相互碰
撞，哪种文化为社会主导成了学者争论的焦点。萨缪尔指
出："在现代化的早期阶段，西方化促进了现代化。在后期
阶段，现代化以两种方式促进了非西方化与本土文化的复
兴。"在中国现代化的进程中，传统化传承出现断裂。为了
适应社会现实，满足民众精神文化需求，中国需要寻找属于
自己的文化符号。这一复杂的历史背景，这正是古风文化在
当代社会出现的根本原因。

国际与社会文化因素

**文化是一个社会、一个民族特定的生活方式。任何文化
的产生除了历史的原因外，更离不开社会的发展与大众的需
求。**因此，人们想要了解古风文化在新世纪兴起的原因，还
需要从当代社会的现状入手。古风文化是在经历了近百年文
化动荡后、面对新世纪的社会形式与文化需求应运而生的，
其背后有深刻的国际因素与复杂的社会文化因素。

由于历史环境与国际环境的制约，国内的文化观念与社
会意识也出现了不同程度的偏差与缺失。**民众缺少对文化传
承与保护的自觉意识，社会风气浮躁，各种形式的文化元素
交杂，民众精神支柱缺乏，青少年传统教育缺失等现象普遍**

微评

★ 如今喜欢古风
文化的青少年非常
多，一方面体现出
青少年对于我国古
代文化的向往。另
一方面，一些古风
小说确实对于青少
年了解中国古代文
化产生负面影响，
这同样是需要注意
的问题。

存在。尤其是近些年，中国经济飞速发展，信息化发展取得巨大成就，大众传媒成为文化传播的重要途径。随着网络进入营销时代，商业化、市场化与利益化成为主导，不同话语、思想、文化通过网络媒介交织糅合，空洞、浮夸、贫乏、缺少内涵的现象普遍存在。例如，一些低俗恶俗的音乐、电影、文章通过网络大量盛行，大众审美在多样化的同时缺少文化底线，尽管传统文化已经开始出现一定程度的复兴，却依旧存在诸多社会问题，民众精神文明的发展前景仍然堪忧。21世纪，作为传统文化代表的国学热与中国风等文化形式在火热一段时间后便偃旗息鼓，社会文化需要新的语境来满足大众的文化需求。究竟什么样的文化形式能够彰显中国文化的传统特色，表现中华文明，已经成为现代学者、知识分子甚至是国人关注的话题。国内的这种社会文化现状，便是古风文化产生的重要社会因素之一。

古风文化如何传承与发展

创新传播形式，嫁接新兴元素

古风文化在今天所遭受的压力，并不是文化本身的危机，主要是传播形式上的困境。立足这一点，**创新古风文化的传播形式，将之与流行文化元素和新技术相嫁接，成为当下弘扬和传播古风文化的一个重要突破口。**古风文化在过去主要以文字、图片为传播方式，在当下的影像传播时代，若依然只限于过往的传播路径，就难免陷入"好酒还怕巷子深"的尴尬境地。这方面**既需要传统文化人才的坚守，也需要一大批具有创意和眼光的文艺创作者，能够真正潜心从优秀古风文化的宝库中，挖掘具有市场影响力的文化资源。**

微评

★ 古风虽然是新兴文化，但其母本仍然是中国古代传统文化。因此，若想使古风文化更加具有影响力，确实需要潜心挖掘中国古代文化的深层智慧。

适应市场规律，营造创意传播

适应新的传播规律和市场规律来主推古风文化的发展，其实也是对古风文化时代内核和边界的扩充。这亦要求在看待古风文化上，要展现出应有的开放性和包容性。当然，古风文化的创意传播，也不必拘泥于常规意义上的艺术创作。这些年不少城市的地铁站设计中，都嵌入了具有地域特色的古风文化绘画、雕刻等元素，既赋予了现代化地铁以"复古风"，也有效展示了传统文化，就是典型代表。

2016年年底，武汉地铁6号线汉正街站，"人造天空"下再现百年老街胜景。作为武汉市在建地铁最长线路，地铁6号线一期横跨汉江，连接汉阳、汉口，跨越6个行政区。大智路站的竹床、1964年生产的黑色蒸汽式火车头，纷纷引起乘客们驻足观赏。

有待政策引导，焕发全新生机

根据古风文化改编的电影和动漫作品、具有中国古风风格的流行音乐、植入传统中国画元素的时尚衍生品等，这些以古风文化为底蕴的创意产品，其实已经共同形成了对古风文化"创造性转化"和"创新性发展"的传播矩阵，也必将激励更多的创作者到古风文化中开辟新的诠释方式。**但这个过程没有止境，古风文化如何搭上新的时代快车，焕发新的生机，仍有待文艺创作者的努力和相关政策的引导。**

古风文化作为一种新的文化现象，尽管是初具雏形，有着众多的不足与缺陷，但是它包含着传统文化的精髓，呈现的是新一代年轻人对传统文化的认识与阐释，同时它也体现出国学热、中国风等文化形式的内在价值。因此，民众还是希望能够通过这一新的文化形式，集成与发扬传统文化，弘扬民族精神，重塑民族信仰，增强民族认同感与凝聚力。

微评

★ 《琅琊榜》即是古风文化风格凸显的重要作品。满足了人们对古道长亭、庐雪飞檐、横笛轻舟、墨雨落红、清风卷书的古风幻想。

★ 古风文化确实有些日本御宅文化的影子，它是新生代的文化现象，但新生文化仍然需要冷静沉淀、加以引导，使之成为弘扬民族文化、塑造民族形象的新渠道。

热点事件的
文化思考

　　文化热点事件，是社会公众关注的文化事件，包含着文化新闻或信息。它的形成是与它的时代语境、公众的文化需求、大众媒介的影响密切相关的。从引发朋友圈热议的"丢书大作战"到改变人们生活方式的"共享经济"，再到越来越火爆的"假期出游"，热点事件在一次又一次博得人们关注的同时，也开始引出人们对其背后所蕴含的文化的深刻思考。

"丢书大作战"：丢了一万本书，我们究竟该捡起什么？

关卓伦　王若晞

2016年11月15日早上，一篇名为《我准备了10000本书，丢在北上广地铁和你路过的地方》的文章攻占朋友圈并引发热议，微信公众号"新世相"的"丢书大作战"活动自此展开。在全社会呼唤全民阅读的今天，我们对于阅读的认知不断强化。于这次活动而言是丢了一万本书，而真正该捡起的究竟是什么呢？

丢书大作战：谁动了我的"纸书"？

2016年11月15日上午，曾在伦敦地铁上由著名童星"赫敏"的扮演者艾玛沃特森发起的藏书游戏，在北上广三地同时上演。10000本书被投放在"北上广"三地的地铁、航班和滴滴顺风车上，黄晓明、张静初、徐静蕾等明星纷纷出现在地铁站，为本次中国版的"丢书大作战"造势。

追根溯源"伦敦行动"

2016年，英国著名女演员艾玛·沃特森发起的"Mom & Me & Mon"藏书活动在全球范围内一炮而红，中国版"丢书大作战"正是据此策划而成。但很少有人知道的是，藏书游戏真身为一个叫作"Books On The Underground"的活动，创始人 Hollie Belton 以前是知名广告公司的美术指导。作为一个爱读书的人，她希望能够与更多人分享，希望能够听到更多人的声音，希望能够让更多陌生人的灵感得以传播。如果说"伦敦行动"是因个人梦想而迅速扩散开来的"小而见大"似的努力，那么"北上广行动"则是社会理想支撑下的个人提升需求之内"大而渐微"似的产物。看似相同，实则不同。

"看好"与"看跌"交织碰撞

此次"丢书"可谓是"一石激起千层浪"，从发现第一本书开始仅 10 分钟就引发了微博和微信朋友圈疯狂的转载和关注。半小时后更是在新媒体圈层开启了一轮接一轮病毒式的传播。活动中的每本书都经过特别加工，除封面上贴有"丢书大作战"的活动贴纸外，每本书的扉页上还设计有活动专属二维码，通过扫码，读者可以获悉该书的"漂流"轨迹，写下并读取所有此前读者关于这本书的书评。

市民点赞声音连连："这个活动非常有意义，开创了我国的先河""希望更多的二三线城市也能参与进来""这是一次国民意识的进步"。但同时反对声音也很强烈："伦敦地铁和北上广地铁是两码事""作秀的公益根本无益""丢书前先看书，否则丢书更丢人""东施效颦，最后还不都是扔进垃圾箱"。种种不同观点交织碰撞，究竟是"呼唤知识"还是"营销作秀"？是"符合国情"还是"东施效颦"？是"人文关怀"还是"虚荣满足"？在这场刚开幕不久的大戏中，仁者见仁，智者见智。

微评

★ 艾玛联合"Books on the Underground"组织，一起进行了此次藏书活动。这能鼓励大家在地铁上阅读和分享书籍。每本书都含有艾玛自己手写的纸条。

"丢书大作战"的全民阅读反思

微评

★ 这活动不是针对已经养成读书习惯的人们，而是针对还没有养成读书习惯的人们。活动给了人们一个读书的契机，或者说理由。

互联网时代的到来，最直接的影响就是，没多少人再拿着厚厚的一本书仔细地阅读了。原因很简单：生活节奏加快——没时间；移动终端普及——没必要；娱乐产品开发丰富——没兴趣。久而久之，短短几年的时间——没能力。碎片化的时间和定制好的内容，这些早就弱化了我们原本应有的潜心阅读能力。

披着文艺外衣的营销：丢下了书，丢掉了什么？

浮躁的社会，我们需要静下心来去阅读、去思考。阅读是潜心修行的自我净化。反观这次"丢书大作战"的初衷，新世相通过丢书吸引眼球，赚取口碑，在一定程度上也增加了阅读的趣味性，本身无可非议。无论是营销广告还是明星作秀抑或是打着"假公益""伪慈善"的名号，丢书不是目的，丢下了书也并不意味着就能把阅读习惯有效传递给读者。丢书行动实质上是一种信号传递，而这场行动传递给我们怎样的重点信息，在某种程度上也决定着我们感知到怎样的文化形态。地铁站没人看的书被保洁收走印证着活动的尴尬，而明星效应引爆的短暂吸引力背后的余温取决于阅读活动的"人文关怀"有多诚挚。

头顶全民阅读光环的虚无：捡起了书，还要捡起什么？

将最近从英国伦敦一路火到大家朋友圈的"赫敏丢书"活动复制升级，让那些在地铁里被几乎挤成平面的年轻人有了一点惊喜，"丢书大作战"活动无疑成功引起了大家注意，但它唤起的是我们对于活动本身的关注还是对于阅读本身的反思值得我们重新审视。捡起了丢在公共交通上的书，就意味着捡起了遗失已久的阅读习惯吗？捡起书的人是真正想要阅读还是出于好奇？**这场声势浩大的"阅读狂欢"过后，又有多少人能把阅读作为生活中的必需品呢？**

现在大部分的纸书，装帧越来越精美，实体书店越来越精致，读书环境越来越"高尚"，朋友圈晒读书的人越来越多，但真正读书走心的人却越来越少。旧时的书是用来读的，现在的书显然还添了其他功能。以虚荣的阅读来展示虚无的自信恰恰显示了人们的精神空虚。

让阅读成为生活常态道阻且长，我们且不去揣测"丢书大作战"的初衷、评判"丢书大作战"的效果，因为商业化从来不是阻碍社会发展和文明进步的桎梏。让阅读成为生活中不可或缺的精神食粮是我们每个人的希冀，而在此过程中一味秉持"拿来主义"是不可取的，我们要在全社会形成"喜读、善读、乐读、会读"的文明风气。"星星之火，可以燎原"，如今有意识的"阅读培养"，虽然是"国民习惯"的退步但绝对是"国民意识"的一大步。我们共同期待阅读作为心灵净化器走进生活、走进生命的每一天。

微评

★ 人生有两种境界最为充实，读书、在路上。《道德经》有云："不出户，知天下；不窥牖，见天道。"可见，古人早在2000多年前就明了阅读的精髓和要义。通过多阅读、勤阅读，读好书、好阅读，把握时代脉搏，提升思维层次，悟通经世之道，在感受艺术浸润带来愉悦的同时，身上不由会多些书卷特有的香气，生命的内涵会因此更加丰富，沿途的风景会因此更加多彩。

不忘初心：文化自信，不只是一句口号

范周

　　党的十八大以来，习近平总书记曾在多个场合提到文化自信，传递出他的文化理念和文化观，并对此有过多次论述："中国有坚定的道路自信、理论自信、制度自信，其本质是建立在5000多年文明传承基础上的文化自信；我们要坚定中国特色社会主义道路自信、理论自信、制度自信，说到底是要坚持文化自信"。2016年11月14日，范周教授受邀为中国传媒大学近1500名研究生带来了文化自信专题讲座。文化自信，不只是一个口号，更是始于足下的坚持，良知的认知，磨炼的坚韧，知行合一的修行。

立足当下，从理想到现实

理想：看似遥远，实则脚下

　　从理想到现实是一个过程。鲜有人知道，毛泽东在20世纪30年代也是一位"媒体人"。从在北大管理15份报纸到创办影响全中国的刊物《湘江评论》；从一位每月只有八块大洋，连生活都难以为继的书生，到影响一支军队一个国家的领袖；他看似离我们很远，其实也经历了生活和精神的困顿与窘迫，一步步走来，没有句句是真理，只有步步踏踏实实。这是从理想到现实应有的精神。

"敦煌的女儿"樊锦诗踏出校门便走入敦煌，把半个多世纪的年华都献给了敦煌。如今73岁的她已满头白发，还在为敦煌文物事业殚精竭虑。为了更好地对文物进行保护，她潜心十年研发数字敦煌，拍摄了世界上绝无仅有的球幕电影《梦幻佛宫》，改变了敦煌的游览模式。"我的生活其实很单纯，我也越变越单纯。躺下去想敦煌，醒过来还想敦煌，就是这样。"这是把理想付诸实践的真正的践行者。伟大的梦想都需要坚持不懈的毅力来支撑，这是从理想到现实应有的态度。

现实：前行路上，紧握希望

回到现实，前行路上，我们有太多的压力和挑战。"无人与我立黄昏，无人问我粥可温"，大概是现在跻身一线城市，为了梦想和生活而奋斗的年轻人们最好的写照。生活居无定所，精神没有寄托，有人将他们概括为"空巢青年"。目前，全国的独居人口占到了总人口的14.6%，其中上海比例最高，北京次之。除此之外，2016年被称为"最难就业季"，全国毕业生总人数上升到765万，其中又38.3%选择一线城市。"何处安放我的青春"是每一个在校大学生不得不思考和面对的问题。

尽管前路满是艰难险阻，但这个最"坏"的时代依然充满了机会与希望。2015年我国GDP总产值达到676708亿元，世界排名第二，仅次于美国；中国制造业总产量占世界的25%；2015年文化产业增加值27235亿元。**孔子有一句话"生逢盛世"，**用来比喻当下再合适不过。伟大的时代已经到来，你有没有做好准备，能否抓住机遇？俗话说，机会总是留给有准备的人。这个过程中我们必须要拥有自己愿意为之

微评

★ 樊锦诗说："1963年我从北京大学考古专业毕业的时候，报效祖国、服从分配，到最艰苦的地方去等，都是影响青年人人生走向的主流价值观。研究所去学校协商要人，我们4个实习生全要。学校当时只答应给两个，我是其中之一。"

奋斗的理想，更要有敢于面对现实的勇气。做好准备，好好规划自己是最基本的要求。

规划自己：上顶天、下立地

理想与现实的阶梯：顶天立地，把论文写在大地上

要想仰望星空就要脚踏实地；要想俯瞰大地就要与时代融合。电影《百鸟朝凤》让我们看到了匠心的传承、时代的风骨，主人公李岷城与陶泽如新老两代唢呐艺人坚守信念，把唢呐吹到了骨髓里，这是人和天地的灵魂交互。作为研究生，**我们既要仰望星空，眼观国家政策动向，把握社会发展脉搏；又要脚踏实地，把论文写在大地上，让研究与生活紧密结合。**

微评

★ 仰望星空是一种精神和心境，脚踏实地是一种姿态和行动。

规划与坚持的力量：找准定位，坚持奋斗

人生最难的是一生只做一件事，一丝不苟、精益求精，永不放弃。从脚踏实地、坚持不懈的《奇葩说》的节目组总导演、中国传媒大学毕业生牟頔到每天坚持写作8000字"网文之王"唐家三少；从在自己的影视帝国中杀出一条血路传奇人物王长田，到定下一个亿小目标并为之奋斗的王建林，不管是成功的前辈还是正在奋斗的青年，都用脚步走出了属于自己的道路。**所以我们要善于规划，规划人生、找准定位，并为之奋斗终生。**

★ 所以说人生需要规划。善于规划，才有"五岭逶迤腾细浪，乌蒙磅礴走泥丸"的气势；善于规划，才有宗悫"愿乘长风破万里浪，甘面壁读十年书"的豪情满怀；善于规划，才有赤壁之战中周公瑾"雄姿英发，羽扇纶巾，谈笑间樯橹灰飞烟灭"的从容不迫。

入世与出世的智慧：有所为，无所谓

人历经千辛万苦来到了这个世界上，就要"有所为"，即践行中国传统儒家思想积极入世，在此过程中，要朝着自己的规划定位一步一个脚印不断前行。回眸人生，眼观世

界，能做到"有所为"的人少之又少，要用实践让目标从幻想变为现实，这其中还有很长的路要走。我们都曾经对自己的梦想做过设计，但很多时候最终不得不屈服于现实，在未实现梦想时候，要做到"无所谓"，在道法自然当中，努力过程非常重要，而且是最美好的。

因此我们要秉持"有所为"的思想去奋斗，但是当没有实现理想时，也不要气馁，学会"无所谓"。"无所谓"不是没有理想，而是在"有所为"而不得为的情况下学会豁达。所以在自己的能力所及范围内最大限度地实现自我，这才是我们应当追求的人生。

文化自信：源于古、成于今

源于优秀传统文化

要保持一个国家一个民族的特性，最根本的就是要传承自己的文化。本民族的文化最根本、最有价值的内容，是我们需要了解学习的重点。我们要对传统文化进行系统分析，挖掘出其能和现代艺术相结合的有效形式。华阴老腔与摇滚音乐的激情碰撞，传统文化也可以精彩纷呈；白先勇青春版《牡丹亭》，传世经典也可以以青春靓丽的形式呈现传统文化。因此，传统文化资源如何与新的表达方式结合至关重要。

源于红色革命文化

一个国家、一个民族要保持斗志需要留住革命文化。2017年是长征胜利80周年，延安抗日军政大学，造就了成千成万的铁的干部；鲁迅艺术学院，培养了穆青、贺敬之、冯牧、王昆等许多优秀的文艺工作者；战火纷飞中的教育奇

微评

★ 文化自信源于中华优秀传统文化所蕴含的强大文化基因。不忘本来，方能赢得未来。中华优秀传统文化就是我们的本来。任何一个国家和民族，都有其固有的根本。这个根本，就是其文化。

迹西南联大内树学术自由，外筑民主堡垒；抗战老兵对红色为文化的坚守、对革命信仰的坚定一直存在。

英雄不朽、精神永存，没有信仰的民族没有希望的。张志新说："人活着，总要有个坚定地信仰，不光为了自己的衣食住行，还要对社会有所贡献。"在今天，我们依然要有长征精神：第一，要有目标；第二，是给劳苦大众谋福利；第三，把个人的生死和荣辱置之度外。

源于社会主义先进文化

坐得住冷板凳，胸中方能存宇宙。在快消费时代今天，人均每天上网时间近4小时。互联网的迅速发展使我们的交往形式、价值观念改变，人们开始急于求成、贪图名利，静心读书、静心学习、静心工作成了我们这个浮躁时代最大的奢侈品。在这个浮躁的社会，需要坚守一种精神，做一个"匠人"。"披阅十载，增删五次"，曹雪芹用心血铸就了《红楼梦》；精细打磨、精益求精，故宫的工匠艺人用热忱锻造精品。我们呼唤工匠精神，我们需要静下心、沉住气。

微评

★ 理想的实现源于一份不忘初心的坚守。

世人皆醉我独醒，别把浮云当彩虹。坚持自己，不忘初心。贾樟柯，以文艺之名，在商业电影大潮中坚持自己的电影道路。作为媒体人，我们血管中应该流淌着道德的血液。战地记者离死亡最近的新闻人，记者甘道远说："你看到我的时候，我在报纸上；你看不到我的时候，我在路上"。我们用行动要让社会看到不一样的媒体人，让媒体人的道德血液在社会发挥正能量。

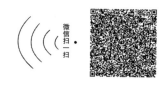

春节出游，为什么越来越多的人选择过年"出去看看"？

张天意

全民旅游时代来临，随着我国人民生活水平的不断提高，旅游度假逐渐成为人们的"刚性需求"，而春节出游则成为过年新常态。人们一改以往"初一拜年、初二回娘家"的传统习俗，纷纷带着家人出游异地过春节。为什么越来越多的人选择过年的时候"出去看看"呢？

旅游过大年春节新潮流

根据国家旅游局数据显示，2017年春节假日前三天（1月27–29日）全国旅游接待总人数1.95亿人次，同比增长13.9%；实际旅游收入2350亿元，同比增长15.3%。"北上寒境""南下海岛"成为2017年游客的首选。此外，出境游涨幅较大，境外消费热潮涌起。

出游意愿高涨

据国家旅游局公布数据显示，2016年春节黄金周期间，全国共接待游客3.02亿人次，其中过夜游客7086万人次。2017年，根据国家旅游局数据中心对全国60个样本城市开展的《中国大陆居民出游意愿调查》，一季度我

微评

★ 国民出游意愿不断高涨，旅游已成为国民消费"刚需"。

国居民出游意愿为82%，接近半数的居民选择春节期间出游。携程、途牛、众信、同程、驴妈妈、蚂蜂窝等旅游企业，均根据各自的预订数据对2017年的春节旅游市场进行了梳理，发布了春节出游报告。数据显示，**2017年春节假期国民出游热情持续高涨、产品价格全面走高，国内游三亚最热、出境游周边国家最受青睐。**

拼假出游成首选

在带薪休假制度日益完善、年初假期额度充足的情况下，虽然正式放假要到2017年1月27日，但上班族大多选择"拼假"提前出行。根据国务院发布的《2017年部分节假日安排的通知》，春节1月27日~2月2日放假。但据携程出游数据显示，1月23日起出发人数就开始明显升高，1月25日达到出行最高峰，甚至比1月27日假期第一天还高，预计将有近五成游客选择拼假提前出行。

出境旅游黄金周

根据携程发布的《2017年春节旅游大数据报告》，预计**2017年将成为旅游过年、出国过年史上最热的春节，出境旅游人次将超过600万，中国春节将成全球黄金周。**

近期，对华出台签证利好政策的国家人气提升明显，中国游客春节前往澳大利亚，办理最新的十年签证，数据显示，鸡年春节澳新线的售卖比往年同期快40%左右。阿联酋、摩洛哥、泰国等近期对中国开放免签证费、免签政策的国家，收客数同比、环比增长显著。

为什么更多人选择过年"出去看看"?

从消费者角度来看，首先，传统观念在改变。"过年回家"这一传统形式正在被重新定义。80后这些独生子女成为出游主力军，**传统习俗、传统观念在他们身上逐渐淡化，他们更习惯于带上家人一起出游过春节**，"全家团圆过大年"的观念正在改变，"异地过年"成为越来越多人的选择。**其次，经济发展收入高。**据中国国家统计局数据显示，2016年，全国居民人均可支配收入23821元，比上年实际增长6.3%。据世界旅游组织（OMT）统计数据显示，从2013年到2015年，中国内地游客出境旅游总支出分别为1290亿美元、1550亿美元和2920亿美元，我国人民生活水平不断提高，成为春节出游的重要因素之一。**最后，躲避雾霾年味淡。**环境恶化也成为春节出游的推手，"避霾"成为部分游客的最大诉求。此外有外媒解析，独生子女政策使整个家庭规模变小、年味变淡，人们宁愿花更多的钱去其他地方旅游。

从旅游市场环境来看，第一，随着国家旅游局对"不合理低价游"的治理工作逐渐深入，市场上中高端和品质游产品数量明显增多，旅行社和OTA推出了更多定制化、主题化和个性化的旅游产品，提高了旅游产品的舒适度和旅行体验，以满足游客不断提升的旅游消费需求。**第二，出境游签证利好。**多个国家通过向中国游客提供多年及多次入境签证的方式为中国游客提供便利，带动了春节期间的出境旅游热潮。**第三，线上交易简单便捷，旅游产品多元化。**出行游客可根据需要通过互联网、手机App进行旅游产品的购买，与原先通过旅行社消费这一单一购买渠道相比，购买方式更加便利。2017年传统庙会、游园祈福、古镇游览、温泉度假等主题出行颇多，旅游产品变得更加多元化。**第四，交通便**

微评

★ 传统观念的不断转变是促使更多消费者过年"出门看看"的首要原因。

★ 随着社会和技术的不断发现，互联网为更多的人提供了便捷的出游方式，也不断改变着消费者的生活方式。

利为游客节省路途时间，春节期间，各大航空公司都增加了上千余次航班以满足游客的出行需求。

完善市场体系推动"年文化"走出去

首先，应加快完善旅游市场体系，政府管理部门要建立和完善相关旅游市场价格实施的地方性法规，完善旅游市场价格清单和公示制度。改善由于价格不透明、不明码标价等引起的旅游价格纠纷和欺诈，以避免"青岛天价虾"这类"消费绑架"的案件再次发生。**其次**，旅游安全问题有待提高。2016年，旅游安全事故频发，"台湾大巴车火灾事故""八达岭野生老虎咬人事件"等旅游事故警醒我国旅游行业应尽快加强安全监管，消除各类隐患，提高游客的安全意识。**最后**，国内旅游产品应更加突出民俗特色及地方优势以吸引国内外游客，拉动内需并对外开放，角力国外旅游市场。通过大力发展旅游业，推动中国传统文化"年文化"走出去，在我们过年"出去看看"的同时，请外国游客"进来瞧瞧"。

大妈们的"尬舞"，究竟尴尬了谁？

吴迪

　　2017年4月18日，微博上一段郑州大叔大妈开创"打架舞"的视频引起了网友们的热议。大叔大妈们"相爱相杀"的夸张动作和"你来我往"的默契配合让年轻人都自叹不如。但就是这样一种民间广场舞文化的创新形式却遭到一些"键盘侠们"的诋毁和嘲讽。"地域黑""吐槽党""圣母团"纷至沓来，用自以为是的"高素养"否定草根文化，企图用双重标准剥夺中老年人创造自己文化生活的权利。"尬舞"一点儿也不尴尬，在生活中激发全民的文化创造活力，难道不正是建设"文化强国"的现实根基吗？

什么是"尬舞"？

　　"尬舞"是什么？想必经常刷微博的你应该不会陌生。"逆天摇摆抽筋舞""嘟嘴舞""水兵舞"，大爷大妈们跳起舞来可真是脑洞大开，满脸的表情包和魔鬼的步伐绝对让你忍俊不禁。早在2015年，文化部等四部门就联合印发了《关于引导广场舞活动健康开展的通知》，要求各地为广场舞活动的健康开展提供良好条件，鼓励群众积极参与到文化体育事业的建设中，满足群众多样化的精神文化需求。**"广场舞热"**的兴起不仅是实现**"健康中**

国"目标的具体要求之一，**更是构建现代公共文化服务体系的一项重要举措**。其实，"尬舞"就是广场舞的升级版，是老百姓为了自娱自乐，在广场舞的基础上创新出来的一系列舞蹈形式，因其夸张的表情和动作被年轻人戏称为"尬舞"。

"尬舞"这样一种略带讽刺和轻蔑意味的称谓反映出的是整个社会对中老年文化的偏见和误读，是当代部分年轻人狭隘文化观念的印证。很多网民认为这些大爷大妈们是吃饱饭没事找事，"尬舞"纯粹是一种丑陋低俗的文化；还有些人甚至将这一所谓低俗的文化与某地区人的素质相挂钩，戴着地域歧视的有色眼镜看待中老年人选择娱乐的独特方式。

实则不然，**艺术源于生活，文化服务大众**。每部分社会群体都有着自身的亚文化景观，都有本群体共享的文化场域。随着社会圈层的日益分化，年轻人开始逐渐掌握互联网时代的话语权，而中老年群体则被边缘化成为落后文化的代名词。再加之部分人对地域文化形象的负面认知及精英主义甚嚣尘上的盲从，让广场舞文化变了味，让普通民众的文化生活蒙上了舆论的阴影。

"尬舞"背后的文化诠释

文化代沟促使群体壁垒固化

文化代沟，一般指在海归或移民家庭中由于东西方文化差异和语言障碍造成的子女教育问题。这里引申为年轻一代与老一代在文化生产方式、文化接受偏好、文化价值观等方面存在的心理距离或心理隔阂。"尬舞"的尴尬源自年轻人对中老年人文化生活选择的低视与抵触。在年轻人的眼中，中老年人的文化消费惰性和文化审美观念是应该被淘汰的文化垃圾，充满"快手风"的"尬舞"确实会让当代年轻人感到匪夷所思。文化代沟如同一个铁幕横亘在不同年龄的社会群体之间，这种分异使群体文化保护主义抬头，不同亚文化主体的交流与沟通受到了前所未有的挑战。

文化误判煽动地域歧视高涨

贴标签式的地域歧视是中华民族劣根性的表现，对个别丑态现象的放大与以偏概全的舆论蒙蔽会导致文化误判，不利于区域各方面合作的公平进行。地域歧视属于逆向种族主义，是民族内部"区别对待"的病态心理，这种自我矮化的畸形情绪体系滋生了对地域人文环境具有倾向性的解释，造成地域名誉和利益的实质性损害。"尬舞"原本就是一个污名化的产物，一些以地域攻击和地域妖魔化见长的人，把所谓不合理的广场舞创新付诸地域优越感的排遣和"社会刻板印象"的反刍，别有用心之意可见一斑。

精英文化对大众文化的偏见

大众文化与精英文化的冲突，是引起部分文化精英对广场舞有所偏见的根源。精英文化的接受门槛高，只有具备一定文化素养的人才能读懂其内涵，同时精英文化也是精英群体符号象征体系的重要组成部分。在文化精英们看来，阳春白雪优于下里巴人，咖啡比大蒜更值得回味，与生俱来的雅俗之别让"尬舞"沦为精英文化的批判矛头，成为一众"文化大咖"们茶余饭后的笑柄。

公共文化自给自足的新模式

现代公共文化服务体系要求文化服务要做到全民参与、供需对接和因人而异。**"尬舞"是中老年人喜闻乐见的独特文化娱乐形式，是最接地气的公共文化生活。**单方面且被动的公共文化输出不利于文化传播效果的达成，让社会力量积极参与公共文化服务的供给并努力实现公共文化的自产自销是尊重文化原创，保留文化特色的有效途径。广场舞文化的更新换代

★ 广场舞氛围宽松，舞者随性，来去自由，自己把握。它的简易性（动作简单易学）、包容性（跳错重来，没人笑话你）、融入性（没有任何准入障碍）丝毫没有损害自身的形象，相反给它锦上添花。

是公共文化自给自足新模式生成的标志，也是公共文化供给变换发展思路的重要转折点。

让"尬舞"不再尴尬

推进公共文化服务的供给侧结构性改革

提供订单式、定制化的公共文化服务是文化事业供给侧结构性改革的核心议题之一。公共文化服务的供给不仅需要较高的生产效率，更需要优质对口的精准创造。解决公共文化服务供需错位的矛盾需要以供给侧结构性改革为突破，从公共文化服务的生产入手，调整公共文化服务的供给结构，从而实现现代公共文化服务体系的合理化和科学化发展。"尬舞"是广大群众自创的公共文化活动项目，打破了政府是公共文化服务唯一供给主体的发展桎梏，充分调动了群众参与公共文化建设的积极性和主动性。公共文化服务要接地气，要充分尊重百姓的文化创造成果。然而，群众自创的文化往往属于低端供给，可能存在文化糟粕的残余。因此，政府要加强正确引导、注重内容甄别、避免低俗供给、净化供给环境。

树立包容正直的文化审美观

在如今这个多元的社会中，学会包容和宽恕是一个人理应具备的基本素养。面对不同群体在文化审美观上的差异，**作为时代弄潮儿的年轻人更应该放下偏见的包袱，用全局眼光和理性头脑思考问题，透过现象看到本质，进而带动并提高社会对不同群体亚文化的包容度。**再标致的人站在扭曲的镜子面前也会变得丑陋，以正直的镜子看待社会中的各种文化现象，人也会充满正能量，明辨是非曲直。可以不欣赏

★ 广场舞是一种平民化的舞蹈形式，普及型的舞蹈活动对增强大众的舞蹈审美情趣做出了巨大的贡献。

"尬舞"，但不能唾弃他人享受精神愉悦的合理方式；可以不接受"尬舞"，但不能把它与歧视和偏见混为一谈。

激发全民文化创造活力，鼓励文化创新

最大的文化创造力来自民间，来自广大人民群众的集体智慧。文化创新不是小部分人的专利，而是全民参与的文化改革运动。在避免低俗文化泛滥且不影响他人正常生产生活的前提下鼓励文化创新，创造良好的文化创新氛围是文化体制改革的重要内容之一。在生活中挖掘创意元素，在体验中寻找创新灵感，在共享中激发创造活力。党的十八大报告中明确指出，要增强全民族的创造活力，而文化创造力则是其中不可或缺的一大推手。让"尬舞"不再尴尬，让文化创新不再孤独。没有文化创造力的支撑，没有文化创新的推动，实现文化自信就会成为空想，失去脚踏实地的勇气。

海外粉丝为何热追中国网络小说？

周明花

中国网络小说在东南亚地区早就成为重要的流行文化之一，如今每年被翻译到东南亚地区的中国网络小说至少有数百部。在同属东亚文化圈、类型小说不发达的东南亚地区，中国网络小说的流行并不让人感到惊讶，而网络小说在类型文学极度发达甚至相对饱和的北美地区同样大受欢迎和好评，则着实让人感到惊喜。自2015年年初，中国网络小说开始在北美流行，并以北美为中心辐射全球，在一年半时间里征服了百万级的英文读者。

海外粉丝热追中国网络小说

微评

★ 斗破、盗墓等千万粉丝级别的文章基本上是网络文学发展的阶段性象征，这些作品很好地贴合了当下读书群体的心理预期。

Battle Through the Heavens，*Against the Gods*，*Cavern of the Blood Zombies*……这些英文书的名字也许您没听说过，但是它们的中文书名《斗破苍穹》《逆天邪神》《盗墓笔记》您一定不陌生，因为它们都是千万粉丝级别的网络小说，而其中有些小说也已经成为大热IP，被翻拍成影视作品。中国

网络小说如火如荼的发展态势早已不是新闻，但是近些年它们也悄然流入了外国市场，甚至是一直被认为是全球文化产业链顶端的欧美地区。

外网日均访问量达百万

"武侠世界"（www.wuxiaworld.com）是英文世界最大的中国网络文学网站，内容以玄幻、武侠、仙侠为主。截至2016年11月，"武侠世界"在全世界网站点击率排行榜上竟然排到了第1536名，日均页面访问量达362万次。读者来自全球近百个国家和地区，**其中来自美国的读者占了近1/3**，其余大都来自菲律宾、印度尼西亚、加拿大和德国。到2016年6月底，武侠世界上已拥有两部翻译完毕的中国长篇网络小说——《盘龙》和《星辰变》，以及正在翻译之中的18部中国网络小说。

网络小说海外版权的签署

据媒体报道，晋江文学城网站每天就有一部网络文学作品被签下海外版权。2011年，晋江文学城签订了第一份越南版权合同，还有多部畅销作品如《暧昧》《家有喜事》远销越南，至今已向越南输出200部作品。2012年，《仙侠奇缘之花千骨》签订泰文版权合同，此书也是同类型作品第一次向泰国输出。2013年该书在泰国一经上市便被抢购一空，在2014年泰国书展上，泰国版《花千骨》成为吸引泰国青少年的一部重要作品。晋江文学城已同40余家港台出版社、20余家越南出版社、两家泰国出版社、1家日本企业进行合作，海外版权签署量达到了每个工作日1本的速度。

微评

★ 晋江是最早流行的几大原创文章基地之一，以都市言情、情感小说为主打，获得大批女性读者的支持和簇拥。

网络小说影视改编海外热播

自 2016 年以来，很多改编自中文小说的电视剧大火，海外读者也开始通过电视剧这种方式来了解中文小说，例如《琅琊榜》《甄嬛传》《伪装者》等。由网络小说改编的电视剧《微微一笑很倾城》在海外热映，其同名原版书在"掌阅iReader"App 上的销量也非常大，获得了影响力和收入的双丰收。韩国 Paran Media 出版社自 2012 年起，相继购买了网络作家桐华的《步步惊心》《大漠谣》和《云中歌》3 部作品的韩文版权，《步步惊心》韩文版在韩国相当畅销，根据该小说改编的浪漫奇幻古装电视剧《步步惊心：丽》于2016 年 8 月 29 日在韩国 SBS 电视台首播。

海外粉丝缘何追捧中国网络小说

数字化阅读提供手段

互联网时代，现代技术通过便携式设备扩展了阅读的途径，**数字化阅读为网络文学的蓬勃发展开辟了新路**。与传统的纸质文学对外译介不同，网络文学对外译介途径更趋多样化，具备及时便捷、多媒体、交流互动等诸多优势。网络文学除了被翻译成纸质图书出版之外，许多外国出版商也购买了网络小说的电子版权，推出电子书；甚至有的很多国外的读者直接参与"网上直译"，几乎是与中国国内网络小说的发表同时就开始了外文网站的网上翻译和介绍。互联网极大地扩展了读者的参与面，也使中国网络文学的外译变得更为便捷，同时也对优秀的网络文学作品起到了某种遴选及推介的作用。

电子图书的数字化特点为其复制提供了异常廉价、简便、快捷和准确的使用方式，与纸质图书和传统出版物相比有许多优越性，从而大大促进了数字作品的传播，为公众提供了便利。**但随之出现的版权问题也成为著作权人、出版商、读者关注的焦点。**

网络小说的"中国故事"

中国网络文学具有中国元素的传统小说叙事模式，充满神秘色彩和东方特色本土化特征，尤其受到海外粉丝的热捧。 除了武侠世界（wuxia-world）的英文网站里以玄幻、武侠、仙侠为主的网络小说，规模排列第二的 Gravity Tales，也开始翻译都市娱乐小说以及网游小说。**与纯文学相比，我国网络文学的题材更加丰富、类型更加多样、阅读体验更具娱乐性，这些是纯文学所无法比拟的。** 网络文学在东南亚地区取得的成果，得益于先天的文化同源性，而北美大地掀起的全民网文热，更是开创了另一种中国文化输出的奇观。由于国外玄幻文学往往围绕魔法、龙和骑士等元素展开，主题相对狭窄，中国玄幻、仙侠类小说基于深厚的中国文化、历史和神话构造出广阔天地，具有中国特色的五行等概念对第一次接触的西方网友而言，非常有新鲜感，构成了网络文学走出去的深层传播动因。

但是过于中国化的武侠小说，如金庸的《天龙八部》《神雕侠侣》《笑傲江湖》，外国的读者还是比较难以理解和接受。创立武侠世界（wuxia-world）的美国华裔赖静平给网站起名"武侠世界"，起初是想翻译完《盘龙》继续翻译武侠，让网站读者去看之前翻译的金庸古龙。"现在呢，网站名字是武侠世界，许多读者总是把奇幻、玄幻小说归类于武侠。所以我还要经常给他们解释，其实这些不是真正的武侠，这个是仙侠，那个是修真，那个是玄幻。"赖静平如是说。

微评

★ 神秘的东方元素向来是西方人感兴趣的源头，神鬼妖魔、光怪陆离的中土世界也成为无数外国创作者创作的主要内容。

多出文化精品、树立文化自信

在全媒体和自媒体时代，中外文学文化交流要特别重视网络这一桥梁，要善于利用互联网，将中国声音、中国故事传播到最广大的受众那里，真正达致切实有效的海外影响，帮助塑造良好的中国形象。

加大版权保护力度

网友在海外网站上自发翻译的作品很多都没有得到授权。据统计在越南翻译出版的841种书目中，除部分知名作品外，相当一部分是没有经过中国各大文学网站授权的盗版作品。

加强翻译人才培养

现在，网文翻译人员紧俏，海外网站上一般都是自愿翻译或是读者资助翻译，进度比较慢，不过大部分翻译都保证了每周免费更新的章节数目。**其次在于需加强翻译人才的培养**，为此阅文集团正在拼命招募擅长外语的翻译人才加盟。此外，网络文学在翻译体量上也亟须扩容，"现在国外翻译过去的才几千部小说，国内还有大量优秀的网络文学亟待翻译。"

微评

★ 语言翻译实际上内部与外部世界沟通的重要渠道，更是必经之路，精彩的词句转换在很大程度上能够为作品增添姿色，为文化传播起到重要的作用。

网络文学精品

国家新闻出版广电总局在2016年6月16日发布了《关于开展2016年优秀网络文学原创作品推介活动的通知》，继续评审、遴选一批思想性、艺术性和观赏性有机统一的优秀网络文学原创作品向社会推介。**除了扎根生活和积极关照现实，还要在创作中弘扬正能量，写出具有普世价值观的好作品。**

像习近平总书记所要求的那样："要把提高作品的精神

高度、文化内涵、艺术价值作为追求，让目光再广大一些、再深远一些。"今天的网络文学尤其需要直面当下人民的生存现实，借助网络媒介呈现丰富多样的中国故事、中国形象，怀着对文学的敬畏之心创作高质量、高品位的作品。只有这样，才能使网络文学从"高原"向"高峰"迈进，为整个文学贡献特殊的诗情和意境。

IP衍生泛娱乐化，全产业链商业化

在泛娱乐IP产业链的最前端，以文字为载体的网络文学无时不在为整个产业链输送内容和故事，其中有不少最后成为让动漫、电影和游戏厂商赚得盆满钵满的"优质IP"。

微评

★ 泛娱乐成为时代最强音，不少行业都竞相分羹。网络文学、游戏、影音三者融合，再辅之以各种丰富的表现形式和手段，最终成为联动后的优质产物。

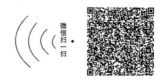

共享经济：褪去概念包裹和炙热欲望后的冷思考

倪嘉玥

作为"共享经济"领域最热的共享单车，其最早的来源是一些城市推行的公共自行车，例如中国著名的旅游城市——杭州。后来产生的规模化的"共享单车"概念出现，无论是摩拜、ofo还是小蓝单车，其本质并不是完全的新事物，而是在原有的公共自行车模式上的再升级，它以互联网思维规划和设计了单车本身。

微评

★ 共享单车，本质上是一种租用自行车的形式，这个与没有司机、由租车人自己驾驶行车的方式相同。目前我国还未真正进入共享经济模式。

随着滴滴网约车、Airbnb、摩拜单车等的火热，共享经济这个概念广泛进入大众视野。在短短几年中，共享经济的形态就遍布了大众生活，有共享家庭厨房的"回家吃饭"APP，有共享按摩椅，也有在商场公共空间的共享KTV。但随着业态的增多，共享经济似乎成了企业转战互联网的"速效救心丸"，也成了社会资本竞相争夺的热土。但在这火热且上扬的发展态势下我们仍需冷静思考，于繁荣背后深挖问题本身。

这年头最不缺的就是"网红",最近除了人人皆知的共享单车之外,又有一种共享形式——"共享KTV"在朋友圈火了起来。一间面积在2平米上下的玻璃房,房中两张高脚凳和一套配备了屏幕、耳机与麦克风的电子点唱设备,消费者通过微信或支付宝付费,按平均每分钟1元的价格收费。**虽然这些设备早在2015年就已经投入使用,彼时却无人问津,直到共享经济逆势上扬,这种迷你KTV便搭上了共享经济的便车,受到广大中青年的热捧。**如果回顾一下共享经济的概念,我们会发现其实这种迷你KTV并不属于共享经济的范畴。

但为何这种"张冠李戴"的形式仍能受到资本的热捧呢?共享经济作为一种供给侧的重构,在火热的背后到底还存在着哪些"隐疾"?

共享经济中的"隐疾"

共享是个筐,什么都往里装

正如上文描述的例子"共享KTV"一样,在现在众多的共享经济形态中,有很多其实都不属于共享经济的范畴。**共享经济是指拥有闲置资源的机构或个人有偿让渡资源使用权给他人,让渡者获取回报,分享者利用分享他人的闲置资源创造价值。**共享经济的实质就是将闲置资源最大限度地利用起来,"共享KTV"其实并不是一种闲置资源,也许它能够最大限度地利用商场的剩余空间,但其设备本身仍然是需要资金投入制造的。

趋之若鹜却往往"胎死腹中"

说起共享经济的实质,其中猪八戒网创立的概念中就有

微评

★ 共享本身的概念基于"避免浪费"、以闲置换资源的节约观念基础上,体现出随着社会发展至今,人们更多的开始关注商品的使用权而非所有权,这也正是共享经济诞生的条件之一。

微评

★ 跟风投资、跟风消费的行为并不可取，不能一头热的追求爆点和短期盈利，而是应当遵守市场规则，摸清市场底细再迅速出击。

很多方面是与其相契合的，事实也证明了这种对闲置人力资源的整合模式比较成功。**但在近两三年内，新概念和新事物的崛起很容易让人跟风，以为是投资的风口就纷纷砸钱进入，但其实很多人都并没有真正了解这种商业模式究竟是早已有之还是刚刚萌芽。**一些企业认为共享经济准入门槛低而贸然进入，却往往会在 A 轮融资就胎死腹中。

共享无法保证稳定的服务质量

在享受大量共享经济的产品和服务时，我们能感受到的一个最明显的问题就是质量的不稳定，坐专车时司机不认路且常常绕路，住 Airbnb 时服务和设施往往没有宾馆那么周到完善等。**在利用互联网技术消灭信息不对称、让大量闲置资源涌进平台提供服务时，服务的质量无法保证。**服务质量的实质是基于工业化大规模生产的流水线式生产方式产生的品质标准，这种生产方式下产生的是无差别的标准品，追求的是规模。而这恰恰是共享经济颠覆和革命掉的东西，共享经济满足大量长尾和不规则的细碎需求，必然会和标准化量产相矛盾。

★ 共享经济其实在某种程度上与第三服务业的理念相悖，售后和服务态度都处于无法保证和预期的状态中，可能会引起一部分消费者的不安情绪。

引发社会问题和人性缺点困境

共享单车遍布城市的大街小巷，成为现代城市中一道时尚靓丽的风景线。但关于共享单车乱停乱放引发交通拥堵，共享单车被恶意严重损坏，大量单车涌入占用机动车道引发事故等新闻报道也是铺天盖地而来。结合之前快车司机屡屡被爆出没素质、坑乘客等问题，**共享经济火热的同时也将一些社会问题和人性的缺点赤裸裸地摆在了台面上。**虽然地球村让全球公民意识重新崛起，再基于一些公共可取的信任介质，人们之间开始产生一种信任体系。但共享经济对这种信任体系的要求是极高的，很显然社会尚未达到这种信任等级。所以一旦优质资源进入公共领域，就会出现这些令人失望的信任危机问题。

共享经济何以解忧？

加强对共享经济的法律约束

很多社会资源正进入共享经济的领域，但这些资源是否真的适合共享仍有待商榷。共享经济需要明确的边界，一些涉及个人隐私的资源明显不适合共享。**因此，对于进入共享经济的资源，法律应该有一定的约束，对于有严重负外部性的服务，法律必须明文禁止。**

多方面看待新兴且热门领域

从网红经济到共享经济，近年来新兴的概念层出不穷。但热钱的涌入是否能为这个行业带来新的机遇，还是在泡沫吹破之后面临冷酷的现实？企业和资本进入之前需要从三方面来看待：**第一，从商业模式的角度来看待这个模式是好是坏，是虚假的泡沫还是真的有发展潜力；第二，从技术更迭的角度来看是否有新的技术能够支撑这种新的交易的形态；第三，从文化更迭的角度来看实际消费者的诉求是什么，它对消费者的价值是否是可持续的。**

微评

★ 解决办法可从多方面入手，但实施的结果或许并不如人意，如何改进才是更该值得关注的部分。

提高共享平台准入标准和门槛

从现存的共享经济形态来看，很多都是由人来提供产品和服务，网约车、Airbnb、共享厨房等都有人不同程度地参与了服务供给的过程。**而随之而来的就是服务的不确定性，这时为了保障共享产品和服务的质量，就需要明确共享平台**

的准入标准，提高人们进入平台提供服务的准入门槛。近来，国家对网上外卖的商家不断提高标准并加大监管，外卖平台也纷纷响应政策要求。共享经济同样如此，作为全民参与的经济形态，更要完善监管体系，提高平台标准。

普及社会信用体系和契约精神

共享单车引发的一系列社会问题和人性缺点问题，不仅使这些尚处在初期的公司承受了很大的经济压力和社会舆论压力，也使得社会信任危机的幕罩被掀开。**政府作为市场监管的有力执行者，自然要在此境况下有所作为。政府可以通过一系列活动来大力普及社会信用体系和契约精神，或采取必要的措施来有效改善单车的破坏情况。**同时将共享单车作为市政自行车的重要补充，将其纳入市政规划之中，为未来大量单车的进入提供必要的市政基础设施。

微评

★ 政府应在新型经济"野蛮生长"周期暴露出问题之前积极进行相关调控和修正，尽量做到事前预测和事后总结。

【延伸阅读】交通运输部等10部门《关于鼓励和规范互联网租赁自行车发展的指导意见》

《关于鼓励和规范互联网租赁自行车发展的指导意见》是由国务院同意，交通运输部、中央宣传部、中央网信办、国家发展改革委、工业和信息化部、公安部、住房城乡建设部、人民银行、质检总局、国家旅游局等10部门联合出台的有关共享单车的新政。

互联网租赁自行车是分时租赁营运非机动车，是城市绿色交通系统的组成部分，是方便公众短距离出行和公共交通接驳换乘的交通服务方式。要坚持优先发展公共交通，统筹发展互联网租赁自行车，推进公共租赁自行车与互联网租赁自行车融合发展，建立完善多层次、多样化的城市出行服务系统。

城市人民政府是互联网租赁自行车管理的责任主体，要完善自行车交通网络，合理布局慢行交通网络和自行车停车设施，积极推进自行车道建设，优化自行车交通组织等。要推进自行车停车点位设置和建设。制定适合本地特点的自行车停放区设置技术导则。采取正面清单和负面清单相结合的方式，规范自行车停放及管理。

针对车辆投放问题，《指导意见》提出要引导有序投放车辆，根据城市特点、发展实际等因素研究建立车辆投放机制，引导企业合理有序投放车辆。不鼓励发展互联网租赁电动自行车。

为提升互联网租赁自行车服务水平，《指导意见》明确要求运营企业要加强线上线下服务能力建设，对用户注册使用实行实名制管理并签订服务协议，明示计费方式和标准，建立投诉处理机制，为用户购买人身意外伤害险，禁止向未满12岁的儿童提供服务。落实车辆停放管理责任，采取电子围栏等综合措施有效规范用户停车行为，及时清理违规停放、存在安全隐患、不能提供服务的车辆。加强监督管理和宣传教育，公开通报存在问题，引导安全文明用车，提高企业服务质量和用户信用评价。

（资料来源：交通运输部网站　http://www.gov.cn/xinwen/2017−08/03/content_5215640.htm）

2017"书香中国"来袭，距全民阅读习惯的养成还有多远？

吕彤彤

毛姆说，"养成读书的习惯是为自己建造一个避难所"。阅读之于个人来说，是一个人取得不断进步的阶梯。之于一个民族，阅读是使她永葆青春活力，长盛不衰的法宝。阅读虽是一个老生常谈的话题，但它早已融入我们的日常生活中。然而，在这个信息爆炸的时代和八卦满天的今天，每个人是否还能静下心来，享受阅读这件小事儿呢？

当前"国民阅读"现状

中华民族一直保持着良好的阅读习惯和阅读传统，上下五千年历史如长河绵延壮阔，这当中数不尽的文人骚客博览群书，他们不仅为实现人生理想和社会抱负肝脑涂地，而且为后代留下了不少佳作，如朗朗上口的唐诗、雅致隽永的宋词和卷帙浩繁的歌赋。近年来，为促进"全民阅读"活动，各部门和组织积极挖掘相关活动话题深度和激活话题热度。

"全民阅读"活动开展如火如荼

2017年是我国倡导和开展全民阅读的第十一年，为努力建设书香社会，推动国民素质和社会文明的提升，"2017书香中国"全民阅读读书系列活动将在全国以各式各样的形式，掀起一轮"读书潮"。4月9日，湖南卫视率先在微博上发起"全民365共读接力"活动，黄轩、杨幂等当红演员明星，上传分享自己的读书故事，与网友交流读书心得，利用他们的影响力和号召力推动全民阅读的热情。此话题的阅读量在一日之内超过2300万，众多网友积极响应参与到分享和讨论自己读书经历的过程中来。**还有最近一段时间热播的《朗读者》《见字如面》《中国诗词大会》等传播优秀的中华传统文化的节目，也在一定程度上掀起了全民阅读的热情和小高潮。**

微评

★ 与日俱增的文化综艺类节目很好地推广了"全民阅读"的概念，使之深入人心，为丰富人们群体的文化需求贡献力量。

国民人均阅读水平较低现象突出

近年来，随着科技的进步和社会的发展，人们生活节奏逐渐加快，读书这件日常文化活动渐渐被忽略。事实上，现代社会的出版印刷技术远远超过古代，阅读条件和阅读环境也是过去无法与之相比。

中国在世界上的人均年阅读量排名一直处于靠后的位置。**据2016年发布的"年平均图书阅读量"数据统计显示：2015年，以色列年人均纸质图书阅读为64本，日本为40本，法国20本，韩国11本。中国新闻出版研究院的调查数据显示：2015年中国人均纸质书阅读量为4.58本。**按照每年5本计算，相当于73天（2.5月）读一本书，并且近四年数据都相对保持稳定，没有明显的上涨。从数据中我们可以看出，中国的人均阅读量在世界范围内相对较低，与发达

★ 与国外相关数据相比，我国离"全民阅读"的理想状态还存在很大的距离。

国家仍有很大差距。

国外推行"全民阅读"的经验借鉴

微评

★ 在信息大爆炸的今天，优质的内容会以更为迅猛和直接的方式进入受众的生活视野，不少媒体人、广告人等会选择国外优秀的经验来付诸实践，行动力值得赞扬，但是否贴合本土受众需求则有待考证。

2016年11月15日，中国的一家自媒体公司策划并发起了一场旨在唤起和推动全民阅读的活动——**中国版"丢书大作战"**。此活动效仿英国女演员艾玛·沃特森联合英国伦敦的公益组织 Books On The Underground 所做的地铁藏书活动，但是活动的效果和社会效应并没有带来想象中的效果。中国地铁里的乘客对于黄晓明、徐静蕾等明星丢下的书，要么置之不理，要么简单翻阅就放回原地。这个本是出发点十分美好的活动却引来不少争议，而这一次看似号召全民读书的活动从整个发展脉络来看，基本与"读书"二字无关，**它更像是一场成功的"噱头营销事件"**。为什么在英国开展很好地促进全民阅读的活动，到了我国就有点儿变了味道呢？这与阅读习惯的养成和氛围的营造有很大关系。

英国：高度重视基层图书馆设施的建设

统计显示，英国每年出版10多万种新书，英国政府大力鼓励民众阅读，比如各城市所有社区，都设有许多大型现代化图书馆，环境幽雅，藏书丰富。图书馆对所有人免费开放，一次可借20本书，借期3周，同一本书可续借8次。一座座图书馆仿佛一座座文明灯塔，吸引着人们前来借阅，丰富读者的文化知识储备。由此可见，英国的基层单位的公共文化设施服务较为良好，重视基层图书馆建设。

德国：重视青少年阅读习惯的培养

德国人对阅读的热情，从青少年时期就开始显露。德国统计公司调查显示，12岁至19岁的青少年中，每天多次主动读书的比例高达39%。事实上，从2008年起，德国联邦教育及研究部、德国阅读基金会共同开启了"阅读起航"项目，针对孩子1-3岁、3-6岁、6-8岁三个年龄阶段的认知特点，向其父母先后赠送3套儿童读物礼包，从小激发孩子的阅读兴趣。**由国家职能部门予以家庭赠书，并且对于不同年龄的儿童分层精准培养，重视国民阅读习惯的从小育成，是德国推进阅读的经验。**

微评

★ 阅读的习惯应该从小养成，且非"填鸭式"养成，应该更多的激发孩子本身的阅读兴趣。

俄罗斯：高标准的国民阅读自我要求

俄罗斯是世界上最热爱阅读的国家之一，从不同机构调查看，在出版书籍数量、平均家庭藏书数量、平均每周阅读时间等方面，俄罗斯都名列前茅。俄罗斯人密切关注有关读书方面的调查，一旦数据和排名有所下降，就会引发媒体及社会的热烈讨论，甚至展开严肃的自我批评。俄罗斯人对阅读的这件事的重视程度以及对于知识的渴望和阅读严肃认真的态度值得称赞。

如何推进我国"全民阅读"

我国的人均阅读量2015年为4.58本，与德国、俄罗斯国家相比还有一定差距。"丢书大作战"也好，"全民365共读接力"活动也罢，虽然短时间内会在网络及线下前掀起一阵波澜，炒起一阵热度，但是如何让这种全民阅读的良好气氛持续延续下去，仅仅依靠名人力量宣传肯定是不够，应从如下几个方面来提升和推进。

继续完善基层公共文化服务设施建设

在我国，现今的东部与西部、沿海与内陆在公共文化服务设施的配置上仍存在一定的差距。**因此，做好统筹规划，合理布局，进一步加大城乡基层全民阅读设施建设力度显得格外重要。**制定和完善公共图书馆、基层综合性文化服务中心、农家书屋等公共文化服务设施建设标准和资源配置标准，推进全民阅读公共文化设施建设的规范化、标准化。加快促进城乡基本公共文化服务均等化，实现农村、城市社区公共文化服务资源整合和互联互通。转变基层图书馆的单一服务职能，激活基层图书馆的服务活力。

重视全民阅读气氛营造，培育青少年良好的阅读习惯

德国对于青少年阅读习惯的培养非常重视，因此，全国上下都处于一个良好的阅读气氛中。读书的习惯一旦从小养成，将让人受益一生。针对学龄前儿童，义务教育阶段学生都有针对性的培育和阅读引导。教育部等政府职能部门应当加大投入财政支出，加大基础教育中的阅读习惯和阅读能力培养。"书香中国"系列活动在我国已经连续举办多年，系列活动中的各类读书节、读书周、读书月、读书季等全民阅读活动应该继续提升群众参与度、平台辐射面和品牌号召力。在每年的世界读书日即4月23日、"六一"儿童节等其他重要节庆期间来开展内容丰富、形式多样的全民阅读活动，不断扩大全民阅读的社会影响力。**在大、中、小学及各单位中组织开展主题演讲、经典诵读、读书征文、知识竞赛等丰富多彩的主题阅读活动，营造全民阅读氛围。**

加强优质阅读内容的供给

只有优质的图书供给，才能不断培养和提升读者的阅读

微评

★ 目前一些出版社和出版公司会倾向于选择市场需求的作品，于是市面上一度出现"疼痛文学"滥觞、青春文学幼稚不堪的不良局面。

品位和阅读质量。如今，市场上各大门类的书籍鱼龙混杂，数量大，质量低。因此，要完善创作出版扶持引导机制，引导广大作者和出版者自觉传承和弘扬中华优秀传统文化。同时发挥国家出版基金的积极作用，出版更多在文化传承上有新的突破、学术水平上有新的超越的精品力作。**还应该向读者推荐更多思想精深、艺术精湛、制作精良的优秀出版物。继续开展面向青少年、老年人、少数民族等不同群体的优秀出版物推荐活动，加强和改进书评机制，加强图书评论工作，加强对各类图书排行榜的引导和管理。**

提高数字化阅读的质量和水平

随着科技的进步，互联网技术的发展，数字化在出版领域的普及，我们应该摒弃只有纸质阅读才能被看作是阅读的传统观念。如今，据数据统计，数字化阅读方式（包括网络在线阅读、手机阅读、电子阅读器阅读、光盘阅读、Pad阅读等）的接触率为58.1%。因此，我们应该提高数字化阅读质量来适应大批数字阅读需求的受众。**建立内容丰富的数字阅读资源库，加强公共电子阅览室建设计划和全国文化信息资源共享工程网络建设，加强数字图书馆建设，从而打造互通共享的数字化网络阅读平台。**

读书本应该是一种主动行为——在不被别人"催促"的状况下读，不把读书当成一种时髦，"宁可一日无肉不可一日无书"，这样读书才能读得进去，从以上几个方面落实工作，可逐步促进阅读习惯的养成及营造"全民阅读"的文化氛围。

微评

★ 电子阅读是随着互联网发展起来的新型阅读方式，它更加贴合受众的文化需求且更为便利可行，极大了利用了读者群体的碎片化时间。

◎ 后记

　　这一卷是"言之有范"走过第二年个年头开启第三个年头的见证，编辑部中许多成员由最初的不熟悉到现在熟练掌握自媒体的操作方法与规律。从2016年下半年开始，我放开手脚让同学们自己完成选题、编辑和发布等各个环节。当然也存在着小失误和差错，这也是正常的。

　　这一卷以后新的特点比较明显，第一，这一卷中所有参与写作的同学明确署名，我自己也在这一卷的署名上署上"范周等著"，让所有同学的原创体现出自己的知识成果和版权权益，这也是对同学和自己的尊重。因为"言之有范"是一个团队，每个人的成绩应该记录在自己学术发展的历史上，对此我感到很欣慰，也真正体现了平台建设、培育新人的目标。第二，由于让同学们自己选题，可能会出现同学们的认知判断存在局限：有的是对政策的认知只是描述缺乏深入，有的对热点现象的判断从自身的喜好出发，也有的对一些现象的追踪还不够系统。这些问题我已经意识到但是放手让孩子们去创新，这对他们的锻炼是前所未有的，我会在坚持这种继续鼓励建设平台的同时，适当引领他们对关键问题的思考更加深刻。第三，在此发展中，青年学生一方面要对热点问题思考、理论总结提升，另一方面要更加注重对相关理论的系统学习，特别是要打牢相关学科的基础，如管理学、经济学、政治学、社会学、市场营销学等。由于他们在考取研究生之前本科专业的错综复杂，对文化产业的学科认知也存在一定差距，所以有必要对他们进行补课。在此我也带领着他们专门做了文化产业专业书目的推荐，从最初的三百多本书中最后确定了一百本，通过认真阅读形成了每本书的摘要，我会在2018年把这件事继续做下去，让他们在读书过程中弥补知识短板。

最后要说的是，2018年看到"言之有范"的第五卷书的时候，"言之有范"已经走过了三年，三年来培养了几十名优秀的自媒体公众号采编人员，这是我完全没有想到的一种人才培养的新模式，同时也是即将走向社会文化产业前沿的年轻学子们的一堂实践课。如同这些年来坚持让他们在放假前包饺子，继承中国传统文化和饮食习俗是一样的，我希望他们利用这个平台弥补他们在课堂教学中没有捕捉的东西，同时也希望走过三年的"言之有范"在现有基础再上新台阶，不论是在培养青年学子、还是对文化思考的相对深入和聚焦，亦或是为社会服务寻找新路径上，都能在未来的发展中有新的尝试，取得一些新的成就。

2018 年 1 月 31 日